TARIFA NAS CONCESSÕES

JACINTHO ARRUDA CÂMARA

TARIFA NAS CONCESSÕES

TARIFA NAS CONCESSÕES

© Jacintho Arruda Câmara

ISBN 978-85-7420-903-6

Direitos reservados desta edição por
MALHEIROS EDITORES LTDA.
Rua Paes de Araújo, 29, conjunto 171
CEP 04531-940 — São Paulo — SP
Tel.: (11) 3078-7205 — Fax: (11) 3168-5495
URL: www.malheiroseditores.com.br
e-mail: malheiroseditores@terra.com.br

Composição
PC Editorial Ltda.

Capa:
Criação: Vânia Lúcia Amato
Arte: PC Editorial Ltda.

Impresso no Brasil
Printed in Brazil
01.2009

Para Cassiano e Lourenço.

PREFÁCIO

Este livro é fruto de minha tese de Doutoramento, defendida na PUC/SP perante Banca composta pelos professores Celso Antônio Bandeira de Mello (meu orientador), Sergio Ferraz, Régis Fernandes de Oliveira, Dinorá Adelaide Musetti Grotti e Sílvio Luiz Ferreira da Rocha. Procurei, nele, expor e analisar os principais aspectos do regime jurídico aplicável às tarifas praticadas nas concessões de serviço público. Mas por que, em meio a essa revolução pela qual vem passando o direito administrativo, escolher logo esse tema para desenvolver um doutorado? Por que não falar sobre o novo papel do Estado na prestação de serviços públicos, sobre privatização, sobre direito dos usuários, sobre a nova crise dos serviços públicos, entre outros temas que atormentam os administrativistas contemporâneos?

A resposta é simples. Encontrei no regime tarifário a síntese de várias dessas discussões abstratas. Com o foco nesse tema de cunho mais técnico, pude escapar à tentação de enveredar por assuntos muito abstratos, que, na maior parte das vezes, ficam perdidos no deleite acadêmico e se afastam do interesse prático. Com as tarifas isso é quase impossível de ocorrer. Desde sua definição e aplicabilidade, o tema é cercado por diversas polêmicas com vivas repercussões, que atingem diretamente a Administração, o concessionário e, naturalmente, os usuários.

Fiz todo o esforço para conjugar o rigor acadêmico – objetivo sempre presente na minha lida como professor – com o interesse prático que as discussões jurídicas, por essência, devem suscitar. Para tanto, pude contar com uma ampla experiência prática, obtida por intermédio da convivência com diversos profissionais envolvidos com as grandes discussões sobre a regulação de serviços públicos: colegas advogados, professores de Direito, técnicos da Administração Pública, executivos de empresas prestadoras de serviços. Tive a oportunidade de ser testemunha ocular desta década de mudança no direito administrativo brasileiro e procurei, com essa perspectiva, oxigenar a abordagem dada ao tema. O principal desafio a ser vencido foi agregar algo de novo ao tratamento que a tarifa ordinariamente recebe nos meios jurídicos. Sua abordagem está restrita, principalmente nas obras brasileiras, à discussão em torno do equilíbrio econômico-financeiro dos contratos de concessão. A tarifa, sem dúvida, é o motor dessa discussão – o que é muito importante, mas não é só isso. As tarifas representam muito mais que a remuneração dos concessionários. Salientei esses outros aspectos, mudando de perspectiva de enfrentamento do tema a cada capítulo. Descrevi debates de especial relevância à Administração, formuladora de políticas públicas; aos usuários, que suportam a carga tarifária; e também aos concessionários de serviços públicos.

Num primeiro momento foram abordados os temas que são úteis para identificar com precisão o objeto desta pesquisa. Foram estudados, assim, os elementos conceituais da tarifa: os serviços públicos que se sujeitam a este tipo de cobrança, o tratamento constitucional dado à matéria, sua natureza jurídica, o sujeito responsável pelo pagamento, a diferença entre a tarifa e outras formas de exercício de competência estatal em matéria de controle de preços.

Após a identificação do objeto do estudo, foram desenvolvidas três linhas diferentes de abordagem do tema, correspondentes a cada sujeito envolvido no fenômeno jurídico da instituição e cobrança de tarifas no regime de concessão de serviço público: o *Estado*, o *usuário* de serviço público e o *particular* que assume o dever de prestar o serviço em regime de concessão e, com isso, passa a ter direito de receber a tarifa.

Tomando como linha condutora a posição do Estado em relação às tarifas (posição de poder concedente), foram examinados os fundamentos e limites da instituição de uma política tarifária. Em seguida, passou-se a investigar os temas de interesse imediato dos usuários de serviços públicos. O terceiro foco de análise diz respeito aos reflexos contratuais da tarifa, principalmente àqueles atrelados ao equilíbrio econômico-financeiro das concessões. Este último foco de pesquisa afeta especialmente as empresas concessionárias de serviços públicos.

Ao final o leitor encontrará um resumo que concentra, de maneira didática, as principais premissas e conclusões obtidas ao longo do estudo.

São Paulo, setembro de 2008.

Jacintho Arruda Câmara

SUMÁRIO

Prefácio 7

Introdução 13

Capítulo I – *O Regime Tarifário nas Concessões de Serviço Público. Elementos Conceituais*

1. *Discussões inerentes ao conceito de "tarifa"* 21
2. *Definição operacional de "serviço público"* 22
3. *A admissibilidade do regime tarifário pela Constituição brasileira* 26
   3.1 *Argumentos contrários à admissibilidade do regime tarifário* 26
   3.2 *A constitucionalidade do regime tarifário para contraprestação de serviços públicos* 29
4. *Critérios de aplicabilidade do regime tarifário* 33
   4.1 *Evolução jurisprudencial* 34
   4.2 *Análise dos critérios apresentados* 40
   4.3 *Proposta de sistematização* 44
5. *Tarifa: natureza regulamentar ou contratual?* 47
6. *A tarifa como contraprestação paga diretamente pelo usuário* 49
7. *Diferença entre "tarifa" e "preço" controlado pelo Poder Público* . 58
8. *Elementos conceituais da tarifa nas concessões de serviços públicos* 64

Capítulo II – *Política Tarifária*

1. *Introdução* 67
2. *Parâmetros legais para a fixação de políticas tarifárias*
   2.1 *A exigência de lei para fixar políticas tarifárias* 68

10 TARIFA NAS CONCESSÕES

2.2 A fixação de políticas na legislação geral e na legislação
específica 70
2.3 Definições de política tarifária na Lei 8.987/1995 72
2.3.1 Modicidade das tarifas 72
2.3.2 Fixação do valor da tarifa 74
2.3.3 Possibilidade de diferenciação de tarifas 76
3. Instrumentos de políticas tarifárias 78
3.1 Subsídio cruzado 79
3.1.1 Quando o subsídio cruzado é determinado pela
regulamentação 79
3.1.2 A proibição do subsídio cruzado 81
3.2 A tarifa como instrumento de racionalização e contenção do
uso do serviço público 83
3.3 Flexibilidade na política tarifária 87
3.3.1 O regime da "liberdade tarifária" 89
3.3.2 Tarifa-teto ("price cap") 92
3.3.3 Cesta tarifária 93
4. A política tarifária e o controle jurisdicional das tarifas 94
4.1 Controle formal 95
4.2 O controle de conteúdo (confrontação de políticas tarifárias
com princípios gerais de Direito) 96

Capítulo III – As Tarifas e os Direitos
dos Usuários de Serviço Público

1. Introdução 97
2. Interrupção do serviço por inadimplemento do usuário
2.1 Tratamento legislativo dado ao tema 100
2.2 Argumentos lançados contra a autorização legislativa para
interrupção do serviço público por inadimplemento do
usuário 102
2.2.1 Princípio da continuidade do serviço público 102
2.2.2 Princípio da dignidade da pessoa humana 109
2.2.3 Proibição da autotutela para exigir o cumprimento de
obrigações 112
2.3 Limitações jurídicas à interrupção da prestação de serviço
público por inadimplemento do usuário 117
2.3.1 Dever de considerar o "interesse da coletividade" 118
2.3.1.1 Como determinar o interesse da coletividade
a ser considerado 120
2.3.1.2 Mecanismos de introdução de condicionamentos ao corte 121

SUMÁRIO 11

2.3.1.3 Possibilidade de revisão judicial e seus limites 125
    (a) *O exemplo do serviço de água* 129
    (b) *O exemplo do serviço de energia elétrica* 131
2.3.2 *Dever de adotar um procedimento* 136
3. **Inscrição de usuários no cadastro de inadimplentes** 139
4. **Cobrança de valor mínimo** 143
   4.1 *A alegação de abusividade na instituição de tarifas mínimas* 143
   4.2 *A alegação de que a cobrança de tarifa mínima teria caráter tributário* 148
5. **Controle sobre os valores fixados para as tarifas**
   5.1 *Exposição do problema* 150
   5.2 *Controle judicial* 151
     5.2.1 *A obediência ao equilíbrio econômico-financeiro do contrato de concessão* 152
     5.2.2 *O dever de modicidade das tarifas e a proibição de abusividade* 153
   5.3 *Outros mecanismos de controle* 157
     5.3.1 *Tribunais de Contas* 158
     5.3.2 *Organismos oficiais de defesa do consumidor* 158

**Capítulo IV – As Tarifas e os Direitos
das Concessionárias de Serviço Público**

1. **Introdução** 161
2. **O papel da tarifa na preservação do equilíbrio econômico-financeiro da concessão** 163
   2.1 *O vago conceito de "equilíbrio econômico-financeiro" e o direito à sua manutenção* 164
     2.1.1 *A conformação do direito à manutenção do equilíbrio econômico-financeiro das concessões* 164
     2.1.2 *O equilíbrio econômico-financeiro* 169
   2.2 *A alteração da tarifa como instrumento natural de reequilíbrio econômico-financeiro do contrato* 171
   2.3 *Situações em que o aumento da tarifa não é capaz de reequilibrar a equação econômico-financeira do contrato* 173
3. **Mecanismos de alteração das tarifas** 174
4. **Reajuste** 176
   4.1 *A previsão de reajuste tarifário nas concessões* 177
   4.2 *A periodicidade do reajuste* 179
   4.3 *A aplicação dos reajustes* 180
   4.4 *A fixação de índices ou fórmulas de reajuste* 182
   4.5 *A mudança de índices ou fórmulas de reajuste* 185

5. Revisão 187

    5.1 Hipóteses gerais de aplicação da revisão tarifária 188

        5.1.1 *A álea ordinária das concessões* 189

               5.1.1.1 O risco assumido em decorrência do regime

                      jurídico da concessão 190

                      (a) O risco pela variação de demanda 191

                      (b) O risco inerente à competição 193

        5.1.2 *Álea extraordinária* 194

               5.1.2.1 A revisão para reduzir tarifas 196

                      (a) A hipótese de revisão para compensar o

                      ganho de produtividade 198

    5.2 A regulamentação e a procedimentalização da revisão de

    tarifas 201

6. Decisão judicial para aplicação de reajuste ou revisão de tarifas 204

7. A tarifa como garantia de crédito ao concessionário 208

Capítulo V – Síntese das Conclusões

1. Explicação prévia 215

2. O regime tarifário nas concessões de serviços públicos.

    Elementos conceituais 216

3. Política tarifária 219

4. As tarifas e os direitos dos usuários de serviço público 223

5. As tarifas e os direitos das concessionárias de serviço público 228

Bibliografia 235

INTRODUÇÃO

O direito administrativo (compreendido como parte do direito positivo, ou seja, como o conjunto de normas jurídicas que disciplinam o exercício da função administrativa pelo Estado ou por quem o representa) vem passando por diversas e seguidas transformações. Nesse contexto, torna-se natural ao pesquisador interessado nesse objeto de estudo buscar desafios novos, introduzidos com a mudança legislativa. Porém, é relevante notar que parte significativa deste desafio não importa propriamente o estudo de um novo instituto ou matéria. Trata-se, na verdade, da verificação, adaptação ou, eventualmente, da reformulação de lições já sedimentadas a respeito de institutos tradicionais.

Entre as muitas novidades que poderiam ser lembradas,[1] figuram como das mais instigantes aquelas relacionadas ao tema *serviço público*. A mudança legislativa que vem sendo processada aqui no Brasil e em muitos outros países (notadamente alguns da chamada Europa Continental, como a França, a Itália, a Espanha e Portugal) tem afetado a disciplina jurídica de atividades consideradas tradicionalmente como serviços públicos. Em função das mudanças, renasce o interesse por um dos mais antigos temas do direito administrativo. Curiosamente, o ponto que merece maior divulgação e atenção por parte dos doutrinadores

---

1. É difícil isolar um tema que não tenha sofrido recentes e consideráveis alterações legislativas. Como exemplos de matérias submetidas a mudanças recentes podemos citar as alterações no regime jurídico constitucional dos servidores públicos (flexibilização da estabilidade, teto remuneratório etc.), criação de normas legais para disciplinar o processo (ou procedimento) administrativo, licitação (com o surgimento de nova modalidade e propostas de reformas gerais), organização administrativa (com a criação de entidades autárquicas de regime especial – agências reguladoras e executivas – e entidades privadas colaboradoras da Administração – organizações sociais e organizações da sociedade civil de interesse público); além de várias outras alterações significativas recentes.

14 TARIFA NAS CONCESSÕES

talvez seja justamente a dúvida a respeito da atualidade do conceito e da necessidade ou não de sua substituição.

Esta preocupação, apesar de atual e derivada de alterações recentes no direito positivo, não é inédita. Deveras, logo após o surgimento do direito administrativo vem se repetindo, ciclicamente, o que pode ser chamado de um lugar-comum: o de que o conceito de serviço público está em crise.

A partir da utilização desse conceito como critério definidor do próprio direito administrativo, surge, de tempos em tempos, a afirmação quase que peremptória segundo a qual a noção de serviço público estaria passando por uma *crise*.[2] Por "crise" se quer identificar uma possível falta de utilidade do conceito, pelo fato de não estar mais atendendo às finalidades para as quais fora criado originalmente, deixando de ser, por conseqüência, uma referência formal útil para explicar situações típicas do direito administrativo.

Assim ocorreu quando o Estado, ao invés de se concentrar na seara tradicionalmente pública, começou a intervir como agente atuante no campo próprio dos particulares (nas chamadas *atividades econômicas*), por intermédio de autarquias ou de empresas com natureza jurídica de direito privado, mas por ele (Estado) criadas.[3]

2. O grande precursor do conceito de *serviço público* como critério definidor do direito administrativo foi o jurista francês Leon Duguit (*Las Transformaciones del Derecho Público*, 2ª ed., pp. 85-129). Na França, além do aspecto doutrinário, que naturalmente move o estudo sobre o conceito de um novo ramo ou disciplina do Direito, existe o apelo prático de, por meio deste elemento conceitual (o direito administrativo), definir-se a divisão de competências entre a jurisdição comum (exercida pelo Judiciário) e a administrativa (atribuída ao Conselho de Estado). É por trás desta última razão, de índole prática, que se escondem as causas mais freqüentes das crises atribuídas ao conceito de *serviço público*.

3. Era o que já observava Caio Tácito, em estudo de 1955: "O conceito de serviço público sofre, modernamente, um processo de revisão que se exprime, a um tempo, em sentido material e formal. A ação dinâmica do Estado contemporâneo incorporou às tarefas administrativas um extenso elenco de novos objetivos, sobretudo de âmbito econômico, ampliando, assim, a *substância* do serviço público. De outro lado, visando ao melhor rendimento, o legislador adotou processos de descentralização administrativa e de simplificação funcional, que inovaram, profundamente, a *forma* de execução do serviço público. Não há, em doutrina, um conceito apriorístico de serviço público. A qualificação, como salienta Marcel Waline, é 'à tort ou à raison, une question politique et non juridique'. Se determinados assuntos são, por natureza, privilégio do Estado, a noção de serviço público é, em sua maior parte, obra legislativa. À lei incumbe dizer o alcance do monopólio estatal de certas atividades ou a convivência entre o serviço público e a iniciativa privada. O fenômeno, que tanto inquieta os administrativistas franceses, da *crise* ou *declínio* da noção

INTRODUÇÃO 15

Atualmente, a nova *crise* é imputada às mudanças na organização estatal. Isto vem ocorrendo na Europa, em países de cultura jurídica romano-germânica, onde a visão tradicional de serviço público está sendo confrontada por uma acentuada alteração legislativa, que vem sendo implantada para proporcionar uma abertura maior destes setores à iniciativa privada; introduzindo, inclusive, instrumentos até então notabilizados pela sua vinculação às atividades econômicas (como é o caso do regime de competição na prestação desses serviços).

Aos poucos, esse discurso – de enaltecimento da crise no conceito de serviço público – vem sendo analisado (e em alguns casos repetidos) pela doutrina brasileira. Os problemas aqui suscitados também teriam semelhança aos lançados no Direito Continental Europeu: estaria havendo um esvaziamento no conceito de serviço público? A utilização de instrumentos até então típicos da atividade econômica em atividades consideradas serviços públicos descaracteriza o conceito hoje aplicável de serviço público? E assim por diante.

Sem aprofundar a discussão sobre este tema, parece possível afirmar que não só no presente momento, mas nas já superadas *crises* imputadas ao conceito de serviço público, o problema residia e reside, fundamentalmente, na subsunção de uma nova realidade (econômica, social ou política) às abstratas construções doutrinárias empregadas para explicar o conceito. Nos casos até então vislumbrados, apesar das mudanças, a noção de serviço público acaba por permanecer no sistema jurídico. A mudança no ordenamento jurídico exigiu apenas a adaptação de algumas lições doutrinárias construídas sob a influência de uma fenomenologia distinta.

Vejamos um exemplo de como o processo acima descrito funciona. Se num primeiro momento os serviços públicos eram prestados unicamente pelo Estado ou por organismos estatais, parece razoável admitir que, para a época, a natureza estatal da entidade prestadora do serviço fosse um elemento essencial da definição de serviço público. Se esse estado de coisas é modificado e se passa a admitir a prestação de serviços públicos por particulares, que recebam delegação especial do Poder Público para tanto (concessões), a definição que se tinha de serviço público há de ser modificada, de modo que não se choque mais com a realidade normativa que está sendo implementada. Este é um processo absoluta-

jurídica de serviço público não é mais que o efeito dêsse elastério das funções do Estado que se agrava, na França, com o problema da competência jurisdicional no contrôle dos serviços industriais e comerciais" ("Taxa, impôsto e preço público", *RDA* 44/519).

mente normal e necessário dentro das chamadas ciências sociais, que lidam com objeto de estudo cambiante. Sendo assim, não há que se imputar qualquer crise à categoria jurídica formal *serviço público* toda vez que a realidade normativa ou fenomênica for alterada. Nestas circunstâncias, deve-se buscar novas formulações teóricas que descrevam com maior fidelidade e atualidade a realidade jurídica alterada.

Partindo das premissas resumidamente expostas acima, poder-se-ia caracterizar a atual crise no conceito de serviço público como um desconforto da doutrina ao se deparar com mudanças legislativas operadas nesta matéria e a momentânea ausência de perfeita adequação do conceito abstrato cunhado doutrinariamente com a realidade normativa que está sendo paulatinamente introduzida. Feitos os ajustes necessários na descrição do instituto, não resta dúvida de que o conceito formal de serviço público prosseguirá sendo utilizado no direito público nacional.[4]

A propagada crise do conceito de serviço público, na verdade, mostra-se como sintoma de outro fenômeno, já mencionado nesta "Introdução": a mudança no regime jurídico de exploração dos serviços públicos.

Não só no Brasil, mas em boa parte do mundo, os mecanismos de intervenção do Estado em setores produtivos da Economia se socorriam da técnica de caracterização de determinada atividade como serviço público. A essa caracterização correspondia um regime jurídico de exceção em relação ao direito comum (privado), regente das relações entre particulares. O modo de tratar essa categoria excepcional do sistema econômico, porém, mostrou-se sempre variável: num momento o Estado se encarregava de prestar o serviço diretamente; noutro, transferia tais serviços a particulares, num regime especial de delegação (concessão ou permissão); para, depois, retomá-lo e atribuir essa função a empresas es-

---

4. Não fosse por outra razão, esta conclusão seria imperiosa pelo simples fato de a Constituição brasileira, de forma expressa, ter consagrado a categoria formal dos "serviços públicos". É o que se percebe, entre outros, no art. 175 da CF, que dispõe: "Incumbe ao Poder Público, na forma da lei, diretamente ou sob regime de concessão ou permissão, sempre através de licitação, a prestação de serviços públicos". É o que anota Celso Antônio Bandeira de Mello ao criticar a importação indevida de uma "crise" no conceito de serviço público: "E entre nós, o que ainda é pior, reproduzindo, como é típico dos subdesenvolvidos, o que é dito no exterior, sem atentar para o fato de que a Constituição brasileira não admitiria desclassificar certas atividades da categoria de serviço público, óbice este inexistente em outros países" ("Serviço público e sua feição constitucional no Brasil", in Paulo Modesto e Oscar Mendonça (coords.), *Direito do Estado (Novos Rumos) – Direito Administrativo*, t. 2, p. 15).

INTRODUÇÃO

tatais; e assim por diante. Pois bem, nos últimos anos (mais notadamente a partir do início dos anos 90), algumas das regras que até então caracterizavam o regime dos serviços públicos vêm sendo substituídas. Algumas dessas mudanças são bastante simples e já foram experimentadas noutras épocas (como a transferência do direito de prestar o serviço, de entidades estatais, para particulares), outras são mais sensíveis e demandam estudos e enquadramentos mais sofisticados, sob o ponto de vista da elaboração jurídica (como tem sido o caso da introdução do modelo de competição na prestação de serviços até então monopolizados).

O presente estudo não se destina a rever, à luz dos novos modelos de exploração econômica e legislação, todo o regime jurídico dos serviços públicos; ou mesmo a propor um novo conceito de serviço público, reciclado em função da nova realidade normativa. O objetivo buscado decorre da escolha de um dado traço deste complexo universo que representa os serviços públicos.

Esta delimitação do objeto de estudo não significa uma mera redução de complexidades a enfrentar. Ao delimitar o tema é possível demonstrar, com mais profundidade e precisão, as mudanças concretas que um dado aspecto do universo mais amplo (dos serviços públicos) sofreu ou, caso se chegue à conclusão oposta, que as alterações processadas não afetam aquele específico aspecto. Com o intuito, portanto, de delimitar para aprofundar a pesquisa, escolhemos um dos temas que, muito embora seja de reconhecida importância, tem merecido poucos estudos sistematizados sob o prisma do direito administrativo: trata-se do *regime jurídico tarifário das concessões de serviço público*.

A remuneração devida em virtude da utilização de serviços públicos provoca, sem dúvida, uma série de questionamentos relacionados à sua natureza jurídica (conceituação), às fórmulas de cobrança possíveis, aos mecanismos de controle do valor cobrado e às garantias econômicas conferidas ao prestador do serviço (de preservação de seu valor remuneratório, de recebimento do valor cobrado e de disponibilidade deste potencial financeiro).

O ambiente jurídico para a identificação de tais dúvidas existe há muito tempo no Direito Brasileiro. Todavia, parece possível afirmar que durante parte considerável desse período não houve interesse prático para justificar estudo sistemático e conjunto sobre tais aspectos ou, mesmo, que levasse à percepção de todos esses problemas.

Razões de ordem conjuntural servem para explicar o referido estado de coisas. Como se sabe, até bem pouco tempo a maior parte dos

18 TARIFA NAS CONCESSÕES

serviços públicos era prestada pelo próprio Poder Público (por intermédio de sua Administração direta ou indireta). Neste contexto, aspectos cruciais e relevantes da aplicação de uma política tarifária eram encarados e discutidos sob o prisma exclusivamente *político*, deixando-se à margem qualquer questionamento acerca de questões jurídicas propriamente ditas. A abordagem jurídica praticamente não chegava, por exemplo, aos problemas relativos à devida remuneração das prestadoras (pois, sendo elas empresas estatais, freqüentemente suportavam prejuízos econômicos consideráveis, por decisão política de seu controlador, o Estado), ao sistema de cobrança de tarifas (cobrança de tarifa mínima, fórmulas de cálculo etc.), ao tratamento a ser dado aos consumidores (quanto aos direitos à informação, não-abusividade de preços etc.) – e assim por diante.

Com a pura e simples transferência da prestação desses serviços a particulares (via concessão ou permissão de serviço público), referida categoria de problemas, antes circunscritos a um debate em torno de política governamental, assume gradativamente maior viés jurídico. Os citados temas, a par de continuarem a despertar uma avaliação a respeito da responsabilidade e do desempenho governamental em relação a determinado serviço público, passam a merecer tratamento em foros jurídicos em sentido estrito. Discute-se com cada vez maior freqüência a legitimidade de modelos tarifários, sob o prisma dos direitos dos usuários desses serviços (que assumem o ônus de pagar a tarifa) como também das prestadoras de serviços públicos (que obtêm desta remuneração sua principal fonte de receita).

O avanço deste novo contexto de discussão acerca dos modelos tarifários é visível tanto no âmbito administrativo quanto no judicial. Os interesses envolvidos na questão tarifária (reajustes, revisões, sistemas de cálculos, composição) têm, ultimamente, recebido a devida atenção quanto aos seus variados e importantíssimos aspectos jurídicos. A discussão envolvendo os interesses de usuários e prestadoras de serviços também tem passado, quase que invariavelmente, por temas jurídicos, concernentes à validade da aplicação de normas constitucionais, legais ou contratuais.

O presente estudo tem como objeto justamente a análise dessas discussões jurídicas envolvendo o regime tarifário. Para tanto, duas linhas de desenvolvimento são seguidas. Uma primeira, que aborda aspectos nucleares e abstratos do regime tarifário, como seu *conceito* e as variações que a definição de uma *política* tarifária comporta. A outra frente de pesquisa seguida aborda os aspectos mais pragmáticos que podem

INTRODUÇÃO   19

envolver a aplicação de um regime tarifário. Sob este enfoque são abordados, de um lado, temas oriundos da aplicação do regime tarifário no campo de interesse próprio dos usuários dos serviços e, de outro, aqueles aspectos mais voltados aos interesses das prestadoras de serviço.[5]

Ao final, arrolam-se de maneira didática as principais premissas e conclusões obtidas ao longo do estudo.

---

5. O critério distintivo reside na fonte da discussão jurídica, isto é, naquele círculo de interesses de onde normalmente provém o debate jurídico. A distinção, por óbvio, obedece tão-somente a critérios didáticos, que buscam maior sistematização deste objeto de estudo. Não se desconhece, todavia, que, em última análise, seria possível afirmar que todas as questões afetam simultaneamente, direta ou indiretamente, interesses de usuários, prestadoras e poder concedente.

Capítulo I

O REGIME TARIFÁRIO
NAS CONCESSÕES DE SERVIÇO PÚBLICO.
ELEMENTOS CONCEITUAIS

1. Discussões inerentes ao conceito de "tarifa". 2. Definição operacional de "serviço público". 3. A admissibilidade do regime tarifário pela Constituição brasileira: 3.1 Argumentos contrários à admissibilidade do regime tarifário – 3.2 A constitucionalidade do regime tarifário para contraprestação de serviços públicos. 4. Critérios de aplicabilidade do regime tarifário: 4.1 Evolução jurisprudencial – 4.2 Análise dos critérios apresentados – 4.3 Proposta de sistematização. 5. Tarifa: natureza regulamentar ou contratual? 6. A tarifa como contraprestação paga diretamente pelo usuário. 7. Diferença entre "tarifa" e "preço" controlado pelo Poder Público. 8. Elementos conceituais da tarifa nas concessões de serviços públicos.

1. Discussões inerentes ao conceito de "tarifa"

A genérica e difundida noção de *tarifa* como "contraprestação devida pelo usuário em virtude do serviço público que a ele é prestado", muito embora seja útil para uma primeira aproximação com o objeto do presente estudo, esconde, na verdade, uma série de relevantes questões jurídicas inerentes ao *conceito* deste instituto.

Há discussões envolvendo desde a própria admissibilidade da adoção do regime tarifário como forma de contraprestação de serviços públicos até a dúvida quanto à necessidade de determinados traços comumente identificados como essenciais à caracterização desta forma de remuneração (como a que diz respeito à necessidade de contraprestação a ser paga diretamente pelo usuário).

Em função desse estado de coisas, é feita a opção, neste início de trabalho, por uma busca de elementos *conceituais* do regime tarifário, ao invés da pura e simples *definição* do termo.[1] Por intermédio do enfrentamento das mais importantes questões inerentes ao *conceito* de tarifa será possível identificar precisamente o objeto do presente estudo. Esta é a principal meta do presente capítulo.

Para tanto, o primeiro ponto a ser enfrentado extrapola um pouco o objeto de estudo (que se restringe ao regime tarifário); torna-se necessário enveredar um pouco sobre tema que o envolve. Trata-se da definição de serviço público a ser adotada no presente trabalho.

2. Definição operacional de "serviço público"

Como já foi salientado na "Introdução" deste estudo, um dos temas que mais interesse desperta na doutrina administrativista contemporânea é o da "crise" no conceito de serviço público. São diversas as monografias e teses que se propõem a esmiuçar, com profundidade, o atual conceito de serviço público. Como também já foi adiantado, em que pese a atualidade da discussão, não será este o objeto da presente pesquisa, que se propõe a abordar seara mais estreita (abrangente apenas do regime tarifário que a tais serviços se aplica quando prestados mediante concessão).

Todavia, mesmo sem apresentar como objeto central do estudo o conceito de "serviço público", torna-se imprescindível para o desenrolar da pesquisa adotar uma definição dessa expressão, nem que seja apenas uma definição operacional. A razão que justifica esse esforço inicial é fácil de se perceber: o tema a ser desenvolvido diz respeito à aplicação do regime tarifário às concessões de *serviços públicos*.[2] Sendo assim,

1. Trabalhamos neste ponto com a diferença entre *conceito* e *definição*. "Definição" significa a representação de um *conceito*, ou seja, a descrição dos elementos conceituais que, para um dado autor, figuram como mais relevantes e identificadores do objeto a ser definido. Já o "conceito" revela o conjunto de elementos que integram o objeto a ser analisado. O *conceito*, em si, não exprime redução alguma das propriedades referentes a um dado objeto; neste sentido, constitui tudo o que este objeto representa. Sendo assim, com base nesta distinção, optamos por desenvolver no presente capítulo alguns dos elementos que integram o *conceito* de tarifa na concessão de serviço público. Somada à sua pura e simples definição, a investigação desses elementos propiciará uma adequada aproximação do objeto do presente estudo.

2. Também se sujeita à cobrança de tarifa a utilização de obras e bens públicos mediante concessão. Em tais casos, quando for aplicável o regime da Lei 8.987/1995, as conclusões do presente estudo também serão a ela aplicáveis. A

O REGIME TARIFÁRIO NAS CONCESSÕES DE SERVIÇO PÚBLICO 23

passemos a expor o que será tomado no presente estudo como *serviço público*.

A ausência de uma definição legal de *serviço público* propiciou a coexistência de diversas tendências e correntes doutrinárias dispostas a conceituá-lo. Costuma-se sistematizar tais tendências por intermédio da diferenciação dos critérios que são empregados na elaboração do conceito. De um lado são postos os que se baseiam em aspectos materiais da atividade a ser identificada para classificá-la, ou não, como serviço público. Busca-se uma essência de serviço público, que informa e determina a identificação de uma atividade econômica em sentido amplo como serviço público. Não é por outra razão que a essa corrente se tem dado o nome de *essencialista*. Em paralelo, são arrolados os adeptos de um critério de conceituação que se baseia na identificação de um regime jurídico especial, próprio dos serviços públicos, que os distingue das meras atividades econômicas em sentido estrito. Por não buscar a presença de um elemento intrínseco à atividade como critério definidor do serviço público, mas sim um dado normativo, formal (o regime jurídico), esta outra tendência é denominada de *formalista*.

Sem que se pretenda eleger um dos critérios como sendo *o correto*, ou *o melhor* para conceituar *serviço público* do ponto de vista político, sociológico ou econômico, é possível escolher o que se mostra mais útil aos propósitos metodológicos do presente estudo, que é de cunho estritamente jurídico. É o que se pretende fazer, com uma breve demonstração dos fundamentos que arrimam tal escolha.

O trabalho a ser desenvolvido deve partir de uma premissa já estabelecida e fixada pelo próprio ordenamento jurídico: a de que uma dada atividade deve se submeter ao regime especial de serviço público – regime, este, do qual deflui o objeto do presente estudo, qual seja, o modelo tarifário de remuneração da prestação do serviço. Deveras, o sistema tarifário decorre necessariamente de uma realidade já positivada, pois pressupõe que uma dada atividade já tenha sido submetida, por decisão normativa, a um sistema especial de fixação ou controle de valores praticados como contraprestação ao oferecimento de determinadas como-

Lei 8.987/1995, todavia, destina-se a uma específica modalidade de concessão de obra pública: as "concessões de serviços públicos precedidas da execução de obras". Tal circunstância dá margem ao surgimento de legislação específica (inclusive no âmbito estadual e municipal) que venha a disciplinar concessões "autônomas" de obras e bens públicos. Sendo assim, somente quando houver aplicação direta ou subsidiária (na ausência de legislação específica) as concessões de obra terão tratamento idêntico às de serviço.

24 TARIFA NAS CONCESSÕES

didades aos usuários. Portanto, mais importante que perquirir quais as condições essenciais que devem levar uma dada atividade a alcançar o aludido *status* diante do ordenamento jurídico é saber identificar quais as atividades que mereceram tal tratamento normativo especial (característico do serviço público). Para tanto, já se vê, o critério mais apropriado e seguro é, sem dúvida, o *formal*.[3]

Deste modo, a identificação de uma dada atividade como serviço público será feita com base no exame de seu regime jurídico. Se estivermos diante de um regime jurídico especial em relação ao comumente aplicado às atividades econômicas em sentido estrito (regime, este, que seja marcado com normas características do direito público), estar-se-á diante de um serviço público – de atividade, portanto, suscetível de exame quanto ao regime tarifário que porventura lhe seja inerente.

Não procede a crítica feita por alguns adeptos da concepção essencialista segundo a qual o critério formal de identificação dos serviços públicos tem por base uma tautologia. Para os críticos, conceituar "serviço público" como sendo atividade disciplinada por um regime jurídico de direito público produziria uma definição circular, que nada agregaria ao problema posto, uma vez que ainda restaria a dúvida quanto a saber quais atividades seriam submetidas a tais regras especiais (de direito público).[4] A crítica somente seria procedente se o objetivo da definição fosse extrair um conceito de serviço público que prescindisse da opção tomada pelo legislador, isto é, se o objetivo fosse construir um conceito de serviço público metajurídico, que servisse de orientação para o pró-

3. Para Celso Antônio Bandeira de Mello, dois elementos caracterizam o serviço público: um de cunho material – que consiste no oferecimento de comodidades materiais aos administrados – e o outro formal – relacionado ao regime jurídico aplicável. O autor reconhece, todavia, a preponderância do segundo aspecto (o formal) na identificação jurídica de uma atividade como serviço público. Confira-se: "O segundo elemento, *formal*, isto é, a submissão a um regime de direito público, o regime jurídico-administrativo, é que confere caráter jurídico à noção de serviço público. Sua importância, pois, é decisiva" (*Curso de Direito Administrativo*, 25ª ed., p. 664).

4. Este é o pensamento de Eros Roberto Grau: "É inteiramente equivocada a tentativa de conceituar-se *serviço público* como atividade sujeita a regime de serviço público. Ao afirmar-se tal – que *serviço público* é atividade desempenhada sob esse *regime* –, além de privilegiar-se a forma, em detrimento do conteúdo, perpetra-se indesculpável tautologia. Determinada atividade fica sujeita a regime de serviço público porque é serviço público; não o inverso, como muitos propõem, ou seja, passa a ser tida como serviço público porque assujeitada a regime de serviço público" (*A Ordem Econômica na Constituição de 1988 (Interpretação e Crítica)*, 12ª ed., p. 119).

O REGIME TARIFÁRIO NAS CONCESSÕES DE SERVIÇO PÚBLICO   25

prio direito positivo, e não apenas se baseasse nele. Como, de fato, o objetivo para a elaboração de um conceito *jurídico* de serviço público deve ter como objeto de pesquisa o próprio direito positivo, a crítica, do modo como é posta, não se mostra válida.

Não se trata de tautologia, porque o método proposto impõe o exame da realidade normativa. Remete a uma verificação empírica do ordenamento jurídico a ser estudado. Apenas por intermédio da pesquisa sobre dado ordenamento jurídico será possível responder se determinada atividade é, ou não, serviço público.

Nos serviços públicos haverá a adoção de um regime jurídico peculiar, em comparação com as demais atividades econômicas. A primeira dessas peculiaridades é a de eleger tal atividade como um dever do Estado. Mesmo quando houver prestação por particulares de serviços públicos, juridicamente é o Estado que estará desempenhando tal atividade através de delegatário, ou seja, indiretamente (esta é a dicção do art. 175 da CF). A partir desta definição, toda uma série de medidas que seriam impróprias para o regime comum de desenvolvimento de atividades econômicas passa a ser de adoção normal pelo titular do serviço (o próprio Estado).

São vários os exemplos de normas próprias ao regime público que podem vir a ser adotadas na disciplina de um dado serviço, dependendo da opção seguida pelo titular do serviço. A que talvez seja mais evidente diz respeito à limitação ao número de prestadores de um dado serviço – inibindo diretamente o exercício da livre iniciativa, típica das atividades econômicas em sentido estrito; deveras, por decisão estatal um dado serviço público pode ser submetido a monopólio, público ou privado, a um regime de duopólio, ou pura e simplesmente a um controle rígido da entrada de novos operadores neste dado setor. Neste campo reservado também faz parte das opções de intervenção normalmente aplicáveis a definição, pelo próprio Estado, de aspectos inerentes à própria gestão econômica da atividade, isto mesmo quando ocorre a delegação a particulares. É o caso, por exemplo, da definição de metas de investimento, atualização de equipamentos, expansão de serviços, entre vários outros. Por fim, é possível destacar como mais um dos exemplos deste regime característico dos serviços públicos o próprio objeto deste estudo, ou seja, a instituição de um regime tarifário como forma de disciplinar a contraprestação a esses serviços.[5]

5. A diferença entre o regime tarifário e os excepcionais instrumentos de intervenção estatal em preços de atividades privadas será abordada em tópico específico ao final deste capítulo.

26 TARIFA NAS CONCESSÕES

Assim, no presente trabalho a expressão "serviço público" será empregada para designar a atividade sobre a qual incide um regime jurídico de direito público, no qual poderá ser inserido um regime tarifário.

3. A admissibilidade do regime tarifário pela Constituição brasileira

Antes de examinar os elementos conceituais propriamente ditos da tarifa, ainda é importante abordar uma outra questão de natureza preliminar. Trata-se de uma linha de pensamento que põe em xeque a própria constitucionalidade do instituto que se pretende examinar: *a aplicação do regime tarifário aos serviços públicos*.

3.1 Argumentos contrários à admissibilidade do regime tarifário

A questão teve origem em parte da doutrina tributarista brasileira.[6] Diante da previsão constitucional que arrola como uma das possíveis hipóteses para instituição de taxas a prestação de serviços públicos aos contribuintes, passou-se a defender que este instrumento (a taxa) seria a única forma juridicamente admitida para cobrar qualquer remuneração pela prestação desses serviços. Se não fosse por intermédio de taxas (portanto, sob os influxos do rígido regime de direito tributário), não poderia haver cobrança pela prestação de serviços públicos – seja ela feita diretamente pelo Estado ou por particulares, delegatários do serviço. A Constituição teria admitido apenas duas opções em matéria de cobrança pela prestação de serviços públicos: ou se adota o regime tributário, por meio de taxa, ou não seria possível cobrar (a prestação haveria de ser gratuita).[7]

6. Apresentam-se como defensores da inconstitucionalidade da cobrança de tarifas pela prestação de serviços públicos, notadamente, os tributaristas da Escola de Direito Tributário da PUC/SP, que, neste ponto, acompanham o pensamento do saudoso mestre Geraldo Ataliba (*Hipótese de Incidência Tributária*, 6ª ed., 9ª tir., pp. 159-170).

7. A gratuidade ocorre em relação a alguns serviços públicos por determinação constitucional, como são os casos dos serviços de saúde e de educação (quando prestados pelo Estado ou em seu nome). A gratuidade – vale salientar – diz respeito apenas à exigência de contraprestação direta do usuário. Tais serviços gratuitos, por óbvio, também representam um custo a ser suportado. A diferença está apenas em relação ao mecanismo de financiamento. Os chamados serviços "gratuitos" são financiados por todos os contribuintes, por meio de impostos, e não diretamente por quem deles usufrua. Neste sentido anota Francisco José Villar Rojas: "É sabido que nenhum serviço público é gratuito. Não o é a assistência à saúde, tampouco a

O REGIME TARIFÁRIO NAS CONCESSÕES DE SERVIÇO PÚBLICO   27

Veja-se o dispositivo constitucional objeto desse debate: "Art. 145. A União, os Estados, o Distrito Federal e os Municípios poderão instituir os seguintes tributos: (...) II – *taxas*, em razão do exercício do poder de polícia ou *pela utilização, efetiva ou potencial, de serviços públicos específicos e divisíveis, prestados ao contribuinte ou postos a sua disposição*; (...)" (grifamos).

São vários os argumentos levantados em defesa da aludida tese. Para conhecê-los em sua versão mais eloqüente, vale seguir a linha de raciocínio desenvolvida por Geraldo Ataliba.

O constitucionalista e tributarista da PUC/SP rejeita a posição segundo a qual a Constituição teria dado ao legislador a faculdade de optar entre dois regimes jurídicos para disciplinar a cobrança pela prestação de serviços públicos: o tributário (das taxas) e o administrativo (das tarifas ou preços públicos). Tal liberdade não seria compatível com o caráter obrigatório dos preceitos constitucionais:

"(...). Ou a Constituição é norma e, pois, preceito obrigatório, ou não é nada; não existe; não tem eficácia. O que não pode o jurista é atribuir-lhe a singela função de lembrete ou recomendação. A Constituição, lei máxima, sagrada e superior, ordena, manda, determina, impõe. A tarefa do intérprete é, exatamente, desvendar o que a norma está impondo, em cada caso.

"Aqui, a única liberdade que a Constituição dá ao legislador é para decidir se a prestação de dado serviço público divisível e específico (isto é: que possa ter prestação individual e, pois, fruição singular pelos utentes) será remunerada ou não. Com efeito, pode o legislador decidir que os serviços (vacinação, identificação ou profilaxia etc.) sejam prestados sem remuneração. Se, entretanto, resolver que haverá remuneração, não pode senão optar pela taxa. A sua prestação só pode ser retribuída mediante taxa".[8]

iluminação pública, nem a televisão pública. Enquanto todo serviço supõe uma prestação, é evidente que tem um custo que deve ser coberto. Questão distinta é como e, neste caso, quem e em que medida financia cada um deles. Basicamente, a decisão supõe optar entre seu financiamento por meio do orçamento geral e, portanto, com base em impostos, ou bem fazer recair tudo ou parte do custo sobre os usuários". No original: "Es sabido que ningún servicio público es gratuito. No lo es la asistencia sanitaria tampoco el alumbrado público ni la televisión pública. En cuanto todo servicio supone una prestación es evidente que tiene un coste que debe ser cubierto. Cuestión distinta es como y, en su caso, quién y en qué medida financia cada uno de ellos" (*Tarifas, Tasas, Peajes y Precios Administrativos – Estudio de su Naturaleza y Régimen Jurídico*, p. 1).

8. Geraldo Ataliba, *Hipótese de Incidência Tributária*, 6ª ed., 9ª tir., p. 160.

28 TARIFA NAS CONCESSÕES

Assim, o art. 145, II, teria introduzido a exclusividade do regime tributário para a remuneração dos serviços públicos.

Outro argumento sustenta a tese segundo a qual a tarifa seria adequada apenas para o campo do direito privado. Isto porque, na visão desses autores, a tarifa (também denominada de preço público) representaria uma forma de remuneração própria do direito privado, ou seja, de relações jurídicas estabelecidas com base na autonomia da vontade, nas quais o móvel das partes fosse, em última análise, a busca do lucro mediante a cobrança de uma contraprestação. Relações jurídicas de direito público – como são aquelas que envolvem a prestação de serviços públicos – não seriam próprias de um instrumento de índole privatística, característica que marcaria a tarifa. A tarifa (ou preço) caberia apenas quando houvesse exploração de atividades econômicas por entidade estatal.[9]

Tais argumentos – em que pesem a aparente lógica que apresentam e a grande importância acadêmica daqueles que os defendem – não foram suficientes para influenciar legislação, jurisprudência ou, mesmo, a maioria da doutrina.[10] Sendo assim, simplesmente por uma constatação da realidade normativa, jurisprudencial e doutrinária do direito pátrio já seria possível afirmar a existência de um regime jurídico tarifário decorrente da contraprestação cobrada da prestação de serviços públicos e, conseqüentemente, da pertinência de um estudo versando tal tema. Contudo, além desta mera constatação da existência e da relevância deste objeto de estudo, mostra-se perfeitamente possível demonstrar a

9. Geraldo Ataliba, *Hipótese de Incidência Tributária*, 6ª ed., 9ª tir., pp. 160-162. Este argumento foi desenvolvido originalmente por Marco Aurélio Greco e Hamilton Dias de Souza (*A Natureza Jurídica das Custas Judiciais*, OAB-SP/Resenha Tributária, 1983, p. 54, *apud* Geraldo Ataliba, ob. cit., p. 161). Houve também quem sustentasse, para impor os rigores do regime tributário a toda e qualquer contraprestação cobrada em função da oferta de serviço público, que a tarifa seria uma espécie de taxa, passível de instituição quando o serviço fosse prestado por pessoa de direito privado, concessionária de serviço público (João Cláudio Couceiro, "Taxa e preço público", *RDTributário* 42/203-204).

10. Neste sentido é o relato do próprio Geraldo Ataliba:

"Alegarão alguns adversários dessa idéia que nossa doutrina, jurisprudência e legislação não abonam sempre e integralmente tal inteligência.

"Não é difícil verificar as razões pelas quais assim é.

"A legislação foi guiada por uma doutrina que informou a jurisprudência, que, à sua vez, realimentou a doutrina e assim por diante. Todo esse panorama foi decisivamente influenciado, desde os trabalhos dos pioneiros do nosso direito tributário (Baleeiro, Rubens Gomes de Sousa, Amílcar Falcão), pela doutrina estrangeira, principalmente a italiana" (*Hipótese de Incidência Tributária*, 6ª ed., 9ª tir., p. 162).

O REGIME TARIFÁRIO NAS CONCESSÕES DE SERVIÇO PÚBLICO   29

admissibilidade do regime tarifário para a contraprestação de serviços públicos de acordo com o ordenamento constitucional brasileiro.

3.2 A constitucionalidade do regime tarifário para contraprestação de serviços públicos

O primeiro ponto a destacar na demonstração da admissibilidade do regime tarifário pelo ordenamento constitucional brasileiro é de força e simplicidade gritantes. Envolve a mera demonstração da expressa referência ao regime tarifário como parte integrante do regime geral dos serviços públicos feita pelo texto constitucional. A menção está contida no específico artigo da Constituição que disciplina a prestação de serviços públicos como parte integrante da ordem econômica.[11] Confira-se:

"Art. 175. Incumbe ao Poder Público, na forma da lei, diretamente ou sob o regime de concessão ou permissão, sempre através de licitação, a prestação de serviços públicos.

"Parágrafo único. A lei disporá sobre: (...) III – política *tarifária*; (...)" (grifamos).

O texto expresso da Constituição não abala a convicção daqueles que contestam a legitimidade do regime tarifário para serviços públicos. Sustentam que os argumentos acima descritos dariam o correto balizamento para uma interpretação "sistemática" do texto constitucional, de modo a afastar o que, segundo eles, seria um sem-sentido jurídico: a cobrança pela prestação de serviço público por um instrumento de direito privado (que acreditam ser a *tarifa*). Assim, aqueles que enfrentam diretamente o desafio de justificar interpretação aparentemente contrária à dicção expressa da Lei Maior buscam atribuir algum outro sentido à expressão "política tarifária", empregada na Constituição. Defendendo uma radical redução no sentido geral que a expressão sempre apresentou, advogam a tese de que a política tarifária a que alude o inciso III do parágrafo único do art. 175 da CF apenas abarca o relacionamento entre concessionário (prestador de serviço público) e poder concedente (titular do serviço público). Marcaria apenas e tão-somente a relação

---

11. Outra referência à expressão "tarifa" no texto constitucional é encontrada no art. 150, § 3º: "As vedações do inciso VI, 'a', e do parágrafo anterior não se aplicam ao patrimônio, à renda e aos serviços relacionados com exploração de atividades econômicas regidas pelas normas aplicáveis a empreendimentos privados, ou em que haja contraprestação ou pagamento de preços *ou tarifas pelo usuário*, nem exonerem o promitente comprador da obrigação de pagar imposto relativamente ao bem imóvel" (grifamos).

30 TARIFA NAS CONCESSÕES

econômico-financeira entre esses dois agentes, mas em nada afetando a forma de cobrança dos usuários do serviço, que se submeteria ao regime tributário (das taxas).[12]

A redução proposta, além de artificialista (por vincular à expressão "política tarifária" sentido completamente destoante da aplicação que lhe é técnica e correntemente atribuída), apresenta como único fundamento a pretendida incompatibilidade entre o regime tarifário e o modelo para contraprestação de serviços públicos apregoado. Acontece que, numa análise mais detida, é possível constatar que as barreiras alegadas à adoção do modelo tarifário simplesmente não existem. Vejamos por quê.

Um dos argumentos empregados para negar o cabimento do regime tarifário para a contraprestação de serviços públicos é o de que, se assim fosse admitido, perderia o sentido jurídico o dispositivo constitucional que prevê a prestação de serviços públicos como uma das hipóteses para a criação de taxas. A Constituição, nesta óptica, não poderia ter oferecido ao legislador duas opções para disciplinar dita contraprestação. A partir da alegação da impossibilidade de convivência do duplo sistema, sustentam que o único regime de cobrança admissível seria o tributário, por ser o mais rígido e, conseqüentemente, o que mais segurança confere ao usuário (contribuinte).

Referidos argumentos não procedem. Não há qualquer base jurídica para afirmar que a existência de opções de regime jurídico a ser

12. De acordo com Benedicto Porto Neto: "São as cláusulas econômicas da concessão que estão sujeitas ao regime de direito privado. O serviço público, submetido que está ao regime publicista, segue fora do comércio, pelo quê não pode ser objeto de contrato" (*Concessão de Serviço Público no Regime da Lei 8.987/1995 – Conceitos e Princípios*, p. 103). Neste particular, Porto Neto segue a posição defendida pelo renomado tributarista Roque Antonio Carrazza, para quem: "(...). A *política tarifária*, a que alude o art. 175, parágrafo único, III, do Diploma Fundamental deve ser realizada *não* pelo utente do serviço público, *mas* pela pessoa política que o concedeu ou o permitiu. Melhor dizendo, o *destinatário imediato* desta norma constitucional não é o fruidor do serviço público concedido ou permitido, mas o Poder Público concedente ou permitente" (*Curso de Direito Constitucional Tributário*, 24ª ed., p. 537). Régis de Oliveira, muito embora adepto da tese segundo a qual a contraprestação adequada para serviços públicos deveria ser a taxa, reconhece a admissibilidade de instituição de tarifas nas hipóteses de delegação do serviço público a particulares, por meio de concessão ou permissão: "Admitimos, pois, em definitivo e depois de longa análise, que é possível a cobrança de preço em decorrência da prestação de serviços públicos apenas na hipótese de se cuidar de permissão ou concessão. Não que haja escolha ou opção do administrador em definir a forma de cobrança. O que existe é harmonização dos dispositivos constitucionais, para permitir que o Poder Público preste seus serviços de forma mais adequada, flexibilizando a cobrança de preços" (*Receitas Não-Tributárias (Taxas e Preços Públicos)*, 2ª ed., p. 52).

O REGIME TARIFÁRIO NAS CONCESSÕES DE SERVIÇO PÚBLICO   31

adotado pelo legislador (ou seja, de um campo de discricionariedade legislativa) significa perda de força normativa de dispositivos constitucionais. Muito pelo contrário. São variados os exemplos de outorga de competências semelhantes pelo legislador constituinte ao legislador ordinário. É possível afirmar que a essência da competência legislativa é discricionária. A atividade do legislador é, basicamente, a de realizar opções entre um vasto leque de alternativas encampadas pelo legislador maior (constituinte).

Vale mencionar algumas dessas competências relacionadas especificamente ao tema dos serviços públicos. É reconhecida – até mesmo pelos doutrinadores que refutam a cobrança mediante tarifas – a possibilidade de o legislador optar entre cobrar pela prestação de serviços públicos ou não; isto é, oferecer gratuitamente ou exigir contraprestação do usuário. A Constituição também não vincula a forma de prestar serviços públicos. Deveras, é possível que a lei determine a assunção do serviço pela própria Administração Pública (que, por sua vez, pode ser Administração direta ou indireta; e, sendo indireta, pode ser autárquica, empresarial pública, sociedade de economia mista...), como também pode estabelecer sua delegação a particulares. A delegação pode ocorrer pelo regime de concessão ou permissão,[13] e assim por diante. Não há, como se vê, razão alguma para refutar a existência desse tipo de opção dada ao legislador. Trata-se, pura e simplesmente, da assente outorga de discricionariedade ao legislador, para que este, na análise de cada segmento a disciplinar, decida pela opção mais conveniente à persecução do interesse público. A priori, pela coexistência dos arts. 145, II, e 175, parágrafo único, III, o interesse público em matéria de regime de cobrança pela prestação de serviços público pode ser alcançado de duas formas: pela instituição de taxa ou de tarifa. Cabe ao legislador definir a opção a ser aplicada, com base em seus critérios de conveniência e nas balizas que tenham sido lançadas constitucionalmente.[14]

A outra impugnação que se faz à cobrança de tarifa pela prestação de serviços públicos deriva da caracterização desse instrumento como sendo de direito privado – e, por esta razão, incompatível com o regime público que deveria marcar o tema.

Mais uma vez não se encontra razão jurídica para dar fundamento à tese. Isto porque é incorreto caracterizar a tarifa como um instrumento

---

13. Exemplos extraídos em sua maioria da leitura direta do art. 175 da CF.

14. Os critérios para balizar a opção legislativa entre taxa e tarifa serão examinados no tópico seguinte.

típico de direito privado. Esta alegação, na verdade, não é justificada pelos defensores da tese da inaplicabilidade do regime tarifário aos serviços públicos. Ao que parece, a razão disto seriam apenas os sinônimos dados ao vocábulo "tarifa", comumente substituído pelas expressões "preço" ou "preço público". Por se tratar de "preço" – infere-se, simploriamente –, as normas que lhe são aplicáveis integrariam o direito privado; tratar-se-ia de regime adequado para relações comerciais, típicas de direito privado; seria algo em tudo e por tudo destoante da lógica que permeia a prestação de serviços públicos.

A identificação do regime tarifário com o direito privado, aplicável aos preços comuns existentes nas atividades econômicas privadas, não encontra amparo no ordenamento jurídico brasileiro. As regras aplicáveis ao regime tarifário são de natureza pública. Contrapõem-se incisivamente ao regime normal dos preços praticados nos mercados livres. Ao se falar em *tarifa* (ou em *preço público*), na verdade, se está excluindo o predomínio de ditas regras de direito privado. A natureza da contraprestação, neste caso, passa a ser pública, e não privada. A comprovação desta realidade é fácil de ser feita. Aliás, ao longo do presente estudo, exemplos cabais da natureza pública das tarifas serão desenvolvidos.

Para os propósitos da presente discussão, todavia, basta estabelecer uma linha de comparação envolvendo o grau de interferência estatal na fixação de um e da outra. Os *preços* inerentes à economia de mercado sujeitam-se à regra geral da livre iniciativa. São fixados livremente pelos agentes econômicos. O Estado exerce sobre eles, no mais das vezes, apenas um poder de natureza fiscalizatória, em alguns casos almejando a proteção dos consumidores, noutros visando à defesa da concorrência ou da ordem econômica. Com as *tarifas* o papel do Estado é bem diferente, mostrando-se muito mais intervencionista. Cabe ao Poder Público (mesmo quando o serviço é prestado por particulares) estabelecer o modelo de fixação dos valores cobrados. Controla suas alterações, homologando reajustes e revisões. O Estado encontra no modelo tarifário, para resumir todo seu poder de intervenção, um reconhecido instrumento de implementação de políticas públicas. Trata-se, a toda evidência, de instituto de direito público, com características marcantes e inafastáveis que são próprias deste ramo do Direito, não do direito civil.[15] Mais uma vez,

15. Neste sentido é a lição de Caio Tácito: "Não é, certamente, a tarifa um simples preço privado. O custo do serviço público concedido não é estabelecido, livremente, pela concessionária, segundo as leis econômicas do mercado. A fixação e revisão de tarifas é, pacificamente, um ato unilateral do Estado, a que é indiferen-

O REGIME TARIFÁRIO NAS CONCESSÕES DE SERVIÇO PÚBLICO   33

portanto, é possível concluir que o argumento empregado para afastar o regime tarifário da prestação de serviços públicos não procede.

Sendo assim, há de se reconhecer a procedência da posição dominante a respeito da matéria – qual seja, a de afirmar a admissibilidade, pela Constituição, do regime tarifário como forma de contraprestação de serviços públicos. Não se trata, como deixam transparecer alguns dos críticos desse modelo, de mera tolerância da comunidade jurídica para com uma vicissitude de ordem prática. Conforme demonstrado acima, tal conclusão reflete – isto, sim – a mais adequada e ponderada interpretação do texto constitucional em vigor.

Trata-se, porém, do reconhecimento da admissibilidade do regime. Não de sua exclusividade. Se é certo que a Constituição admite sua adoção, também se mostra fora de dúvida que prevê a opção pelo regime mais rígido, de natureza tributária. Em virtude dessa duplicidade de regimes possíveis para disciplinar a cobrança pela prestação de serviços públicos, põe-se, agora, a questão de saber como identificar a presença e, mais que isso, critérios que orientem a aplicabilidade de um ou outro. É este o tema a ser tratado a seguir.

4. Critérios de aplicabilidade do regime tarifário

A prestação de serviços públicos, como visto no tópico anterior, pode ensejar a cobrança de contraprestação por parte dos usuários. Dois são os regimes jurídicos aplicáveis a tal contraprestação: um de índole tributária, relativo à instituição de taxas; outro com natureza de direito administrativo, o modelo tarifário ou dos preços públicos.

Os citados regimes apresentam distinções relevantes entre si. Em geral, considera-se o regime tributário mais rígido, dotado de maiores garantias aos particulares, enquanto o tarifário é visto como mais flexível. Assim, quando a cobrança ocorre por intermédio de taxa, exige-se a observância do princípio da estrita legalidade tributária, segundo o qual a criação, fixação do valor e eventuais alterações somente são admitidas quando efetuadas por intermédio de lei (em sentido formal). Outro princípio tributário atrelado às taxas é o da anterioridade, que veda a

te a vontade do concessionário. O interesse público é o índice dominante em sua determinação, embora se incorpore ao cálculo das tarifas a noção de lucro, não excedente a 'justa remuneração do capital', de que fala o art. 151, parágrafo único, da Constituição brasileira" [*referia-se o autor à Constituição de 1946*] ("Taxa, impôsto e preço público", *RDA* 44/529).

34 TARIFA NAS CONCESSÕES

cobrança de tributo criado num mesmo exercício orçamentário.[16] As tarifas, por sua vez, podem ser criadas e alteradas por atos administrativos, que, por óbvio, devem ter base em lei (pois o princípio da legalidade também se faz aplicar no direito administrativo), mas não precisam ser instituídas diretamente por este instrumento (a lei).

Também não lhes é aplicável o princípio da anterioridade, podendo as inovações tarifárias operar efeitos imediatamente, isto é, no mesmo exercício financeiro em que forem editadas.

Em contrapartida, o instrumento tributário (taxa) oferece ao Poder Público maiores prerrogativas que o administrativo (tarifa). As taxas conferem ao Estado o poder de exigir seu pagamento independentemente de fruição, bastando, para tanto, que tenha posto o serviço público à disposição do usuário/contribuinte. As tarifas não têm o condão de serem exigíveis compulsoriamente, independentemente de fruição (voluntária) do serviço pelo usuário.[17]

4.1 Evolução jurisprudencial

As citadas diferenças fizeram nascer um candente debate, doutrinário e jurisprudencial, acerca do critério que deveria nortear a aplicação de um ou outro instrumento de cobrança de serviços públicos. Retrato fiel dos argumentos que foram e podem ser empregados neste debate se extrai da evolução jurisprudencial a respeito da matéria.

Os primeiros questionamentos envolvendo a procedência de regimes de cobrança de serviços públicos surgiram após a promulgação da Constituição de 1946, marco da retomada do Estado de Direito no país, que instituiu uma série de limitações ao poder de tributar.

A primeira manifestação do STF envolvendo a temática acima levantada teve como objeto a cobrança de "contribuição" das companhias

---

16. Flávio Bauer Novelli elenca as seguintes limitações jurídicas à instituição de taxas (todas decorrentes do regime constitucional tributário): "a capacidade contributiva (art. 145, § 1º); a legalidade (reserva legal) (art. 150, I); a igualdade (art. 150, II); a irretroatividade (art. 150, III, 'a'); a anterioridade (art. 150, III, 'b'); a não-confiscatoriedade (art. 150, IV); a proibição de limitações ao tráfego interestadual ou intermunicipal de pessoas ou bens, ressalvada a cobrança de pedágio (art. 150, V); a uniformidade territorial (art. 151, I); a anualidade (art. 165, § 9º, I; Lei 4.320, de 17.3.1964, arts. 3º e 51) etc." ("Taxa – Apontamentos sobre seu conceito jurídico", *RDTributário* 59/104).

17. Para outros traços distintivos entre *tarifas* e *taxas*, inclusive sob o ponto de vista financeiro, v. Aurélio Pitanga Seixas Filho, "Caracteres distintivos da taxa e do preço público", *RF* 323/49-54.

O REGIME TARIFÁRIO NAS CONCESSÕES DE SERVIÇO PÚBLICO 35

aéreas em virtude da utilização dos aeroportos federais.[18] A cobrança, instituída por ato administrativo para produzir efeitos no mesmo exercício financeiro no qual foi editado, foi questionada em face dos novos preceitos constitucionais que impunham a observância dos princípios da estrita legalidade e da anterioridade em matéria tributária. Na oportunidade, o STF entendeu que referida cobrança poderia ser instituída por intermédio de preço público (tarifa), fonte de receita que, ao contrário das taxas, não devia obediência às restrições peculiares ao regime tributário.

Nesta decisão, muito embora se tenha aludido expressamente, na ementa, à descaracterização daquela cobrança como taxa,[19] é possível constatar que os critérios de identificação de um e outro regime não foram abordados de forma sistemática e que, por isso, não apareceram como fundamento direto para a decisão de todos os Ministros.[20] Merece destaque, todavia, a tentativa de diferenciação apontada pelo Min. Luís Gallotti, que buscou apontar o critério da delegabilidade do serviço como um indício de que a atividade admitiria o modelo tarifário. Confira-se: "A mim me parece que a distinção que há de se fazer entre serviços que a União não pode confiar a um permissionário ou concessionário e serviços que ela pode delegar. No caso da Justiça, por exemplo, de que se falou no debate travado entre os eminentes Mins. Relator e Nelson Hungria com relação à taxa judiciária, é um serviço que não pode ser delegado, e não se poderá negar à taxa judiciária o caráter de uma verdadeira taxa. Quando o serviço é delegado e há uma tarifa, o ilustre Advogado concorda que esta poderá ser alterada por ato do Executivo. Não me parece que a União, quanto executa um tal serviço, deva ficar em situação pior que a do permissionário ou concessionário. Se, pela possibilidade da delegação, essas tarifas podem ser fixadas pelo Executivo, não me parece, *data venia*, que pelo fato de desempenhar a própria

18. STF, Pleno, MS 1.558, rel. Min. Rocha Lagoa, j. 21.1.1952, m.v. (*RDA* 37/195-205).

19. Confira-se o teor da ementa: "Taxas aeroportuárias – Tarifas – Preços públicos – As contribuições cobradas das emprêsas aeroviárias pela utilização das instalações e serviços de aeroportos não são taxas, mas preços públicos, que não se incluem na conceituação genérica de tributos" (*RDA* 37/195).

20. Demonstra isso a manifestação do Min. Orozimbo Nonato: "Sr. Presidente, a questão é delicada, complexa, desde que se entre no debate sôbre tarifa e taxa, porque os critérios apresentados são mais ou menos precários e falíveis. É, pois, assunto que não renderia ensejo à concessão do *writ* do mandado de segurança, em primeiro lugar" (*RDA* 37/204).

36 TARIFA NAS CONCESSÕES

União êsse serviço, que poderia confiar a um particular, deva ficar em situação pior que êste".[21]

Ainda nesta primeira fase da evolução jurisprudencial, é possível apontar decisão do STF envolvendo, agora, a cobrança pela prestação de serviços portuários. Partindo já da premissa de que a cobrança efetuada pela utilização dos serviços portuários seria uma tarifa, o acórdão apenas reafirma a diferença entre esta forma de cobrança e a taxa, concluindo-se pela improcedência das impugnações que reclamavam uma rigidez típica do regime tributário.[22]

Se neste período ainda não era possível identificar a adoção de um critério sistemático pelo STF para apartar as tarifas das taxas, tal distinção ganhava corpo na doutrina e na jurisprudência de outros tribunais. Caio Tácito, em estudo datado de 1955, já mencionava como critério distintivo da aplicabilidade de tarifas e taxas a *obrigatoriedade*. Empregou como fundamento de seu ponto de vista julgados do TFR (que, como instância inferior, naturalmente antecedeu ao STF na criação de uma tendência a respeito do tema) e posturas doutrinárias de financistas estrangeiros (como Edwin Seligman) e dos mais influentes tributaristas nacionais da época (como Rubens Gomes de Souza, relator do então projeto de lei do Código Tributário Nacional). Em síntese, era este o pensamento do administrativista:

"Podemos concluir, conseqüentemente, que no plano da elaboração legislativa, como no da exegese jurisdicional, a noção de *preços públicos* já adquiriu foros de autonomia, inconfundindo-se com o conteúdo das *taxas*. Ambas correspondem à apropriação de bens ou serviços divisíveis e caracterizados. Mas, enquanto as taxas pressupõem a *obrigatoriedade* e dispensam a utilização efetiva (é necessário, apenas, que os serviços se encontrem à *disposição* dos usuários), os preços públicos equivalem a serviços facultativos e não se impõem senão em virtude do ato direto de uso ou aquisição. (...).

"O fato de que as *tarifas* constituam emanação da vontade do Estado não é suficiente para lhes imprimir natureza tributária. Falta-lhes, de uma parte, o liame a um serviço público *obrigatório*, oriundo da sobe-

---

21. *RDA* 37/203. Há de se chamar a atenção, ademais, para a mudança de ponto de vista apresentada pelo Ministro noutros julgamentos, nos quais mostrou-se um dos mais incisivos defensores do regime tributário (das taxas), com base na aplicação do critério da obrigatoriedade (segundo o qual os serviços de fruição obrigatória somente admitiriam cobrança mediante taxas).

22. STF, RMS 4.790, rel. Min. Afrânio Antônio da Costa, j. 25.11.1957, v.u. (*RDA* 54/100-102).

O REGIME TARIFÁRIO NAS CONCESSÕES DE SERVIÇO PÚBLICO 37

rania do Estado. A contribuição dos particulares é voluntária, no sentido de que a simples disponibilidade do serviço não justifica a imposição do pagamento, fazendo-se mister a utilização pessoal."[23]

A discussão mais sistematizada envolvendo o critério distintivo entre taxa e tarifa finalmente chegou à Corte Suprema em meados da década de 60. A questão foi abordada em uma série de julgamentos acerca da constitucionalidade de lei do Município de Recife que atribuía ao Executivo competência para fixar o valor da cobrança pelo serviço de água e esgoto.

Examinando recurso extraordinário em que figurava como recorrente o Departamento de Saneamento do Estado e recorridos a Imobiliária São José Ltda. e outros, o STF, em sua 1ª Turma, decidia unanimemente pela necessidade de regime tributário, em função da obrigatoriedade do serviço.[24] A matéria, todavia, estava longe de ser pacificada naquele Tribunal. O Estado de Pernambuco interpôs embargos da decisão da 1ª Turma, sendo o recurso levado à decisão do Plenário do STF. O Plenário dividiu-se: parte dos Ministros defendeu, com base no critério da obrigatoriedade, que os serviços de água e esgoto só admitiriam cobrança por taxa – e, sendo assim, a lei em exame estaria eivada de inconstitucionalidade; outros Ministros entenderam que o critério da obrigatoriedade era insuficiente para definir o regime jurídico a ser aplicado a tais cobranças, admitindo-se que o legislador pudesse optar por criar um regime de taxa ou de tarifa. Foram suscitados, em arrimo a este último posicionamento, os critérios do "serviço industrial" e da "delegabilidade", que indicariam a possibilidade de se instituir tarifas. Ou seja, defendia-se que aqueles serviços que demandassem uma gestão por parte do prestador representariam uma exploração industrial – e, por esta razão, seriam propícios à remuneração mediante a fixação de preços públicos; também se sustentava, em complemento a essa postura, que os serviços passíveis de delegação a particulares (como seria o caso da prestação de serviços de água e esgoto) admitiriam a instituição de tarifas. Houve empate no Plenário (quatro juízes decidiram que seria necessária a criação de taxa e outros quatro admitiam a instituição de tarifa). Na oportunidade os embargos foram recebidos, mas não houve *quorum* para declarar a inconstitucionalidade do ato impugnado.[25] A Imobiliária São José Ltda. ainda interpôs embargos, que foram rejeitados em decisão plenária, por

---

23. Caio Tácito, "Taxa, impôsto e preço público", *RDA* 44/528-529.
24. STF, RE 54.194, rel. Min. Luís Gallotti, j. 14.10.1963 (*RDA* 75/98-106).
25. STF, RE 54.194, j. 25.3.1965 (*RDA* 82/100-116).

38   TARIFA NAS CONCESSÕES

maioria.[26] Findou prevalecendo, então, a posição que admitia a cobrança de *tarifa* nos serviços de água e esgoto. Estes julgados deram origem à conhecida Súmula 545, de 3.12.1969, cujo teor se reproduz: "Preços de serviços públicos e taxas não se confundem, porque estas, diferentemente daqueles, são compulsórias e têm sua cobrança condicionada à prévia autorização orçamentária, em relação à lei que as instituiu".

O posicionamento do STF que atualmente merece maior repercussão por parte da doutrina é posterior à referida Súmula. Trata-se do RE 89.876, julgado em 4.9.1980, cujo relatório coube ao Min. Moreira Alves.[27] Neste caso foi decidido, por maioria, que o serviço de limpeza urbana só admitiria cobrança mediante taxa, sendo inconstitucional a

26. V. trecho do voto do Relator desta outra decisão, Min. Pedro Chaves, no qual se vê claramente o inconformismo com o critério da *obrigatoriedade*: "Esse critério, entretanto, não é absoluto e não oferece a resistência lógica de uma diferença específica, porque variável como o próprio critério da obrigatoriedade. Efetivamente, o conceito de obrigatoriedade, além de não ser peculiar à taxa, não desnatura a configuração do preço público, também obrigatório para todos que se utilizam do serviço. Assim, na ausência de um elemento diferencial oriundo da técnica da imposição tributária que eu me abalanço a insistir em que só a tipificação do fato jurígeno permite a distinção procurada" (STF, ERE 54.491, j. 3.5.1965, m.v., *RDA* 82/62-64).

27. Assim o Min. Relator procurou melhorar o critério de distinção instituído pela Súmula 545: "O que importa, no caso, é examinar a natureza do serviço prestado, para saber se é ele um serviço devido pelo Poder Público (e, portanto, obrigatório para ele), ou se, apenas, este pode, ou não, prestá-lo, o que implica dizer que a prestação é facultativa para ele, e, conseqüentemente, se ele o presta, o particular tem, também, a faculdade de usar, ou não, dele. Note-se que essa obrigatoriedade não é à que alude a Súmula n. 545 (a de o Poder Público exigir o pagamento pelo simples fato de o serviço ser colocado à disposição do particular), mas, sim, a que decorre do fato de que, se o serviço é propriamente público, pela circunstância de ele, por sua natureza mesma, ser obrigatório para o Poder Público (e, portanto, para o particular, já que está em jogo, em primeiro plano, o interesse de toda a coletividade), este não pode, ainda que queira, dispensar dele o particular, e só pode exigir, como contrapartida de sua prestação, a taxa, com todas as suas restrições constitucionais" (*RDA* 142/37). A sutileza da diferenciação sugerida entre um critério (o da Súmula) e outro (proposto no acórdão) não chegou a sensibilizar tributaristas como Flávio Bauer Novelli. Confira-se: "Todavia, a doutrina do RE 89.876, a despeito do que afirma o seu eminente Relator, não é, *data venia*, substancialmente diversa da que servira de fundamento à Súmula 545. Com efeito, não sendo a *compulsoriedade* desta última, como demonstramos, a que caracteriza o tributo em si mesmo, mas, sim, a que decorre de um fato estranho, anterior à relação tributária – e que consiste, já se disse, na demanda 'forçada' do serviço, na 'imposição' da prestação administrativa –, não vemos como distinguir o que, num caso, é chamado 'compulsoriedade' (Súmula

O REGIME TARIFÁRIO NAS CONCESSÕES DE SERVIÇO PÚBLICO   39

fixação de tarifa como forma de contraprestação, mediante a edição de mero decreto. Eis a ementa do referido acórdão:

"Taxa – Preço público – Serviço de lixo.

"Sendo obrigatórias a remoção de lixo e a prestação do serviço específico e divisível, a tarifa de limpeza urbana é, em verdade, uma taxa, não sendo lícito qualificá-la como preço público.

"Inconstitucionalidade de criação do tributo mediante decreto, por violação do princípio de reserva legal."[28]

O caráter obrigatório do serviço de limpeza urbana foi considerado aspecto fundamental para descaracterizar a aplicação do regime tarifário. Por ser de fruição obrigatória, tal serviço somente poderia ser remunerado mediante taxa. Eis, de acordo com a jurisprudência do STF, o critério que diferenciaria a aplicabilidade do regime tributário (das taxas) do administrativo (das tarifas) em matéria de remuneração pela prestação de serviços públicos. Em suma, a dinâmica de aplicação desse critério distintivo pode ser resumida nos seguintes termos: "O preço público decorre de relação contratual, ainda que esta nasça de um contrato de adesão. Mas nem nos contratos de adesão se retira à parte contratante a faculdade de aderir, ou não, ao contrato, sem que sua não-adesão lhe torne necessária a comissão de um ilícito administrativo. Se alguém [não] pagar a tarifa de ônibus, cujo serviço é autorizado pelo Poder Público, pode fazê-lo, sem sofrer qualquer sanção, e sem estar obrigado, para deslocar-se (o que não poderá [poderá] fazer por outro meio de transporte, ou, em último caso, a pé), a cometer infração administrativa. No caso da remoção de lixo, já que sua produção é necessária, não é possível ao particular sequer omitir-se, pois, ainda assim, estará infringindo norma de controle sanitário".[29]

Não se pode, todavia, atestar se esta corresponde seguramente à postura do STF. Em recente julgado, a Min. Ellen Gracie aponta a aplicabilidade do regime tarifário ao serviço de água e esgoto, deixando de adotar o então prestigiado critério da obrigatoriedade.[30]

545) daquilo que, no RE 89.876, se designa como 'obrigatoriedade'" ("Taxa – Apontamentos sobre seu conceito jurídico", RDTributário 59/110-111).

28. RDA 142/31-72.

29. Trecho do voto do Min. Moreira Alves no RE 89.876 (RDA 142/41).

30. RE 201.630, divulgado pelo Informativo STF 275. A incerteza jurisprudencial quanto à definição de um critério para estabelecer o regime tributário ou tarifário aos serviços públicos também é reconhecida por Marçal Justen Filho (Teoria Geral das Concessões de Serviço Público, p. 349).

40 TARIFA NAS CONCESSÕES

4.2 Análise dos critérios apresentados

Apesar de todo o esforço, não parece que quaisquer dos critérios propostos sejam capazes de, *a priori*, definir se um dado serviço público deverá ser remunerado mediante tarifa ou taxa.

Contra a aceitação natural dessa constatação percebe-se um grande desconforto de parte da doutrina e da própria jurisprudência em reconhecer a existência de um forte traço de discricionariedade na competência legislativa para determinar o regime jurídico a ser aplicado à forma de contraprestação a ser cobrada dos usuários de serviço público.[31] A verda-

31. Esta busca por um critério identificador também se encontra na doutrina estrangeira, sem que, contudo, impeça a constatação segundo a qual o papel do legislador na definição do modelo de financiamento dos serviços públicos é fundamental. É o que se vê do relato de Francisco José Villar Rojas: "Os dados expostos até aqui já permitem lançar algumas idéias: 1. Antes de tudo, a discricionariedade do legislador para, à vista das características de cada serviço ou atividade pública, eleger o mecanismo de financiamento que permite arrecadar os recursos necessários para sua prestação. Em que pesem os numerosos esforços (desde a divisibilidade do serviço público, até sua essencialidade para os cidadãos, passando pela distinção entre serviços administrativos e serviços públicos econômicos, entre outros), o certo é que é faculdade do legislador decidir o modo e a quantia com que os cidadãos devem contribuir para os gastos públicos. A decisão é política ou de oportunidade". No original: "Los datos expuestos hasta aquí permiten ya avanzar algunas ideas: 1. Ante todo, la discrecionalidad del legislador para, a la vista de los caracteres de cada servicio o actividad pública, elegir el mecanismo de financiación que permita allegar los recursos necesarios para su prestación. Pese a los numerosos esfuerzos (desde la divisibilidad del servicio público, hasta su esencialidad para los ciudadanos, pasando por la distinción entre servicios administrativos y servicios públicos económicos, entre otros), lo cierto es que es facultad del legislador decidir el modo y la cuantía en que los ciudadanos deben contribuir a los gastos públicos. La decisión es política o de oportunidad" (*Tarifas, Tasas, Peajes y Precios Administrativos – Estudio de su Naturaleza y Régimen Jurídico*, p. 9). Há de se registrar, contudo, as peculiaridades desta discussão no Direito Espanhol. Em primeiro lugar, freqüentemente a expressão "tarifa" é empregada num sentido muito amplo, abarcando a cobrança de taxas (regime tarifário), preços públicos cobrados pela obtenção de licenças ou de direito de uso de bens públicos, além do sentido de contraprestação de índole administrativa cobrada pela oferta de serviços públicos (sentido mais comumente empregado na doutrina jurídica do Brasil). Também vale mencionar a forte repercussão da legislação infraconstitucional a respeito da matéria. Com a edição da Lei 13/1989, de 13 de abril, a Lei de Taxas e Preços Públicos (LTPP), ao debate de índole constitucional somou-se a interpretação das diretrizes introduzidas pela referida lei, bem como de sua aplicabilidade à extensa variedade de casos concretos. Sobre o tema, além do já citado estudo de Villar Rojas, v. também: Juan Ramallo Massanet, "Tasas, precios públicos y precios privados (hacia un concepto constitucional de tributo)", *Revista Española de Derecho Financiero* 90/237-273; Joan Pagès i Galtés, "Las tarifas de los servicios prestados en régimen de derecho

O REGIME TARIFÁRIO NAS CONCESSÕES DE SERVIÇO PÚBLICO   41

de, porém, é que não foi apresentado, em qualquer das teses, um limite material, inerente à própria natureza do serviço, que sirva de critério absoluto para a adoção de um ou outro sistema. As balizas existentes e mencionadas nas diversas correntes acima descritas baseiam-se, sim, direta ou indiretamente, em aspectos jurídicos, formais, que são impostos a um dado serviço. Não há condicionamento pressuposto, que seja exclusivamente material, para aduzir se um dado serviço público será objeto de taxa ou tarifa.

Esses vários critérios – como a delegabilidade do serviço público a ser prestado, sua natureza industrial ou, ainda, sua obrigatoriedade – servem tão-somente como condicionantes do regime jurídico a ser instituído para efetuar a cobrança. Estão longe de constituir o critério identificador insistentemente procurado. Explicamos.

Um critério identificador da aplicação de um regime jurídico, para ter referido alcance, deveria indicar, por si só, qual o modelo normativo a ser adotado com sua pura e simples constatação. A constatação de uma característica no serviço em análise haveria de ser elemento suficiente para indicar o regime jurídico aplicável. Porém, não é isto que ocorre. Os elementos ou critérios de identificação propostos ou, por um lado, são insuficientes para justificar referida conclusão ou, por outro, não dizem respeito a uma característica do serviço em si, não passando, na verdade, de uma mera característica de regime jurídico, também imposta por decisão legislativa (como, de resto, também o é o sistema de remuneração, tributário ou tarifário).

A delegabilidade de um serviço, por exemplo, não serve, por si, para identificar se o regime a ser aplicável será o tarifário ou tributário. Nada impede que um serviço que, em princípio, pudesse ser explorado por particulares, mediante delegação do Poder Público, seja, por decisão política do legislador, prestado diretamente pelo Estado e tenha, como forma de cobrança dos usuários, o regime tributário (das taxas). O que a delegabilidade, ou não, do serviço implica é um condicionante jurídico

privado: su consideración como tasas, precios públicos o precios privados", *Revista de Derecho Financiero y Hacienda Publica* 252/359-407; Rosa Litago Lledó, "Doctrina constitucional sobre los precios públicos: aproximación a la categoría de las prestaciones patrimoniales de carácter público ex art. 31.3 CE", *Revista Española de Derecho Financiero* 102/261-290; Antonia Agulló Agüero, "Principio de legalidad y establecimiento de precios públicos", *RDTributário* 56/39-49; Javier Martin Fernández, "Los precios públicos y el principio de reserva de ley desde una perspectiva constitucional", *Revista de Derecho Financiero y Hacienda Pública* 244/365-398.

à liberdade de escolha a ser exercida pelo legislador. Assim, se a opção legislativa for a de, efetivamente, transferir a prestação de um serviço público a particulares, há de se excluir o regime tributário. A cobrança mediante taxas não é condizente com a transferência da prestação do serviço, em nome próprio, para particulares.[32] Vale ressaltar que esta conclusão significa apenas um condicionante, não um critério identificador da aplicabilidade deste ou daquele regime. Assim, feita a opção legislativa (pela delegação, ou não, do serviço), aplica-se o referido condicionamento. A limitação – percebe-se – não decorre da natureza do serviço, mas sim da opção tomada pelo legislador. Num dado Estado da Federação, por exemplo, é factível que o serviço de distribuição de gás canalizado seja delegado a particulares. Se for, o regime jurídico de remuneração haverá de ser o tarifário. Se a opção for a de prestar diretamente o serviço, porém, ainda restará ao legislador a opção pelo regime tributário ou o das tarifas. O que existe, em suma, é um condicionamento, uma limitação à discricionariedade do legislador; não um critério identificador propriamente dito, absoluto.

O mesmo ocorre com o tão prestigiado critério da obrigatoriedade. Aqui, mais uma vez, tratar-se-ia de condicionamento à imposição de um dado regime jurídico, o que difere por completo de um critério material de identificação. A obrigatoriedade em si não pode ser um elemento característico de qualquer serviço. Trata-se, sim, de um evidente traço do regime jurídico que pode ser implementado. Isto é, nenhum serviço é, em si, obrigatório ou facultativo. Esta condição somente passa a existir em função da regra jurídica criada para disciplinar tal atividade. Criada a regra que determina a obrigatoriedade, surge, por imposição do citado *condicionamento*, a necessidade de se aplicar o regime tributário de remuneração. Todavia, se, por decisão legislativa (e só legislativamente o tema pode ser tratado), esse mesmo serviço for de fruição facultativa,

---

32. Neste sentido, explica a professora Dinorá Musetti Grotti: "Como já frisamos, a atribuição, ao particular, do desempenho dos serviços por conta e risco próprios apenas é possível se a remuneração a ele atribuída ficar submetida a um regime jurídico específico. O reconhecimento do direito à intangibilidade da equação econômico-financeira e o cabimento de sua recomposição na via administrativa, independentemente de previsão da lei, importam a construção de um regime jurídico distinto do tributário, por mostrar-se este incompatível com o regime jurídico da remuneração do concessionário (permissionário)" (*O Serviço Público e a Constituição Brasileira de 1988*, pp. 240-241). Sobre a incompatibilidade do regime tributário com o da concessões, v. também Celso Antônio Bandeira de Mello, "Natureza jurídica do pedágio: Taxa? Preço?", *RTDP* 32/21-26.

O REGIME TARIFÁRIO NAS CONCESSÕES DE SERVIÇO PÚBLICO 43

cai por terra a exigência do sistema de taxas, passando a admitir-se, por este ângulo, a instituição de tarifas.

O serviço de água e esgoto – exemplo por vezes examinado pelo Judiciário – não é obrigatório ou facultativo por sua própria natureza. Tal condição somente é percebida do exame da legislação aplicável em cada localidade. Não será por qualquer característica intrínseca – por assim dizer – ao serviço que se constata sua obrigatoriedade. Assim, com base nesse exemplo, torna-se fácil perceber o que se está sustentando. O serviço de água e esgoto pode ser obrigatório ou facultativo, dependendo da decisão que o legislador tome a esse respeito. Se for obrigatório, impõe-se o condicionamento: somente pode ser remunerado por cobrança de taxas. Mas, se for facultativa sua fruição, admite-se perfeitamente a instituição de tarifas. Isto significa dizer, em suma, que não há um critério essencialista que imponha um regime ou outro. A constatação da forma de remuneração que tal serviço comporta depende, entre outras coisas, do regime jurídico (ou seja, de um aspecto formal) a ele aplicável, pois é o regime jurídico que define se haverá, ou não, obrigatoriedade.

Vale salientar que este critério – o da obrigatoriedade – deixou de ser aplicado em recentes decisões jurisprudenciais, dando margem a dúvida a respeito de sua eficácia, até mesmo como um mero condicionamento de regime jurídico a limitar a competência legislativa.[33] Deveras, serviços tidos como obrigatórios pela legislação, que antes eram assumidos diretamente pelo Poder Público, a partir do momento em que são delegados a particulares passam a ser remunerados por meio de tarifa, mesmo sem perder o condão de obrigatórios. É o que vem acontecendo, notadamente, com o serviço de saneamento básico em determinadas localidades. A delegação a particulares pressupõe a existência do regime tarifário, mas não tem constituído barreira absoluta à aplicação de um regime jurídico em que se imponha a obrigatoriedade do serviço.[34]

33. Conferir a parte final do tópico anterior.

34. A professora Maria Sylvia Zanella Di Pietro afasta sua aplicação como critério identificador do regime tributário (das taxas). Para a ilustre professora, a partir do momento em que o serviço é objeto de concessão (e, em sua tese, não haveria restrição a priori para limitar a escolha do legislador quando se tratar de um serviço industrial), o regime haveria de ser o tarifário, mesmo que houvesse obrigatoriedade da fruição do serviço. Confira-se: "A meu ver, a distinção quanto à natureza da imposição, com base no conceito constitucional de taxa, só é cabível quando o serviço seja prestado diretamente pelo próprio Estado. Contudo, não tem nenhum sentido quando o serviço é prestado por meio de concessão ou permissão, porque a esses institutos é inerente a cobrança de tarifa. Se a Constituição permite a prestação de serviço público por meio de concessão ou permissão, também está permitindo a

44 TARIFA NAS CONCESSÕES

Entendemos, porém, que, apesar da indefinição jurisprudencial a respeito das conseqüências que a obrigatoriedade de um serviço público acarreta, o regime jurídico constitucional condiciona a aplicação dessa característica (a obrigatoriedade) à cobrança efetuada sob o rigor do sistema tributário. Isto é, serviços públicos considerados obrigatórios pela legislação só podem ser remunerados mediante taxa.

É o regime tributário que, nos termos do art. 145, II, da CF, confere ao Estado o poder de cobrar uma exação do particular mesmo que o serviço não seja por ele fruído (autorizando a cobrança de taxa mesmo quando o serviço é apenas posto à disposição do contribuinte). Este poder excepcional de cobrar por um serviço mesmo que ele esteja apenas à disposição de alguém significa indiretamente conferir ao serviço público o caráter de obrigatório. O contribuinte, em tais casos, não tem opção: seja ou não usuário do serviço, será obrigado a pagar por ele.

Se em serviços ditos obrigatórios pelo legislador fosse possível cobrar tarifas, o atributo que a Constituição vinculou às taxas (regime tributário) estaria sendo estendido (por legislação ordinária) ao regime administrativo, que é mais flexível e traz menos garantias aos contribuintes. Deveras, a tarifa de um serviço obrigatório seria devida independentemente da vontade do usuário. Por definição legal que tornasse o serviço obrigatório, o usuário seria compelido a pagar pela prestação do serviço, e não por adesão, como seria de se esperar no caso de tarifa.

Em todos esses exemplos, contudo, há de se reconhecer que a definição de condicionantes passa por uma opção legislativa. Não há, propriamente, um critério que seja inerente à natureza do serviço público e, como tal, venha a impor este ou aquele regime de cobrança.

4.3 Proposta de sistematização

Melhor e mais prático que buscar um eventual critério material para identificação do regime de cobrança a ser aplicado é sistematizar todo

cobrança de tarifa. Impor a instituição de taxa (sujeita ao princípio da legalidade) aos serviços públicos concedidos tornará inviável a utilização da concessão, já que a taxa é inadequada como meio de assegurar ao concessionário o seu direito ao equilíbrio econômico-financeiro. Afirmar que determinado serviço só pode ser remunerado por meio de taxa é o mesmo que afirmar que esse serviço não pode ser objeto de concessão ou permissão. (...). Se a própria Constituição admite a prestação do serviço público por meio de concessão, repita-se, é porque está permitindo que sua remuneração se faça por meio de tarifa, independentemente da obrigatoriedade ou não da utilização do serviço pelo particular" (*Parcerias na Administração Pública: Concessão, Permissão, Franquia, Terceirização e outras Formas*, 4ª ed., p. 335).

O REGIME TARIFÁRIO NAS CONCESSÕES DE SERVIÇO PÚBLICO   45

esse conjunto de condicionantes. De fato, a constatação de insuficiência dos elementos sobre os quais se tem trabalhado no estabelecimento de um critério único e absoluto de identificação do regime de cobrança a ser instituído não elimina a importância desses elementos como condicionantes do regime jurídico a ser aplicado.

Sob este prisma, todos os elementos indicados – e não apenas um, isoladamente – ganham especial relevo na avaliação quanto à validade do regime jurídico de cobrança instituído para cada serviço público. Vejamos, então, quais as mais importantes conclusões que podem ser extraídas a partir do esforço até então desenvolvido pela jurisprudência e pela doutrina na busca de um critério identificador do regime tarifário a ser imposto.

Um dos elementos importantes está relacionado à natureza jurídica de quem assume o dever jurídico de prestar o serviço. Havendo delegação do serviço – isto é, outorga de concessão ou permissão para que entidade particular preste o serviço em nome próprio –, tem-se entendido que o único regime de remuneração cabível é o tarifário. A natureza tributária e impositiva das taxas seria incompatível com a cobrança de taxas por particulares. Tal receita, por ter natureza tributária, não poderia ter outra destinação que não o orçamento da entidade tributante. Com base nessa premissa, aliás, diversos tributaristas afirmam o cabimento de instituição de tarifas como instrumento de cobrança pela prestação de serviços públicos. Não fosse admissível – sustentam –, estaria praticamente inviável a delegação de serviços públicos a particulares (sobre esta discussão, v. tópico anterior).

Vale ainda ressaltar que a mera delegabilidade não impõe o regime de cobrança a ser instituído.

Como demonstrado acima, mesmo havendo, em tese, a possibilidade de delegação, se ela não vier a ser adotada concretamente, restará a possibilidade de adoção do regime tributário.

A posição do usuário quanto à fruição do serviço deve ser vista como um importante condicionamento à caracterização do regime de cobrança pela prestação do serviço público. Se a legislação impuser um regime de fruição obrigatória dos serviços por parte dos usuários, a forma de remuneração a ser fixada há de ser a tributária. Assim, se a lei impusesse aos usuários a fruição de um dado serviço (quando estivesse à disposição, por óbvio), como o faz em determinadas localidades com o serviço de esgoto, a cobrança só seria legítima se exercida por intermédio de taxas. As tarifas só têm cabimento para os serviços cuja fruição seja uma faculdade posta à disposição dos usuários.

46 TARIFA NAS CONCESSÕES

A conjugação deste critério (o da obrigatoriedade) com o da delegabilidade produz uma conseqüência prática relevante. Serviços que venham a ser considerados obrigatórios (como os de água e esgoto) não poderiam ser objeto de delegação a particulares. Isto porque, como se viu, optando-se por impor a obrigatoriedade, o regime a ser aplicado é o tributário (taxas), e este se mostra incompatível com a delegação a particulares por meio de concessão.

Outra característica relevante para a avaliação da legitimidade do regime jurídico de cobrança deriva, de um certo modo, da obrigatoriedade acima referida. Diz respeito ao momento em que surge a obrigação de o usuário pagar pela prestação do serviço. Apenas o regime tributário, das taxas, justifica a cobrança pelo simples fato de o serviço estar à disposição do usuário, quando se admite o surgimento da obrigação sem que este venha a utilizá-lo. Tal característica geralmente vem atrelada como um derivativo da obrigatoriedade de fruição do serviço. Por ser obrigatório, é possível que seja feita a cobrança independentemente da fruição do serviço pelo usuário. A autorização para instituição desse sistema especial de cobrança está no próprio texto constitucional (art. 145, II), que admite a instituição de taxas "pela utilização, efetiva ou potencial, de serviços públicos específicos e divisíveis, *prestados ao contribuinte ou postos à sua disposição*" (grifamos). O mesmo não se admite com a cobrança de meras tarifas. Para justificar a cobrança de tarifas há necessidade de o cidadão figurar como efetivo usuário do serviço. Se não houver relação jurídica entre o cidadão e o prestador do serviço – ou seja, um vínculo formal ou material que indique a efetiva vinculação ao serviço –, não se justifica juridicamente a cobrança de tarifas.[35]

Em resumo, o cenário de condicionantes de implantação do regime jurídico de cobrança pela prestação de serviços público pode ser resumido por intermédio do seguinte quadro:

35. Atente-se a que o tema não se insere na discussão em torno da validade do sistema de cobrança mínima (geralmente denominado de "assinatura") pela oferta de dados serviços (basicamente, os serviços prestados em rede, como os de energia, telefonia, gás canalizado etc.).

Tal assunto será abordado especificamente em capítulo próprio. Todavia, é possível desde logo adiantar que nestes casos de cobrança de um valor mínimo há pelo menos uma relação jurídica, que institui um contrato de prestação de serviços continuados entre a prestadora do serviço e o usuário. É situação completamente distinta de cobrança que venha a ser feita com "contribuinte" que nem essa condição de usuário apresente; sendo apenas um cidadão para quem o serviço está à "disposição".

O REGIME TARIFÁRIO NAS CONCESSÕES DE SERVIÇO PÚBLICO   47

Entidade que presta o serviço	Estatal	Taxa ou Tarifa
	Privada	Tarifa
Regime de fruição do serviço[36]	Obrigatória	Taxa
	Facultativa	Taxa ou Tarifa
Surgimento da obrigação	Com a utilização do serviço	Taxa ou Tarifa
	Com a colocação do serviço à disposição do usuário	Taxa

5. Tarifa: natureza regulamentar ou contratual?

A instituição do regime tarifário no âmbito de um contrato de concessão suscita um debate doutrinário a respeito de sua natureza jurídica. A dúvida está em saber se, estando a tarifa inserida no contexto de uma relação de caráter econômico entre o poder concedente e a empresa concessionária, teria ela natureza puramente contratual – e, como tal, somente seria passível de alteração mediante comum acordo das partes; ou se, devido à sua importância para a consecução do interesse público, o poder concedente poderia alterá-la de maneira unilateral – situação que a remeteria à condição de cláusula regulamentar do contrato de concessão.

Como fundamento para sustentar o caráter contratual das tarifas tem-se dado relevo à importância que este aspecto assume na manutenção do chamado equilíbrio econômico-financeiro do contrato de concessão.[37] Como elemento a integrar este citado equilíbrio, a tarifa configuraria parte verdadeiramente contratual da concessão e, desta forma, estaria sujeita a alterações apenas se houvesse acordo de vontades entre as partes envolvidas (poder concedente e concessionária).[38]

Esta tese, todavia, não tem encontrado amparo na doutrina. É ponto de convergência a respeito da matéria a possibilidade de alteração unilateral do regime tarifário desde que, ao final, seja respeitado o equilíbrio econômico-financeiro da concessão como um todo.[39] Celso Antônio

36. Tal critério, conforme apontado, muito embora tenha sido reconhecido como fundamental em tradicional jurisprudência do STF, ultimamente vem sendo mitigado, em face da delegabilidade do serviço.

37. O papel das tarifas no equilíbrio econômico-financeiro dos contratos de concessão será tratado no Capítulo IV deste trabalho.

38. Georges Vedel e Pierre Delvolvé, *Droit Administratif*, 12ª ed., vol. 2, p. 777.

39. Georges Vedel e Pierre Delvolvé, idem, ibidem; Jean Rivero e Jean Waline, *Droit Administratif*, 15ª ed., p. 411; Benedicto Porto Neto, *Concessão de Serviço*

48   TARIFA NAS CONCESSÕES

Bandeira de Mello exprime posição neste sentido, ao arrolar expressamente a tarifa como elemento sujeito ao poder de alteração unilateral da
Administração. Confira-se:

"[*O concedente tem*] (...). b) *Poder de alteração unilateral das
cláusulas regulamentares*, isto é, concernentes às condições do funcionamento do serviço. Por isso pode impor modificações relativas à organização dele, a seu funcionamento e desfrute pelos usuários, o que inclui,
evidentemente, as tarifas ou taxas a serem cobradas. O concessionário
não se pode opor às alterações exigidas, nem esquivar-se de cumpri-las
ou reclamar a rescisão da concessão, desde que o objeto dela não haja
sido desnaturado ou desvirtuado pelas modificações impostas. Cabe-lhe,
apenas, como adiante melhor se verá, o ressarcimento pelo desequilíbrio
econômico dos termos da concessão, se este resultar da adoção das novas medidas estabelecidas pelo concedente.

"As tarifas, especialmente, não têm, nem poderiam ter, de modo
algum, natureza contratual, imutável. O contratual – e que por isso não
pode ser unilateralmente modificado pelo Poder Público – é o valor
resultante do equilíbrio econômico-financeiro, *de que a tarifa é uma
expressão*, entre outras. Ao concedente é lícito alterar, como queira, a
grandeza dela, contanto que ao fazê-lo mantenha incólume a *igualdade
matemática* já estabelecida e da qual o valor da tarifa se constitui em um
dos termos, conquanto não necessariamente no único deles."[40]

Há de se concluir, portanto, que, muito embora as tarifas façam
parte da equação econômico-financeira das concessões, elas podem vir
a ser alteradas unilateralmente pelo poder concedente, assumindo, por
este prisma, caráter regulamentar, e não contratual.[41]

Público no Regime da Lei 8.987/1995 – Conceitos e Princípios, pp. 104-105; Dinorá
Musetti Grotti, *O Serviço Público e a Constituição Brasileira de 1988*, p. 241.

40. Celso Antônio Bandeira de Mello, *Prestação de Serviços Públicos e Administração Indireta*, 2ª ed., 3ª tir., pp. 39-40.

41. Assumimos, portanto, que a concessão de serviço público tem natureza
híbrida: parte é contratual, parte é regulamentar. Seguimos, neste ponto, a doutrina
de Oswaldo Aranha Bandeira de Mello. Segundo o renomado administrativista, tal
pacto (a concessão) tem algo de realmente contratual apenas no que tange ao equilíbrio econômico-financeiro, uma vez que este é o segmento dos chamados "contratos administrativos" que não se sujeita a alterações unilateralmente impostas pela
Administração (Oswaldo Aranha Bandeira de Mello, *Princípios Gerais de Direito
Administrativo*, 3ª ed., vol. I, pp. 688-689). Confira-se o pensamento do autor em
relação ao instituto da concessão de serviço público: "Contratual, destarte, não é o
ato jurídico administrativo da concessão, pelo qual a Administração Pública delega
ao administrado a execução de obra ou prestação de serviço público, sujeito à sua

O REGIME TARIFÁRIO NAS CONCESSÕES DE SERVIÇO PÚBLICO   49

6. A tarifa como contraprestação paga diretamente pelo usuário

Tem aparecido como uma espécie de característica essencial à natureza jurídica do instituto da concessão de serviço público a adoção de um modelo de remuneração ao contratado baseado na cobrança que este faça dos usuários de seus serviços. Noutras palavras, a cobrança de tarifas dos usuários dos serviços públicos vem sendo considerada ponto fundamental para a caracterização de um legítimo contrato de concessão.

Muito mais que preciosismo acadêmico pela identificação precisa de institutos jurídicos, a adoção dessa postura encarna uma relevante discussão a respeito de questões práticas relativas à organização de serviços públicos em face da legislação brasileira.

A origem da discussão está na tentativa de traçar uma nítida e eficiente distinção entre os contratos de concessão e os meros contratos administrativos, celebrados pela Administração. Neste contexto, a presença de um sistema em que o contratado do Poder Público fosse remunerado pela exploração econômica do serviço delegado, mediante a cobrança de tarifas de seus usuários, seria o traço característico da primeira espécie contratual (das concessões), contrapondo-se ao modelo por meio do qual o Poder Público remunerasse diretamente – ele próprio, mediante recursos oriundos de orçamentos estatais – o seu contratado (típico dos contratos administrativos comuns, por assim dizer).

Além desse possível fator de diferenciação, a legislação brasileira impõe uma série de outros traços distintivos. Os mais importantes dizem respeito ao prazo de duração dos contratos, ao critério de julgamento a ser utilizado no procedimento de licitação para a escolha do contratado e ao prazo de pagamento do contratado. Em regra, o regime da concessão é mais flexível que o dos contratos administrativos em relação a tais aspectos – o que torna a tentativa de caracterizar as avenças públicas como contratos de concessão uma atrativa opção para os administradores públicos. Vejamos, um a um, esses pontos de diferença introduzidos pela atual legislação brasileira.

No que diz respeito ao prazo, os contratos administrativos, notadamente os de prestação continuada, vêem-se limitados ao máximo de cinco anos, com excepcional possibilidade de chegarem a seis.[42] A legislação geral de concessões, por seu turno, não impôs prazo máximo

---

regulamentação. Contratual é tão-somente o acordo de vontades sobre a equação econômico-financeira desses atos jurídicos, porque inalterável pelas partes, que se obrigam a respeitar o ajustado a respeito" (ob. cit., p. 689).

42. Art. 57, II, e § 4º, da Lei 8.666/1993.

50 TARIFA NAS CONCESSÕES

rígido para tais contratos. Admite-se, neste caso, que a legislação de regência dos serviços ou obras públicas se ocupe de tal aspecto, sendo certo, porém, que os prazos tendem a ser mais longos que o admitido nas contratações normais, haja vista a necessidade de amortização do investimento privado, mediante a exploração econômica do serviço ou empreendimento (são comuns os contratos de concessão celebrados com prazo de 10, 15, 20 anos, renováveis por iguais períodos).

A licitação para escolha dos contratados também mereceu tratamento diferenciado do legislador quer se trate de contratos administrativos comuns, quer seja concessão. Como se sabe, a atual Lei de Licitações prestigiou sobremaneira o critério de julgamento baseado no menor preço oferecido à Administração. As hipóteses em que a escolha dos contratados pode ser baseada em critérios técnicos de julgamento foram reduzidas ao máximo, limitando-se a contratações que demandem elevado conhecimento técnico.[43] Para as concessões, no entanto, a legislação admitiu rol muito mais extenso de critérios, deixando a cargo do administrador a escolha daquele que se mostre mais conveniente em face do contrato a ser firmado. Entre os vários, admite-se, sem restrições, a adoção de julgamento técnico.[44]

Por fim, vale mencionar o prazo que a lei confere, num e noutro caso, para que haja a remuneração do contratado, isto é, para que o investimento privado venha a ser ressarcido. No regime aplicável aos contratos administrativos em geral, por determinação expressa da Lei 8.666/1993, a Administração se vê obrigada a remunerar o contratado de acordo com cronograma previsto no edital de licitação;[45] o prazo máximo admitido entre a execução da parcela do contrato e o pagamento efetivo da Administração é de 30 dias.[46] Nas concessões, como se sabe,

43. Arts. 45 e 46 da Lei 8.666/1993.

44. Art. 15 da Lei 8.987/1995.

45. Confira-se, nesse sentido, o art. 40, XIV, "a", da Lei 8.666/1993: "Art. 40. O edital (...) indicará, obrigatoriamente, o seguinte: (...) XIV – condições de pagamento, prevendo: a) prazo de pagamento, não superior a 30 (trinta) dias, contado a partir da data final do período de adimplemento de cada parcela; (...)".

46. Eventuais atrasos neste pagamento têm sido considerados ilícitos, fazendo incidir correção monetária como forma de compensação do credor. Entre diversas decisões judiciais que reconheceram este reflexo do atraso no pagamento de contratos administrativos, vale transcrever como exemplo a seguinte ementa: "Administrativo – Contrato administrativo – Quitação – Cobrança de correção monetária por atraso no pagamento das parcelas. O pagamento de parcelas feito pela Administração Pública com atraso, de dívida de valor, constitui ilícito contratual, sendo devida a correção monetária a partir dos dias em que os pagamentos deveriam ter sido

O REGIME TARIFÁRIO NAS CONCESSÕES DE SERVIÇO PÚBLICO   51

a remuneração do contratado (concessionário) está atrelada à exploração econômica que se faça do bem ou serviço. Situação que enseja, no mais das vezes, a realização de um grande investimento inicial, com ressarcimento assegurado a longo prazo. Atrelada a este fator está a proibição, nos contratos administrativos comuns, de se vincular a contratação à obtenção de financiamento por parte do interessado (particular).[47] O financiamento do contrato (é o mandamento implícito que claramente se extrai) há de ser público. Para as concessões não existe tal vedação, podendo o edital prever, como requisito para participação do certame, que os interessados consigam financiamento para assegurar a execução do respectivo contrato.

Este breve relato acerca de algumas das mais relevantes diferenças entre o regime jurídico dos contratos administrativos comuns e o das concessões é útil para ilustrar o contexto no qual se insere a discussão sobre a forma de remuneração tarifária (se deve ocorrer necessariamente por meio de pagamento feito pelos usuários dos serviços, ou não). Isto porque, como se percebe no quadro acima exposto, o regime das concessões mostra-se bem mais flexível no tocante às normas de financiamento e estruturação contratual que o aplicável aos contratos comuns da Administração Pública. Parece natural, portanto, o interesse de se buscar caracterizar, em dadas situações contratuais, a incidência do regime jurídico mais flexível (o das concessões).

Este tipo de debate vem ocorrendo, em relação ao que interessa ao presente tópico, na tentativa de se qualificar como concessões determinadas relações contratuais da Administração nas quais a remuneração do contratado não é feita diretamente pelos usuários. Um exemplo de contratação em que esse tipo de discussão vem sendo travado envolve os serviços de limpeza urbana. Com a intenção de buscar contratações mais duradouras, que venham a propiciar mais tempo para a amortização de investimentos, tem-se discutido a possibilidade de delegar o serviço de limpeza urbana a particulares, por intermédio de contratos de concessão, sem que, todavia, a remuneração do concessionário seja feita diretamente pelos usuários do serviço. A remuneração (pretensamente

efetuados. Efetuado o pagamento do débito sem a inclusão de correção monetária e concedida a quitação, fica resguardado o direito do credor de pleitear, posteriormente, a atualização monetária dos valores – Recurso provido" (STJ, 1ª Turma, REsp 329.976-SP, rel. Min. Garcia Vieira, j. 20.9.2001).

47. É o que dispõe o art. 7º, § 3º, da Lei 8.666/1993. Confira-se: "É vedado incluir no objeto da licitação a obtenção de recursos financeiros para sua execução, qualquer que seja a sua origem, excetos nos casos de empreendimentos executados e explorados sob o regime de concessão, nos termos da legislação específica".

52 TARIFA NAS CONCESSÕES

caracterizada como tarifa) seria suportada pela Administração contratante, simbolicamente denominada de usuária de tal serviço.[48-49]

48. A Lei 13.478, de 30.12.2002, do Município de São Paulo, cria o Sistema de Limpeza Urbana do Município de São Paulo e, entre outras disposições, autoriza o Poder Público a delegar a execução dos serviços públicos mediante concessão ou permissão. Como instrumento de viabilização da outorga do serviço a particulares, mediante concessão, a Prefeitura também é arrolada como usuária do Sistema de Limpeza Urbana, na condição de representante da coletividade ou de parte dela (art. 8º, III). Na Espanha as empresas prestadoras de serviços de coleta de lixo domiciliar recebem sua remuneração do Poder Público, e não dos usuários. Mas são os usuários que custeiam os serviços, com base no recolhimento de taxas aos cofres públicos (cf., neste sentido: Francisco José Villar Rojas, *Tarifas, Tasas, Peajes y Precios Administrativos – Estudio de su Naturaleza y Régimen Jurídico*, p. 4).

49. Na França existe tipo contratual próprio que contempla esta mistura entre o sistema de concessão e a fórmula tradicional de remuneração dos contratos administrativos (em que a remuneração do contratado é suportada pela própria Administração Pública): trata-se do chamado *marché d'entreprise de travaux publics* (METP). Suas características fundamentais são bem delineadas por Gérard Marcou: "O contrato *d'entreprise de travaux puclics* foi imposto nestes últimos anos como um modo de financiamento de obras públicas pelo contratado da Administração, alternativo à concessão. (...). Trata-se de um contrato pelo qual uma empresa está encarregada, por uma parte, da realização e do financiamento de uma obra pública e, por outra, da exploração do serviço ou da obra durante um certo período de tempo, em troca do pagamento de um preço ao largo da duração do contrato. Desde um ponto de vista econômico o METP está, pois, muito próximo da concessão em dois aspectos: a empresa financia o investimento, do qual se liberta, assim, a Administração, e amortiza este investimento durante a exploração. Como na concessão, o titular do METP é o explorador do serviço público ou da obra pública, e é remunerado não só por haver construído a obra, mas também por assegurar sua manutenção e gestão em curso. Porém, distancia-se dela pelo fato de que o objeto do METP é fornecer uma prestação à Administração contratante, que é o *maître de l'ouvrage* e o *maître du service*, em virtude do qual paga um preço à empresa gestora, a qual não mantém qualquer relação jurídica com o usuário da obra ou do serviço. Se o usuário deve pagar uma contraprestação, paga-a diretamente à Administração, não à empresa encarregada da obra ou do serviço. Dito de outro modo, por seu objeto, o METP pode ser considerado como uma delegação de serviço público no sentido material do termo, porém no sentido jurídico o METP é um contrato administrativo e está sujeito ao *Code des Marchés Publics*, e não às disposições da Lei de 29.1.1993, relativa às delegações de serviços públicos". Confira-se o original, extraído de publicação espanhola: "El contrato *d'entreprise de travaux publics* se ha impuesto estos últimos años como un modo de financiación de obras públicas por el contratista de la Administración alternativo a la concesión. (...). Se trata de un contrato por el que una empresa está encargada, por una parte, de la realización y de la financiación de una obra pública y, por otra, de la explotación del servicio o de la obra durante un cierto periodo de tiempo, a cambio del pago de un precio a lo largo de la duración del contrato. Desde un punto de vista económico el METP está, pues, muy próximo a la concesión en dos aspectos: la empresa financia la inversión, de la que se libera así la Administración,

O REGIME TARIFÁRIO NAS CONCESSÕES DE SERVIÇO PÚBLICO   53

Para justificar a adoção desses modelos de contratos de concessão tem-se defendido que o pagamento da tarifa pelo usuário do serviço propriamente dito não seria condição *sine qua non* para a caracterização do regime jurídico das concessões.

A essência deste regime estaria na assunção do serviço pelo prestador por sua conta e risco,[50] ou seja, na assunção da responsabilidade pelo empreendimento – o que independeria da identificação do sujeito pagador de sua remuneração como sendo, necessariamente, o usuário. Um sistema remuneratório que preservasse esse vínculo da remuneração do prestador (concessionário) com a exploração econômica do empreendimento, atribuindo a este a responsabilidade pela prestação do serviço, seria condição suficiente para caracterizar a relação jurídica como concessão.[51] Em amparo à tese, ressalta-se o fato

y amortiza esta inversión durante la explotación. Como en la concesión, el titular del METP es el explotador del servicio público o de la obra pública, y es remunerado no sólo por haber establecido la obra sino también por asegurar su mantenimiento y la gestión en curso. Pero se aleja de ella por el hecho de que el objeto del METP es suministrar una prestación a la Administración contratante, que es el *maître de l'ouvrage* y el *maître du service*, en virtud de lo cual paga un precio a la empresa gestora, la cual no mantiene ninguna relación jurídica con el usuario de la obra o del servicio. Si el usuario debe pagar un canon, lo paga directamente a la Administración, no a la empresa encargada de la obra o del servicio. Dicho de otro modo, por su objeto, el METP puede ser considerado como una delegación de servicio público en el sentido material del término, pero en sentido jurídico el METP es un contrato administrativo y está sujeto al *Code des Marchés Publics*, y no a las disposiciones de la Ley de 29.1.1993, relativa a las delegaciones de servicio público" ("La experiencia francesa de financiación privada de infraestructuras y equipamientos", in Gérard Marcou, Jeffrey Goh e Alberto Ruiz Ojeda, *La Participación del Sector Privado en la Financiación de Infraestructuras y Equipamientos Públicos: Francia, Reino Unido y España*, pp. 50-51).

50. A assunção de risco econômico em si não pode ser considerada como elemento identificador das concessões. Risco econômico também existe nos contratos administrativos normais, na medida em que o contratado assume as conseqüências por executar o contrato com base nos valores lançados na proposta. Eventual erro na elaboração dessa proposta pode produzir prejuízo. Este é um risco que ele assume. O conceito de concessão, por sua vez, já era adotado mesmo na época em que a Constituição previa a "justa remuneração dos investimentos" do concessionário (v. capítulo que trata dos direitos dos concessionários), reduzindo – se não eliminando – a margem de risco econômico do empreendimento.

51. Benedicto Porto Neto vai além, ao defender que sequer seria necessária a vinculação da remuneração da concessionária com a prestação do serviço em si. Para ele, bastaria que fossem preservadas as características essenciais do regime da concessão, entre as quais dá destaque à assunção da *responsabilidade* pela prestação do serviço pela contratada. Confira-se a tese defendida por Porto Neto:

"A Administração Pública pode transferir a prestação de serviço público a terceiro, sob o mesmo regime jurídico da concessão, sem que sua remuneração guarde

54 TARIFA NAS CONCESSÕES

de na definição legal de concessão não ter sido feita qualquer menção à tarifa paga pelo usuário como elemento integrante do instituto.[52] Conquanto seja possível concordar com a afirmação de que a remuneração da concessionária não decorre necessariamente das tarifas, não

relação com o resultado da exploração do serviço. É o caso do pagamento de preço diretamente pela Administração à concessionária, ou, ainda, quando a receita deste provém de renda auferida na exploração de projetos associados (art. 11). Neste segundo caso a receita da concessionária pode ser satisfatória enquanto o afluxo de usuários ao serviço seja pequeno, ou o inverso. Deixa de haver relação entre remuneração da concessionária e fruição dos serviços pelos usuários.

"(...).

"(...). A inexistência de correlação entre remuneração da concessionária e exploração do serviço público não desfigura a concessão, porque não altera seu regime jurídico" (*Concessão de Serviço Público no Regime da Lei 8.987/1995 – Conceitos e Princípios*, p. 76).

E mais adiante informa qual seria, na sua opinião, o traço fundamental do regime das concessões: "(...) da mesma forma que o recebimento de tarifas dos usuários não implica que a concessionária suporte os riscos financeiros da exploração do serviço, sua remuneração por preço pago pela Administração não exclui a assunção desses riscos. Numa concessão em que a concessionária presta os serviços por preço certo e determinado seu risco financeiro pode ser maior que na prestação dos serviços mediante cobrança de tarifa dos usuários. É que, além das contingências próprias do negócio, a concessionária assumirá o risco pela variação do número de usuários durante a concessão. Assim, o recebimento de tarifa dos usuários não é o que caracteriza o risco financeiro pela prestação do serviço. (...). A expressão cogita, antes, da atribuição à concessionária da responsabilidade pela prestação do serviço" (ob. cit., pp. 80-81).

52. Deveras, a Lei 8.987/1995, ao definir a concessão de serviço público, não traz como elemento conceitual a forma de remuneração do concessionário. Confira-se o art. 2º, II, da Lei de Concessões: "Art. 2º. Para os fins do disposto nesta Lei, considera-se: (...) II – concessão de serviço público: a delegação de sua prestação, feita pelo poder concedente, mediante licitação, na modalidade de concorrência, à pessoa jurídica ou consórcio de empresas que demonstre capacidade para seu desempenho, por sua conta e risco e por prazo determinado; (...)". Por esta razão, aliás, o referido texto de lei sofre críticas do professor Celso Antônio Bandeira de Mello. Confira-se: "Demais disto, no conceito de concessão *não precedida de obra pública* deixou-se de referir de modo claro e explícito o elemento que é condição *sine qua non* para caracterizá-la, a saber: o de que o beneficiário da 'delegação' efetuada remunerar-se-ia *pela própria exploração de tal serviço*, traço, este, que a distingue do mero contrato administrativo de prestação de serviços. Vale dizer: se se recebe o conceito tal como formulado, o contrato de prestação de serviços – como, por exemplo, o de coleta de lixo, remunerado pela própria entidade contratante mediante pagamentos predeterminados – poderia ser confundido, por um intérprete desavisado, com uma concessão de serviços públicos. Cumpre, entretanto, reconhecer que a definição fala em '(...) realização por sua conta e risco', no que está implícita a idéia de exploração do serviço" (*Curso de Direito Administrativo*, 25ª ed., pp. 696-697).

O REGIME TARIFÁRIO NAS CONCESSÕES DE SERVIÇO PÚBLICO   55

nos parece correta a conseqüência que, desta constatação, se tem buscado extrair. O problema não está em admitir a existência de remuneração do concessionário que não seja feita diretamente pelos usuários, mas, sim, na aceitação de que ela venha a ser feita exclusivamente pela Administração (poder concedente). Serviços como os de radiodifusão (rádio e televisão aberta) dão mostras de que o instituto da concessão pode receber modelação tal que dispense o pagamento de tarifas diretamente dos usuários. Isto sem falar da expressa autorização legislativa para a inclusão de receitas alternativas às tarifárias como fonte de remuneração das concessionárias, a integrar o chamado equilíbrio econômico-financeiro do contrato.[53] Esses são exemplos cabais de que a legislação admite, sim, a remuneração das concessionárias por algo além da receita tarifária. Todavia, a conclusão segundo a qual seria possível atrelar totalmente a remuneração da concessionária ao pagamento de um valor preestabelecido contratualmente, a ser suportado diretamente pela Administração Pública (poder concedente), parece-nos não prescindir de autorização legislativa específica.[54]

Parte dessa polêmica arrefeceu com a edição da Lei de Parcerias Público-Privadas, a Lei 11.079, de 30.12.2004. A referida lei criou modalidade de concessão em que a remuneração da concessionária é assumida integralmente pelo Poder Público. Trata-se da denominada *concessão administrativa*. Neste caso, porém, a remuneração a ser paga não recebeu – corretamente – a denominação de "tarifa". Esta expressão permaneceu reservada para a forma de remuneração da concessionária que seja realizada pelos usuários.

53. Confira-se o art. 11 da Lei 8.987/1995: "No atendimento às peculiaridades de cada serviço público, poderá o poder concedente prever, em favor da concessionária, no edital de licitação, a possibilidade de outras fontes provenientes de receitas alternativas, complementares, acessórias ou de projetos associados, com ou sem exclusividade, com vistas a favorecer a modicidade das tarifas, observado o disposto no art. 17".

54. Existe projeto de lei em tramitação no Congresso Nacional que visa a abolir esta limitação para determinadas contratações. O projeto dispõe sobre a edição de normas gerais para disciplinar a licitação e a contratação de parceria público-privada (PPP). Entre as propostas constantes do projeto encaminhado pela Casa Civil (versão disponível na Internet no endereço *www.presidencia.gov.br/ccivil_03/Projetos/ PL/2003/msg623-031119.htm*, acesso em 28.1.2004) figuram a autorização para celebração de contratos administrativos com prazo de até 30 anos (art. 4º, I) bem como a desvinculação do pagamento à execução do contrato (art. 5º, § 4º). Enquanto não for alterada a legislação, todavia, a conclusão que se extrai é a de que no ordenamento jurídico brasileiro seria inviável fixar uma concessão com remuneração paga exclusivamente pelo poder concedente.

56   TARIFA NAS CONCESSÕES

É possível afirmar, portanto, que a remuneração das concessionárias não depende exclusivamente das tarifas. Todavia, não se pode imaginar que, em qualquer situação, uma relação contratual possa vir a ser transformada em concessão, com pagamento assumido pelo Poder Público. É necessário, para tanto, obedecer aos condicionamentos previstos em lei. Vejam-se alguns dos requisitos que, de acordo com a Lei de PPPs, devem ser observados sempre que o Poder Público for assumir a remuneração integral por uma concessão: valor do contrato superior a 20 milhões de Reais (art. 2º, § 4º, I); prazo de vigência superior a cinco anos (art. 2º, § 4º, II); objeto contratual complexo – isto é, que o contrato reúna, simultaneamente, pelo menos duas das seguintes atividades: fornecimento de mão-de-obra, fornecimento e instalação de equipamentos ou a execução de obra (art. 2º, § 4º, III); comprometimento anual das despesas com PPPs inferir a 1% da receita corrente líquida do contratante (art. 28).

Além da assunção total da remuneração do concessionário, a Lei de PPPs também admite a assunção parcial (caso das chamadas *concessões patrocinadas*). Tal modelo já se admitia, inclusive, antes da vigência da nova lei. Era o que se dava – e ainda ocorre – quando, no modelo de política tarifária, se prevê a outorga de subsídios às concessionárias de serviço público. Seria esta uma fórmula para reduzir o valor das tarifas para dado segmento de usuários ou de um serviço como um todo.[55] Parte dos custos relativos à prestação do serviço seria suportada pelo Poder Público, aliviando a outra parte, relativa à contraprestação cobrada dos usuários. Tal sistema, como se disse, não chega a descaracterizar o modelo das concessões, merecendo, até, expressa menção na lei (art. 11 da Lei 8.987/1995). Também se mostra compatível com o regime das concessões um sistema de arrecadação de tarifas em que o próprio poder concedente seja o agente recolhedor dos valores, com a função, porém, de repassar às concessionárias o montante que lhes caiba.[56] Mesmo que, do ponto de vista material, o pagamento aos prestadores do serviço seja feito pela Administração, seu financiamento não está vinculado exclusivamente a recursos orçamentários, e sim ao recolhimento de tarifas. Por esta razão, a aplicação do regime das concessões não haveria de

55. Este tema será versado com maior aprofundamento no capítulo seguinte, que abordará as variações de políticas tarifárias que podem vir a ser implementadas.

56. Tal modelo é adotado no serviço de transporte coletivo do Município de São Paulo, onde tal função é atribuída a uma sociedade de economia mista municipal, com participação acionária dos concessionários de serviço (art. 31 da Lei municipal 13.241, de 12.12.2001).

O REGIME TARIFÁRIO NAS CONCESSÕES DE SERVIÇO PÚBLICO 57

ser considerada burla ao sistema de controle orçamentário previsto pela legislação para os contratos administrativos comuns.

Uma última importante ressalva a ser feita, no tocante à necessidade de pagamento de tarifas diretamente pelo usuário, diz respeito àqueles serviços em que há desmembramento vertical das diversas atividades que os compõem.[57] Com o desmembramento das atividades, pode ocorrer que determinado segmento do serviço, atribuído a uma dada prestadora de serviço público, deixe de ter contato direto com o usuário final do serviço. Nestes casos, sua atividade irá servir de modo imediato a outra prestadora de serviço, sendo por esta última remunerada. A tarifa, assim, passa a ser paga por outra prestadora do serviço, e não diretamente pelo usuário. Aqui, também, não se vê qualquer afronta ao regime legalmente instituído para as concessões. Mais uma vez, o custo total do serviço, incluindo o das atividades desmembradas, integrantes do interior do processo de prestação de serviço, termina sendo indiretamente suportado pela tarifa cobrada do usuário. As tarifas pagas pelas prestadoras a outras prestadoras acabam funcionando como mecanismo de repasse de parcela da tarifa cobrada do usuário. Tal sistema ocorre, por exemplo, no serviço de energia elétrica. As atividades de geração (produção), transmissão e distribuição de energia foram divididas, sendo prestadas por empresas autônomas. Destas, geralmente, apenas as empresas de distribuição de energia elétrica mantêm contato direto com os usuários do serviço. As demais, empresas de produção ou de transmissão de energia, são remuneradas por outras prestadoras, e não diretamente por usuários. O custo total do sistema elétrico, todavia, é suportado fundamentalmente pela cobrança dos consumidores finais do serviço de energia elétrica, que dá ensejo a um complexo sistema de repasse entre as outras prestadoras.[58]

Em resumo, há de se concluir que não há necessidade absoluta de que a tarifa seja paga diretamente pelo usuário para caracterizar um legítimo regime de concessão. Em primeiro lugar, a legislação admite receitas alternativas que podem compor o total das receitas das concessionárias, e em dados serviços chega a eliminar a necessidade de cobrança de tarifas de usuários (é o caso da radiodifusão). Além disso, há tarifas cobradas pelo poder concedente e repassadas às concessionárias, bem

57. É o chamado *unbundling*, expressão inglesa que indica a divisão em etapas de um dado serviço ou atividade.

58. No setor de telecomunicações são cobradas tarifas pela remuneração do uso de redes, que também constitui forma de tarifa que não é suportada diretamente pelos usuários, mas sim por outras prestadoras de serviço.

58 TARIFA NAS CONCESSÕES

como tarifas pagas por outras prestadoras de serviço (prática geralmente acompanhada da segmentação dos serviços). Todavia, é importante ressaltar que o pagamento à concessionária feito exclusivamente por recursos decorrentes de orçamento estatal não pode ser considerado tarifa, apesar de, atualmente, ser expressamente admitido na legislação brasileira (concessão administrativa).

7. Diferença entre "tarifa" e "preço" controlado pelo Poder Público

Um último ponto a destacar na elaboração deste perfil conceitual das tarifas envolve sua diferenciação de outra atividade estatal: o controle de preços.

O Estado, de maneira excepcional, pode intervir na ordem econômica, de modo a condicionar ou, mesmo, limitar a livre atuação dos agentes privados.[59] Uma das formas mais incisivas de proceder a esta intervenção está no controle de preços praticados pelos agentes econômicos. Diante de ameaça ou efetivo abuso do poder econômico, o Estado, para proteger a sociedade e o próprio mercado, intervém, de modo a restringir a liberdade de fixação de preços.

Observando de maneira superficial essas duas atividades – a instituição de tarifas e o controle de preços praticados na iniciativa privada –, seria possível encontrar uma considerável identificação entre elas. Deveras, tanto no controle tarifário quanto no de preços o Poder Público intervém para determinar o valor da remuneração a ser cobrada pelos particulares dos usuários e consumidores. Como controla a tarifa dos transportes coletivos (serviços públicos), por exemplo, também controlaria o preço de combustíveis, de medicamentos ou de planos de saúde (atividades econômicas). A aproximação existente entre a *materialidade*

59. O tema do controle de preços é polêmico. É objeto, inclusive, de debate em torno de sua constitucionalidade. Mesmo autores que defendem a validade da medida admitem seu caráter excepcional, arrolando uma série de condicionamentos ao seu emprego. É o caso de Fábio Konder Comparato, que considera compatível o controle de preços com a Constituição brasileira, mas ressalta a necessidade de o Estado, para tanto, respeitar os princípios da legalidade, igualdade e proporcionalidade. Em relação a este último (proporcionalidade), adota a posição de que um dos critérios para avaliar-se sua observância está na aferição de *necessidade* da medida. No caso, a adoção do controle de preços somente seria tida como procedimento que respeita o princípio da proporcionalidade "quando não existir outro meio adequado à disposição, o qual seja menos prejudicial aos atingidos e à coletividade em geral" (Fábio Konder Comparato, "Regime constitucional do controle de preços no mercado", in *Direito Público: Estudos e Pareceres*, pp. 99-115).

O REGIME TARIFÁRIO NAS CONCESSÕES DE SERVIÇO PÚBLICO   59

dessas duas atividades estatais, no entanto, encobre uma fundamental diferença quanto ao regime jurídico aplicável a cada uma delas. Estabelecer uma política tarifária e controlar preços das atividades econômicas próprias à livre iniciativa constituem competências administrativas absolutamente distintas. Vejamos, então, quais as mais importantes diferenças a separá-las.

A razão de ser da diferença de regime jurídico entre *tarifa* e *preço controlado* envolve o próprio objeto da atuação estatal. Quando se fala em tarifa se está referindo ao campo típico de atuação do Estado: a prestação de serviços públicos. Diz respeito ao controle dos valores cobrados pela prestação de uma atividade que cabe ao próprio Estado desempenhar, direta ou indiretamente (por intermédio de particulares, que recebam a outorga do direito de prestar tal serviço em nome próprio). O controle de preços, por sua vez, recai sobre atividades econômicas em sentido próprio, ou seja, no campo típico de atuação dos particulares. O Poder Público, neste caso, quando implementa um sistema de controle de preços, está fazendo típica intervenção no domínio econômico. Disciplina e regula atividades privadas, empregando o que se convencionou chamar de *poder de polícia*. A partir dessa diferença primordial, várias outras discrepâncias de tratamento jurídico surgem pontualmente.[60]

Uma das principais envolve a relação estabelecida entre o Poder Público e o particular, sujeito passivo da ação controladora do Estado. Tal relação terá caráter diverso caso se trate de controle tarifário ou controle de preços. Na primeira forma de atuação estatal há um vínculo jurídico específico entre o Poder Público e o particular: é o próprio contrato de concessão (ou permissão). Este vínculo disciplina especialmente os contornos jurídicos das prerrogativas atribuídas ao Poder Público, bem como dos direitos e garantias oferecidos em favor do particular, delegatário do serviço público. O controle de preços, porém, envolve uma relação de caráter genérico, por assim dizer, pois é firmada por intermédio diretamente de uma determinação geral prevista em lei. De modo

60. Esta diferenciação também é apontada por Francisco José Villar Rojas: "Existem, portanto, duas classes de poderes com base em competências distintas, o poder tarifário, que tem causa no serviço público, e o poder de fixação de preços, que responde à competência de ordenação econômica geral". No original: "Existen, por tanto, dos clases de potestades con base en títulos competenciales distintos, la potestad tarifaria, que trae causa del servicio público, y la potestad de fijación de precios, que responde a la competencia de ordenación económica general" (*Tarifas, Tasas, Peajes y Precios Administrativos – Estudio de su Naturaleza y Régimen Jurídico*, p. 231).

impessoal, todas as empresas que se enquadrem na restrição imposta pelo legislador estarão sujeitas ao controle de preços, tal qual previsto legislativamente. O particular, para estar sujeito a tais restrições, não precisa celebrar um pacto ou estabelecer qualquer outra forma de relação jurídica específica com o Poder Público. O simples preenchimento das condições abstratamente previstas na lei será suficiente para sujeitá-lo a um regime de controle de preços.

Uma série de conseqüências, de inegável relevância prática, deriva desta diferença quanto à natureza do vínculo entre Poder Público e particular no tocante ao controle de tarifas e preços. A aplicação do regime tarifário, que decorre de uma relação de natureza contratual, além de impor determinado valor a ser cobrado a título de remuneração pelos serviços prestados, também *obriga* este particular a prestá-los (dever de continuidade) pela remuneração fixada pelo Estado. Ao assumir a condição de concessionário, o particular se obriga a prestar o serviço continuadamente, obedecendo à fórmula de remuneração prevista no contrato (regime tarifário). O controle de preços sobre produtos ou serviços, por seu turno, não atrela qualquer dever de continuidade aos particulares atingidos. Se houver desinteresse em continuar comercializando determinado produto ou prestando determinado serviço, por causa do controle exercido pelo Estado, o particular poderá – sem que implique desobediência a dever jurídico –, pura e simplesmente, deixar de desempenhar a atividade atingida. É o que ocorreria, por exemplo, se houvesse a fixação de preço para a venda de combustíveis e um dado empresário resolvesse, em virtude dessa intervenção estatal, abandonar o negócio.

É oportuno ressalvar que a afirmação acima diz respeito apenas a deveres do particular em relação ao Estado. Todavia, se houver vínculos obrigacionais entre as empresas afetadas e clientes, é óbvio que tais vínculos haverão de ser considerados caso se decida por promover uma interrupção das atividades. Assim, uma fábrica, antes de suspender suas atividades em relação a dado produto, terá que observar os efeitos dos contratos de fornecimento que tenha celebrado; uma empresa prestadora de serviços haverá de considerar a situação dos seus contratos, principalmente os de prestação continuada, que estejam em plena execução; e assim por diante. A diferença básica que existe em relação à situação de uma concessionária de serviço público é que esta mantém um vínculo contratual com o poder concedente, o que lhe impediria até mesmo cogitar da suspensão das atividades em função de desentendimentos relacionados à tarifa. Em tais casos, a interrupção do serviço público somente poderia ser alcançada pela concessionária por força

O REGIME TARIFÁRIO NAS CONCESSÕES DE SERVIÇO PÚBLICO   61

de rescisão contratual, a ser obtida mediante decisão judicial transitada em julgado.[61] Outra diferença, decorrente da natureza da relação jurídica a que se sujeita o particular, envolve o próprio mecanismo de fiscalização e atuação estatal. Ao controlar preços, uma vez que não existe pacto envolvendo as partes (Administração e particular atingido), não há regra específica disciplinando o tema quanto à conformação e atualização dos valores máximos fixados. A Administração decide com base na análise dos dados referentes ao mercado específico sob intervenção, homologando preços e atualizações de acordo com as necessidades comprovadas por este mercado. O objetivo do controle é evitar o lucro abusivo das empresas, em sacrifício da economia popular. Já no que se refere às tarifas, a legislação determina, como elemento necessário a integrar o contrato, a previsão de critérios e procedimentos para reajuste e revisão.[62] Os índices e fórmulas de atualização desses valores constituem parte integrante do pacto firmado entre poder concedente e concessionária. Dessa forma, após a assinatura do contrato mostra-se limitado o poder da Administração de impor alterações nas tarifas. Ordinariamente, cabe apenas a aplicação das fórmulas previstas nos contratos, isto é, tal mecanismo de controle passa a ser de natureza fundamentalmente vinculada. É certo que podem ser feitas alterações nesta previsão contratual; porém, sempre que elas ocorrerem, darão ensejo a reequilíbrio econômico-financeiro do contrato.[63]

61. A regra está prevista no art. 39 da Lei 8.987/1995. Confira-se:
"Art. 39. O contrato de concessão poderá ser rescindido por iniciativa da concessionária, no caso de descumprimento das normas contratuais pelo poder concedente, mediante ação judicial especialmente intentada para esse fim.
"Parágrafo único. Na hipótese prevista no *caput* deste artigo, os serviços prestados pela concessionária não poderão ser interrompidos ou paralisados, até a decisão judicial transitada em julgado."
62. Lei 8.987/1995: "Art. 23. São cláusulas essenciais do contrato de concessão as relativas: (...) IV – ao preço do serviço e aos critérios e procedimentos para o reajuste e a revisão das tarifas; (...)".
63. O tema da preservação do equilíbrio econômico-financeiro do contrato, devido à sua importância, será objeto de tratamento específico em capítulo próprio. De todo modo, neste momento parece oportuno já referir o dispositivo da Lei 8.987/1995 que impõe o dever de preservação desse equilíbrio sempre que alteração unilateral do contrato venha a afetá-lo. Trata-se do § 4º do art. 9º, que tem o seguinte teor: "Em havendo alteração unilateral do contrato que afete o seu inicial equilíbrio econômico-financeiro, o poder concedente deverá restabelecê-lo, concomitantemente à alteração".

62 TARIFA NAS CONCESSÕES

O direito à manutenção do equilíbrio econômico-financeiro do contrato original, aliás, constitui outro ponto de diferenciação entre o regime jurídico aplicável ao sistema de controle tarifário e o que incide sobre o controle de preços. No controle de preços de mercado – também em virtude da ausência de qualquer relação de natureza contratual vinculando a Administração aos agentes de mercado submetidos ao controle – não há que se falar em equilíbrio econômico-financeiro. Eventuais perdas sofridas por particulares em virtude da ação estatal haverão de ser resolvidas com base na aplicação da regra da responsabilidade patrimonial do Estado (de índole extracontratual). Será necessária, portanto, a comprovação de dano indenizável imputável ao exercício da competência controladora do Estado (nexo causal) para que seja devida qualquer indenização. Com as tarifas, qualquer prejuízo decorrente da má aplicação ou alteração das fórmulas contratualmente estabelecidas deve ser compensado com base nas previsões do próprio contrato. Trata-se, portanto, de solução a ser tomada com base em parâmetros estabelecidos contratualmente, os quais, fundamentalmente, asseguram a manutenção do equilíbrio econômico-financeiro estabelecido originalmente. Assim, em virtude de evento que cause desbalanceamento na equação entre custos e receitas originalmente prevista, o impacto econômico haverá de ser refletido na relação contratual, alterando-se algum dispositivo de modo a que o equilíbrio seja restabelecido. É possível, por exemplo, que novas obrigações sejam criadas, para compensar um ganho imprevisto da concessionária, ou, caso haja prejuízo, uma obrigação seja extinta; porém, o instrumento típico de reequilíbrio econômico de tais contratos é a tarifa, por meio do instrumento que, na lei, foi denominado de "revisão tarifária".[64]

O último ponto a destacar nesta comparação entre as atividades estatais analisadas no presente tópico diz respeito aos fundamentos e aos objetivos buscados numa e noutra forma de controle. As tarifas, como indicado no próprio texto constitucional (art. 175, parágrafo único, III), estão inseridas num contexto de aplicação de uma política pública. Dizem respeito à escolha do mecanismo de financiamento de um dado serviço público. É o Estado disciplinando atividades que lhe são próprias. Neste campo, os mecanismos de atuação são muito variados (conforme se demonstrará com mais detalhe no capítulo seguinte), podendo o Estado estar imbuído de muitos fins ao optar por uma ou outra política de fixação de tarifas. Pode vir a implantar, por exemplo, um sistema de

---

64. A Lei 8.987/1995 a prevê no art. 9º, § 2º. Confira-se: "Os contratos poderão prever mecanismos de revisão das tarifas, a fim de manter-se o equilíbrio econômico-financeiro".

O REGIME TARIFÁRIO NAS CONCESSÕES DE SERVIÇO PÚBLICO   63

subsídios cruzados, por intermédio do qual determinado segmento de usuários subsidie a prestação dos serviços públicos a um outro, considerado menos favorecido. Tal prática, como se disse, é inerente à adoção de políticas tarifárias.

Todavia, o mesmo não pode ocorrer em matéria de controle de preços praticados em meras atividades econômicas. Neste campo – o da intervenção em matéria econômica própria dos particulares – a Constituição veda explicitamente a prática de dirigismo estatal (art. 174, *caput*).[65] O fundamento jurídico para a realização de controle de preços não pode ser o de aplicação de políticas públicas, por intermédio de regulação estatal (que atingiria, no caso, os preços praticados pela livre iniciativa). Fixar preços para buscar determinados benefícios políticos, portanto, estaria inserido neste campo vedado constitucionalmente. O controle de preços pode ocorrer somente como mecanismo de repressão ao abuso do poder econômico, que, em matéria de controle de preços, evitaria o aumento arbitrário de lucros (art. 173, § 4º, da CF).[66]

---

65. Confira-se: "Art. 174. Como agente normativo e regulador da atividade econômica, o Estado exercerá, na forma da lei, as funções de fiscalização, incentivo *e planejamento, sendo este determinante para o setor público e indicativo para o setor privado*".

66. Que dispõe: "A lei reprimirá o abuso do poder econômico que vise à dominação dos mercados, à eliminação da concorrência e ao aumento arbitrário dos lucros". Este foi o fundamento encontrado pelo STF para justificar o controle de preços sobre mensalidades escolares (ADI 319-4-DF, rel. Min. Moreira Alves, j. 3.3.1993). Confira-se trecho do voto-condutor da maioria: "Na atual Constituição, além de se manter, no § 4º do art. 173, o princípio de que 'a lei reprimirá o abuso do poder econômico que vise (...) ao aumento arbitrário dos lucros', atribui-se ao Estado o papel de agente normativo e regulador da atividade econômica, ao se dispor, no *caput* do art. 174: 'Como agente normativo e regulador da atividade econômica, o Estado exercerá, na forma da lei, as funções de fiscalização, incentivo e planejamento, sendo este determinante para o setor público e indicativo para o setor privado'. Não se limita esse dispositivo a declarar que o Estado desempenhará, na forma da lei, as funções – que não são normativas, mas, sim, executivas – de fiscalizar, incentivar e planejar (esta, de modo determinante para o setor público e indicativo para o setor privado) a atividade econômica, mas acentua que o exercício dessas funções decorre da posição do Estado 'como agente normativo e regulador da atividade econômica'. É certo que entre as funções executivas que esse dispositivo confere, nesse terreno, ao Estado não consta do texto constitucional vigente a de *controle* a que aludia, na esteira dos anteriores, o projeto final da Comissão de Sistematização (art. 203, *caput*), mas a retirada desse controle *in concreto*, que daria a possibilidade de ingerência direta do Estado na vida das empresas, não diminuiu o papel do Estado como agente normativo e regulador da atividade econômica, papel, esse, que se situa no terreno da normatividade, e não da execução. E, portanto, para conciliar o fundamento da livre iniciativa e do princípio da livre concorrência com os

64   TARIFA NAS CONCESSÕES

Em conclusão, para efeitos didáticos, buscamos sintetizar as diferenças apontadas, no quadro sinótico abaixo:

PREÇO CONTROLADO PELO PODER PÚBLICO	TARIFA
Atividade econômica (o Estado não tem o dever de desempenhar)	Serviço público (o Estado tem o dever de prestar, direta ou indiretamente)
Não existe relação contratual entre o Poder Público e o particular	O Poder Público estabelece uma relação jurídica específica com o particular (concessão ou permissão)
O particular não é obrigado a desempenhar a atividade (não está sujeito ao dever de continuidade)	O particular tem o dever de prestar o serviço, cobrando o valor autorizado (dever de continuidade)
Não há pactuação quanto a índices e mecanismos de reajuste	O contrato deve trazer índices e fórmulas de atualização do valor da tarifa
Não há relação jurídica que estabeleça uma equação econômico-financeira a ser respeitada. Eventuais prejuízos provocados pela atividade de controle suscitam a aplicação da responsabilidade *extracontratual* do Estado	A concessão assegura a manutenção do equilíbrio econômico-financeiro (responsabilidade *contratual* do Poder Público)
O fundamento para o controle de preços é a repressão ao abuso do poder econômico (art. 174, § 4º, da CF). Não admite a fixação de políticas públicas por meio de planificação	As tarifas são fixadas para atendimento de uma política pública (art. 175, parágrafo único, III, da CF)

8. Elementos conceituais da tarifa nas concessões de serviços públicos

Como foi salientado no início do presente capítulo, o objetivo almejado com a análise dos elementos conceituais da tarifa oriunda da concessão de serviços públicos não é, pura e simplesmente, cunhar uma *definição* desse instituto jurídico. Busca-se, com esse esforço inicial,

da defesa do consumidor e da redução das desigualdades sociais, em conformidade com os ditames da justiça social, pode o Estado, por via legislativa, regular a política de preços de bens e serviços, abusivo que é o poder econômico que visa ao aumento arbitrário dos lucros".

O REGIME TARIFÁRIO NAS CONCESSÕES DE SERVIÇO PÚBLICO 65

propiciar a mais completa aproximação com o objeto do presente estudo.

Seguindo essa trilha, foram abordados temas que, se não dizem respeito a aspectos que integrariam uma definição do objeto "tarifa", certamente condizem com o esclarecimento de questões fundamentais à identificação e à validade desse instrumento de remuneração dos prestadores de serviços públicos.

Foi esclarecida, em primeiro lugar, a noção de serviço público que se mostra mais útil à identificação de um regime tarifário – qual seja, aquela baseada em critérios formais da caracterização da atividade (seu regime jurídico).

Depois, demonstrou-se a admissibilidade do regime tarifário na remuneração de serviços públicos, seguindo-se a exposição dos condicionamentos existentes para sua adoção. A discussão neste ponto envolveu basicamente a dúvida quanto à aplicabilidade do regime tarifário ou do regime tributário, a ser introduzido mediante a cobrança de taxas.

Fez-se menção ao debate doutrinário acerca da natureza jurídica da tarifa, se constituiria ela um aspecto contratual ou regulamentar da concessão de serviço público. Foi visto que, muito embora as tarifas façam parte da equação econômico-financeira das concessões, elas podem vir a ser alteradas unilateralmente pelo poder concedente, assumindo, por este prisma, caráter regulamentar, e não contratual.

Também ficou demonstrado que não apenas os usuários dos serviços podem arcar com a remuneração de concessionários. Admite-se a aplicação do sistema tarifário para a remuneração de serviços prestados a outros prestadores de serviços públicos, algo constatado nos serviços que sofrem um processo de desmembramento vertical – como o de energia elétrica, por exemplo, em que empresas distribuidoras de energia remuneram outras prestadoras responsáveis pela transmissão e produção da energia. Também é expressamente prevista em lei a possibilidade de outras fontes de receita para a empresa concessionária, que sejam oriundas de receitas alternativas, complementares, acessórias, de projetos associados ou até mesmo de subsídios estatais. Mais recentemente, a legislação (Lei 11.079/2004) admitiu que a própria Administração remunerasse o concessionário, nos casos de concessão administrativa ou patrocinada (modalidades de parceria público-privada).

Um derradeiro aspecto de grande relevância para a apreensão do conceito de tarifa foi demonstrado a partir da diferenciação desse instrumento de intervenção estatal com outro, que materialmente lhe é assemelhado: o controle de preços praticado na iniciativa privada. Neste ponto ficou marcado um dos traços característicos de maior relevância para o desenvolvimento do presente trabalho – qual seja, o de que a competência para fixação e regulação de tarifas diz respeito à instituição de uma política pública. Trata-se da regulação incidente sobre matéria que é própria da atuação estatal – os serviços públicos – e que, por isso, é mais propícia à sua intervenção, inclusive para a fixação de *políticas* relacionadas à prestação dos serviços públicos que por ela serão remunerados. É o que deixa claro o dispositivo constitucional que trata da matéria, ao mencionar a criação de uma *política tarifária* como tema a ser referido em lei que discipline o instituto das concessões (art. 175, parágrafo único, III).

Somados à simples (e correta, diga-se de passagem) definição de tarifa – segundo a qual ela constitui *a remuneração cobrada pela concessionária em virtude da prestação de serviços públicos* –, os elementos acima resumidos possibilitam uma aproximação mais detalhada com o que representa seu regime jurídico, bem como com as discussões jurídicas que o envolvem. Nesse sentido, tais elementos auxiliam na elucidação do *conceito* de tarifa nas concessões de serviços públicos. Instrumentalmente, para o presente trabalho, também cumprem a fundamental função de delimitar o objeto a ser estudado, servindo de base para o desenvolvimento dos tópicos que se seguem.

Sendo assim, a partir deste ponto, em que se dá por superada essa primeira fase de aproximação com o objeto do presente estudo, serão abordadas, topicamente, questões a respeito do regime jurídico tarifário das concessões de serviços públicos. Os temas serão divididos em três capítulos, matizados em função dos interesses de cada uma das partes afetadas com a concessão de serviço público. Assim, serão tratados assuntos relativos à atuação do poder concedente, no capítulo relativo à aplicação de uma política tarifária. Em seguida serão abordados temas de interesse direto e primordial dos usuários de serviços públicos, ou seja, dos sujeitos passivos diretos das tarifas. Posteriormente serão enfrentadas questões referentes aos reflexos contratuais da tarifa, principalmente aqueles atrelados ao equilíbrio econômico-financeiro das concessões; vertente que especialmente afeta as empresas concessionárias.

Capítulo II
POLÍTICA TARIFÁRIA

1. Introdução. 2. Parâmetros legais para a fixação de políticas tarifárias: 2.1 A exigência de lei para fixar políticas tarifárias – 2.2 A fixação de políticas na legislação geral e na legislação específica – 2.3 Definições de política tarifária na Lei 8.987/1995: 2.3.1 Modicidade das tarifas – 2.3.2 Fixação do valor da tarifa – 2.3.3 Possibilidade de diferenciação de tarifas. 3. Instrumentos de políticas tarifárias: 3.1 Subsídio cruzado: 3.1.1 Quando o subsídio cruzado é determinado pela regulamentação – 3.1.2 A proibição do subsídio cruzado – 3.2 A tarifa como instrumento de racionalização e contenção do uso do serviço público – 3.3 Flexibilidade na política tarifária: 3.3.1 O regime da "liberdade tarifária" – 3.3.2 Tarifa-teto ("price cap") – 3.3.3 Cesta tarifária. 4. A política tarifária e o controle jurisdicional das tarifas: 4.1 Controle formal – 4.2 O controle de conteúdo (confrontação de políticas tarifárias com princípios gerais de Direito).

1. Introdução

A Constituição de 1988 deixou marcado um importante traço do regime tarifário nas concessões de serviços públicos: o de que ele constitui um instrumento de política pública. Este aspecto muitas vezes ocupa um segundo plano no debate jurídico, em face do relevo e das discussões travadas em torno da relação "poder concedente *vs.* concessionário de serviço público". O que chama mais a atenção dos aplicadores e estudiosos do Direito a respeito do tema das tarifas é sua repercussão em relação aos indivíduos diretamente envolvidos na prestação de serviços públicos. Nesta linha, são discutidos os direitos dos usuários e dos concessionários de serviços públicos.

A fixação de tarifas, todavia, supera a composição de interesses entre usuários e prestadores de serviços públicos. O poder concedente,

68 TARIFA NAS CONCESSÕES

além de intermediar esta constante tensão de interesses, tem como atribuição instituir, por intermédio do regime jurídico tarifário, uma política pública para o serviço em questão.

Esta característica é fundamental para que se tenha uma completa visão acerca dos mais relevantes aspectos levados em conta na fixação de tarifas. Daí também decorre uma importante e inevitável constatação: diante da existência de um forte contorno político na elaboração de um regime jurídico tarifário, parece inviável buscar um critério *a priori* para nortear a fixação de tarifas. Seria simplista defender que a fixação de tarifas devesse tão-somente refletir os custos da prestação do serviço, acrescidos de um adicional correspondente à remuneração do prestador do serviço. A escolha do regime tarifário a ser adotado depende de uma decisão política; não é mera aplicação de dados objetivos, que visem unicamente à fixação de um preço justo para a prestação de dado serviço. A tarifa, portanto, não é mero elemento comercial da prestação de serviço público. É, antes disso, um fundamental instrumento de implementação de políticas públicas.

Neste capítulo buscaremos identificar os contornos jurídicos que fundamentam e limitam a aplicação desta competência estatal.

2. Parâmetros legais para a fixação de políticas tarifárias

2.1 A exigência de lei para fixar políticas tarifárias

O primeiro ponto a analisar quando se fala em política tarifária diz respeito ao instrumento jurídico que seja apto a fixá-la. A fixação de uma diretriz política em matéria de regime tarifário pode ser implementada por ato administrativo ou depende, necessariamente, de decisão legislativa?

Importante destacar, desde logo, que essa discussão não pretende mitigar a aplicação do princípio da legalidade na atuação administrativa. Acontece que, mesmo submetendo-se a tal princípio, não se pode negar que, em relação a determinadas decisões, é factível a existência de maior margem de decisão por parte da autoridade administrativa. São temas em que a lei pode perfeitamente atribuir ao administrador a escolha entre várias opções possíveis. Tal margem de liberdade é maior, como se sabe, nos temas próprios à esfera de atuação da Administração Pública. Como exemplos de competências que comportam maior participação da autoridade administrativa na tomada de decisões estão as matérias de organização do pessoal, as matérias concernentes à gestão do patrimônio

POLÍTICA TARIFÁRIA 69

público e – no ponto que mais diretamente influencia nosso estudo – a prestação de serviços públicos. Em tais casos, as decisões administrativas têm aplicação imediata sobre agentes e particulares que, de algum modo, se submeteram a relações jurídicas de caráter especial; ou seja, são decisões que afetam sujeitos especialmente vinculados ao Poder Público. Nesta categoria figuram servidores públicos, usuários de bens e serviços públicos.

Nesta esfera de atuação estatal é absolutamente factível que a lei atribua ao administrador a tomada de determinadas decisões, como legítimo exercício de competência discricionária. Não há espaço para atuação administrativa com tal amplitude, por outro lado, em matérias cujo tratamento a Constituição reservou exclusivamente à lei.

É o caso da criação de tributos. Assim, comparando a matéria tarifária com a instituição de tributos, é possível apontar que a exigência de decisão legislativa direta é maior no segundo caso (dos tributos) que no primeiro (das tarifas). No regime tarifário é perfeitamente admitido que a lei atribua competências para a Administração definir a tarifa a ser cobrada, enquanto no regime tributário as questões essenciais relativas à instituição do tributo hão de ser fixadas na própria lei. Para citar apenas o exemplo mais evidente desta diferença de regime jurídico, tomemos o *valor* a ser cobrado no âmbito tributário e no tarifário. O valor dos tributos, por imposição constitucional, deve ser majorado por lei. Nas tarifas é perfeitamente possível que a definição do valor venha a ser tomada no âmbito administrativo, podendo, inclusive, nos termos previstos na Lei 8.987/1995, chegar a ser fixado com base em propostas formuladas pelos interessados no cerne de um processo licitatório (art. 9º).[1]

A decisão a respeito da instituição de política tarifária, no entanto, mereceu tratamento específico do legislador constitucional. Muito embora não seja possível supor uma previsão de legalidade restrita a esse respeito – a exemplo do que ocorre noutras matérias (como no campo tributário e penal) –, houve a expressa previsão de que referido tema ha-

1. A diferença de rigor entre a legalidade tributária e a observância ao princípio exigida em relação a preços públicos (tarifas) também é notada no Direito Espanhol. Confira-se, por todos, Javier Martín Fernández: "Com relação aos preços públicos, esta colaboração [*dos regulamentos*] pode ser intensa na hora de fixar as quantias ou os demais elementos relacionados com as circunstâncias específicas dos serviços ou atividades". Em Espanhol: "Con relación a los precios públicos, esta colaboración puede ser intensa a la hora de fijar las cuantías o los demás elementos relacionados con las circunstancias específicas de los servicios o actividades" ("Los precios públicos y el principio de reserva de ley", *Revista de Derecho Financiero y Hacienda Pública* 244/388).

veria de ser objeto de disposição legal. É o que se encontra no art. 175, parágrafo único, III, da CF, de acordo com o qual "a lei disporá sobre: (...) III – política tarifária".

Em virtude desta regra constitucional, o legislador não pode deixar exclusivamente para o campo da decisão administrativa a fixação de uma *política* em matéria tarifária. A previsão da política a ser perseguida deve estar contida no próprio texto legislativo. Quando muito, será possível que o legislador delegue à função administrativa a escolha de uma entre muitas políticas previamente autorizadas, ou lhe atribua a fixação de mecanismos específicos para o atendimento das metas já definidas na própria lei.

Vejamos, pois, como o legislador atua na definição dessas políticas e qual o campo legitimamente próprio para a atuação da Administração.

2.2 A fixação de políticas na legislação geral e na legislação específica

O estabelecimento de uma política em matéria tarifária implica, por óbvio, a tomada de decisões que afetam diretamente a própria oferta de serviço público. Ou seja, a estruturação do modo de cobrança pelo serviço pode vir a influenciar diversos aspectos da política pública relativa ao serviço em si.

Para economizar um dado recurso escasso, por exemplo, é possível que o Poder Público estabeleça como política tarifária cobrar mais do usuário na medida em que este aumente o consumo do serviço (política factível em serviços como o de abastecimento de água ou de energia elétrica).

Há, portanto, uma inegável imbricação entre o estabelecimento de uma política tarifária e a própria instituição de políticas e regulamentação do serviço público em si. Em face de tal característica, não é possível afastar a competência das entidades titulares dos serviços públicos para fixarem, por lei, a própria política de tarifas. O titular do serviço de transporte coletivo, do de saneamento, do serviço funerário, e assim por diante, também será o principal responsável para estabelecer legislativamente a política a ser implantada em relação à forma de cobrança pelo serviço. Do mesmo modo a União, em relação a cada um dos serviços dos quais é a titular, poderá exercer autonomamente, em relação a cada um deles, a competência para fixar políticas sobre tarifas.

POLÍTICA TARIFÁRIA 71

São estes entes – titulares dos serviços – que detêm a competência, inclusive, para definir se o modo de cobrança seguirá o modelo tributário, das taxas, ou se será o regime jurídico administrativo, das tarifas. A legislação geral existente sobre a matéria – no caso, a lei sobre concessões de serviços públicos: Lei 8.987/1995 – não tem o condão de suprimir este atributo. O legislador nacional não pode, a pretexto de editar normas gerais em matéria tarifária, excluir a competência do titular do serviço para fixar suas próprias políticas. O legislador nacional recebeu competência da Constituição para disciplinar aspectos da relação contratual entre o poder concedente e os concessionários (art. 22, XXVII), e não a de fixar, ele próprio, as políticas que serão implementadas em relação a todos os serviços públicos que, pela divisão constitucional de competências, foram atribuídos a diferentes entes federativos.

De fato, a Lei 8.987/1995 não assumiu qualquer caráter restritivo em matéria de política tarifária que tenha reflexo direto na prestação do serviço público em si. As normas que se concentram no capítulo da lei destinado a tratar do tema são, em sua maior parte, referentes à relação "poder concedente vs. concessionário". Não configuram, por assim dizer, normas de política pública em sentido próprio. Dizem respeito aos parâmetros gerais que devem ser seguidos no relacionamento econômico derivado do contrato de concessão. Em suma, não houve previsão de diretrizes políticas em matéria de tarifa que viessem a impor ou limitar a instituição de políticas públicas pelo titular do serviço.

É possível afirmar, ao contrário, que as normas existentes com repercussão efetiva sobre política tarifária têm caráter notadamente autorizativo, sendo aptas a justificar a implementação de alguns instrumentos de política tarifária, com base diretamente nas normas gerais previstas na Lei 8.987/1995. Todavia, não se vê, como foi dito, a imposição de restrições ao legislador dos titulares dos serviços públicos.

Tais normas foram introduzidas no ordenamento jurídico pelo legislador nacional com base em competências outras que não a de disciplinar matéria inerente aos serviços públicos. Justifica-se juridicamente a criação destas regras, de um lado, na própria competência para disciplinar a relação contratual da concessão. São normas de cunho contratual que, de modo reflexo, acabam por autorizar a adoção de uma dada política tarifária. É o caso, por exemplo, da opção oferecida pela Lei 8.987/1995 entre fixar a tarifa com base na oferta vencedora do certame (art. 9º) ou reservar tal competência ao próprio poder concedente (art. 15, IV). Diretrizes úteis à adoção de políticas públicas também derivam do exercício, pelo legislador nacional, da competência geral para fixar

72   TARIFA NAS CONCESSÕES

normas de proteção aos consumidores (no caso, aos usuários de serviço público). É o que se percebe na instituição do princípio da modicidade das tarifas e na disciplina do tratamento tarifário diferenciado a usuários (art. 13 da Lei 8.987/1995). Vejamos, para demonstrar o afirmado, as normas da Lei 8.987/1995 que podem ser consideradas de política tarifária em sentido próprio.

2.3 Definições de política tarifária na Lei 8.987/1995

A Lei 8.987/1995 fixa normas gerais em matéria de concessões e permissões de serviços públicos. Em vista de seu escopo genérico, não seria viável nem factível que a citada lei estabelecesse regras mais detalhadas a respeito de temas que, em função das peculiaridades de cada serviço, pudessem apresentar necessidade de tratamento diverso.

Além da inviabilidade prática, o tratamento mais detalhado a respeito do regime jurídico da prestação de serviços públicos mediante concessão poderia esbarrar em obstáculo de índole estritamente jurídica: o conflito de competência legislativa entre a União e os demais entes federativos, titulares de serviços públicos.

Estados e Municípios (e a própria União, quando tratar dos serviços específicos que lhe são submetidos) têm a atribuição de definir as balizas jurídicas para o desenvolvimento do serviço sobre o qual detêm competência. Especificar políticas públicas, a pretexto de editar normas gerais em matéria de concessões, seria, sob essa vertente, providência inválida, por violação de competência legislativa fixada constitucionalmente.

O Capítulo IV da lei, destinado ao tema da "política tarifária", não invade esta competência própria das entidades titulares de serviços públicos. O tratamento legislativo conferido ao tema restringe-se, basicamente, a aspectos econômico-contratuais envolvendo poder concedente e concessionário (tema que será versado com detalhe em capítulo próximo). Algumas diretrizes que podem servir de fundamento para a adoção de políticas públicas em matéria tarifária foram previstas na lei. Constituem, na verdade, autorização legislativa geral para que, na ausência de lei específica que trate do tema, a Administração possa vir a adotar uma série de medidas em relação ao regime tarifário dos serviços públicos. Vejamos quais são as mais importantes.

2.3.1 Modicidade das tarifas

Uma das principais diretrizes em matéria de política tarifária foi fixada no momento em que a Lei 8.987/1995 definiu o conceito de *serviço*

POLÍTICA TARIFÁRIA 73

adequado, um dos direitos básicos conferidos aos usuários de serviços públicos. Trata-se do princípio da *modicidade das tarifas*. De acordo com o art. 6º, § 1º, *serviço público adequado* é aquele que satisfaz, entre outros requisitos, ao de modicidade das tarifas. Constitui, por força do art. 7º, I da mesma lei, um direito dos usuários de serviços públicos.

Não há dúvida de que tal prescrição afeta diretamente a política a ser implementada em matéria tarifária. A questão é a de saber *como* seus reflexos são absorvidos na fixação de uma política tarifária para determinado serviço público.

Normalmente se dá destaque à função, por assim dizer, inibidora do princípio, no sentido de que, ao estipular a necessidade de cobrança de tarifas módicas, constituiu uma barreira à instituição de valores que onerem em demasia o usuário de serviço público. Esta é uma das conseqüências relevantes produzidas por esta norma (tanto que será objeto de tratamento específico no último tópico deste capítulo), mas não é a única.

Ao conferir ao usuário de serviço público o direito de pagar tarifas módicas, a lei, de modo indireto, acaba autorizando ao poder concedente que adote modelos tarifários que viabilizem o atingimento deste fim. Noutras palavras, para garantir a modicidade de tarifas é possível que o poder concedente lance mão de diversos instrumentos de *política tarifária*. Para tanto, não se faz necessário buscar respaldo em legislação específica. A autorização legislativa para a adoção de medidas de política tarifária – indispensável, nos termos do art. 175, parágrafo único, III, da CF – é obtida, em casos tais, a partir do princípio da modicidade das tarifas, presente na Lei 8.987/1995.

Neste sentido, o princípio da modicidade das tarifas, ao invés de servir como um inibidor da atuação administrativa, acaba funcionando como fundamento legal para justificar a implementação de determinados instrumentos de política tarifária. Se for para conferir o direito à fruição dos serviços públicos a tarifas módicas, o poder concedente contará com autorização legislativa (proveniente da Lei 8.987/1995) para instituir modelos de política tarifária.

Seria o caso da prática de subsídios cruzados. Trata-se, sem dúvida, de um instrumento de política tarifária. Sua aplicação, no entanto, independe de previsão em lei específica desde que, como normalmente ocorre, sua aplicação se dê para fins de proporcionar a determinadas categorias de usuários o acesso ao serviço a tarifas mais baixas.

É o que ocorreria, por exemplo, na hipótese de adoção de tarifa única para o serviço de transporte coletivo, independentemente do trecho percorrido pelo usuário. Num sistema como esse, a tarifa cobrada do usuário que percorre um trecho menor estaria subsidiando a tarifa cobrada do usuário que usa o serviço em longas distâncias. A intenção de tal regime seria a de equilibrar o valor cobrado de todos os usuários, de modo a que todos tivessem acesso ao serviço a valores módicos ou razoáveis. Se a cobrança fosse proporcional ao custo pela prestação do serviço – sem que houvesse a prática de subsídio cruzado –, provavelmente o usuário mais carente, que precisa do serviço para vencer longas distâncias, seria obrigado a pagar uma tarifa alta. A política tarifária referente à instituição de subsídio cruzado entre usuários justifica-se, em tal hipótese, independentemente da existência de autorização legislativa específica, pois já obtém a base legal exigida pela Constituição por força da aplicação do princípio da modicidade das tarifas, encampado pela Lei 8.987/1995.

2.3.2 Fixação do valor da tarifa

Muito embora faça parte do contrato e constitua um dos mais importantes elementos de sua equação econômico-financeira, o valor da tarifa, conforme demonstrado no capítulo anterior, constitui uma cláusula regulamentar da avença. Ou seja, trata-se de um dos vários elementos que podem ser alterados unilateralmente pelo poder concedente, em função do exercício de seu poder regulamentar, decorrente da titularidade do serviço público concedido. Isto, porém, não significa dizer que o modo de fixação desses valores não deva obedecer a determinados parâmetros. Tais diretrizes existem e foram postas na Lei 8.987/1995, conforme se verá.

O primeiro aspecto relevante diz respeito ao momento em que deve ser feita a fixação do valor da tarifa. É uma regra inafastável que esta definição conste do termo contratual (art. 23, III). A razão de ser desta exigência é óbvia. Mesmo sendo cláusula regulamentar, que pode vir a ser alterada unilateralmente pela Administração, o valor da tarifa é um elemento fundamental para que se determine o equilíbrio econômico-financeiro do contrato – este, sim, ponto de natureza contratual, passível de alteração somente por meio de acordo entre as partes. Desta forma, seria impossível celebrar um contrato sem que já houvesse a definição do principal elemento formador do equilíbrio.

A legislação também prevê variações importantes quanto ao *modo* de fixação das tarifas. Cada uma delas representa uma vertente que pode vir a ser adotada quanto ao regime tarifário.

POLÍTICA TARIFÁRIA 75

De uma maneira geral, conforme aponta o art. 9º da Lei 8.987/1995, o valor da tarifa é determinado em função da proposta vencedora do certame para a outorga da concessão. Nestes casos, a lei admite a adoção de diversos critérios de julgamento nos quais o valor da tarifa aparece como variável relevante para a definição da proposta vencedora.

Numa das hipóteses admitidas, o julgamento é feito em função do mais baixo valor proposto para a tarifa. Aquele que oferecer a menor tarifa, assumindo o compromisso de cumprir as obrigações inerentes à prestação do serviço, tal qual disciplinado no edital, contrato e normas regulamentares aplicáveis, sagra-se vencedor do certame. Neste caso, credita-se à disputa entre os interessados em assumir a concessão o atributo de conferir aos usuários a menor tarifa possível.

Também existem critérios de julgamento em que o menor valor oferecido como tarifa influencia na escolha do vencedor mas não constitui o critério exclusivo de julgamento. Nestas outras hipóteses o critério "menor tarifa" pode ser conjugado com outros critérios adotados na legislação, como o da maior oferta pela outorga da concessão (art. 15, III) e o da melhor técnica (art. 15, V).

Contrariando a conclusão a que se chegaria com a leitura isolada do art. 9º da Lei 8.987/1995, há também situações em que o valor da tarifa não é extraído com base em oferta feita pelo licitante vencedor. São casos em que a própria lei autoriza a adoção de critérios de julgamento que não levam em conta este elemento (o valor da tarifa). Nesta linha, há espaço para que se adote como critério de julgamento a maior oferta pela outorga de concessão (art. 15, II), a melhor proposta técnica (art. 15, IV), a combinação entre esses dois critérios (art. 15, VI) e, ainda, a melhor oferta, após uma qualificação de propostas técnicas (art. 15, VII).[2]

2. A adoção de critérios de julgamento em que o Poder Público adota uma espécie de leilão para a escolha do concessionário – isto é, de uma fórmula em que vence a disputa quem se dispuser a pagar mais pela outorga do serviço – pode significar um risco à observância do princípio da modicidade das tarifas. Ao cobrar pela outorga, o Poder Público aumenta os custos que o concessionário terá para prestar o serviço delegado. Como conseqüência, a tarifa há de ser maior neste sistema que nos tradicionais, em que não se faz a cobrança. A instituição de cobrança pela outorga é justificada como meio de exigir uma contraprestação imediata do empresário pela infra-estrutura já existente (rodovias, redes de telecomunicações, usinas hidroelétricas, por exemplo) ou pela oportunidade de explorar um empreendimento de alta rentabilidade (como os serviços de telefonia móvel). É inegável, porém, seu impacto nas tarifas. Para que não haja burla ao princípio, deve-se somar à cobrança pela outorga um eficiente regime tarifário, em que o poder concedente assegure um limite razoável de transferência desses custos à tarifa. Uma das alternativas possíveis é o poder concedente fixar um limite máximo de tarifa a ser cobrado no momento

Em resumo, a Lei Geral de Concessões (Lei 8.987/1995) traz as seguintes diretrizes para a fixação do valor da tarifa: (a) a necessidade de inclusão no termo contratual, mesmo admitindo-se sua alteração unilateral; (b) possibilidade de fixação da tarifa com base em proposta lançada pelo licitante vencedor do certame; e (c) também admite a fixação da tarifa pelo próprio poder concedente.

2.3.3 *Possibilidade de diferenciação de tarifas*

Outra regra geral prevista para a fixação de tarifas diz respeito à observância do princípio da isonomia. Este princípio é de aplicação generalizada no Direito Brasileiro, sendo exigível não só da atuação da Administração Pública (mas especialmente desta)[3] como, também, da de particulares (mesmo que no exercício de atividades econômicas).[4]

Neste contexto, seria até rebarbativo afirmar que a instituição e a cobrança de tarifas, condição necessária à fruição de serviços públicos por parte dos usuários, não admitem o tratamento diferenciado entre

da licitação ou, mesmo, sopesar este critério da melhor oferta com o da menor tarifa (hipótese aventada no inciso III do art. 15).

3. A observância geral do princípio da isonomia deriva do disposto no *caput* do art. 5º da CF: "Todos são iguais perante a lei, sem distinção de qualquer natureza, garantindo-se aos brasileiros e aos estrangeiros residentes no país a inviolabilidade do direito à vida, à liberdade, à igualdade, à segurança e à propriedade, nos termos seguintes: (...)". Em especial no trato com a coisa pública, é inevitável que se proceda com igualdade perante os administrados – o que se reflete na previsão expressa do princípio da impessoalidade para nortear a atuação da Administração Pública como um todo (art. 37, *caput*).

4. No campo privado, por óbvio, há margem para a tomada de decisões que visem primordialmente a atender à vontade do particular (princípio da autonomia da vontade), ao invés de assegurar o tratamento isonômico entre as pessoas. Seria o caso, por exemplo, da nomeação de parente próximo para o exercício de cargo de direção em empresa familiar, em detrimento dos funcionários de carreira da empresa. O tratamento conferido ao parente, muito embora tenha sido diferenciado e arrimado em aspectos pessoais, não é ilícito, por se tratar de matéria reservada à livre disposição do particular controlador da empresa. No entanto, mesmo na esfera privada algumas decisões são condicionadas em função do dever de obediência ao mandamento da igualdade. Assim é em matéria de salários, de exercício de funções e de critério de admissão e demissão de funcionários, em que a Constituição expressamente proíbe o tratamento discriminatório por motivo de sexo, idade, cor ou estado civil (art. 7º, XXX). Do mesmo modo ocorre quando a empresa atua na oferta de produtos ou serviços para o público em geral. Em tal atividade, por força de lei que aplica o princípio constitucional da igualdade, não é possível recusar o atendimento a consumidores sem justificativa plausível (art. 39, II e IX, do CDC, Lei 8.078/1990).

POLÍTICA TARIFÁRIA 77

usuários. O dever de obediência ao princípio da igualdade está arraigado na atividade administrativa em geral, e não poderia ser diferente em matéria de prestação de serviço público, mesmo quando realizada por particulares em regime de concessão.

No entanto, a aplicação do princípio da isonomia, como se sabe, não é absoluta. É imemorial a ponderação segundo a qual obedecer ao princípio da igualdade impõe um tratamento igualitário entre os iguais, mas também o estabelecimento de diferenças entre os que apresentem condições diferentes.[5] A ressalva, como não poderia deixar de ser, também é válida em matéria tarifária.

Para evitar dúvidas a respeito desta aplicação ponderada do princípio da isonomia, o legislador expressamente autorizou o tratamento diferenciado em relação a determinadas situações. Confira-se o que dispõe a Lei 8.987/1995: "Art. 13. As tarifas poderão ser diferenciadas em função das características técnicas e dos custos específicos provenientes do atendimento aos distintos segmentos de usuários".

Com tal regra há o reconhecimento (implícito) do dever de obediência ao princípio da isonomia. A autorização para impor tratamento tarifário diferenciado resume-se a hipóteses em que, por causa de situações objetivamente distintas, esta diferenciação é justificável. Apenas quando houver características técnicas e custos específicos diferenciados entre segmentos de usuário é que a lei autoriza, *a priori*, a adoção de diferença no regime tarifário. Com essa justificativa concreta ao tratamento diferenciado não há que se falar em rompimento com o princípio da isonomia. Há, sim, obediência ao preceito, uma vez que a diferença se estabelece entre diferentes. Noutras hipóteses, contudo, a regra a ser adotada é a da unicidade de regime tarifário entre os usuários.

Ao autorizar o tratamento diferenciado nas situações acima descritas, baseando-se rigorosamente em critérios técnico-econômicos, a Lei 8.987/1995 mais uma vez respeitou o campo do legislador específico. Não houve, com a autorização geral, qualquer intromissão na adoção de políticas públicas em matéria tarifária. Este tema, adequadamente, restou reservado para a legislação específica a ser editada pelo ente titular do serviço público.

De fato, a Lei 8.987/1995 não impediu que novos critérios para diferenciação de tratamento tarifário fossem autorizados em legislação específica de cada serviço. Houve apenas a explicitação de situações que,

5. Conferir Celso Antônio Bandeira de Mello, *O Conteúdo Jurídico do Princípio da Igualdade*, 3ª ed., 16ª tir., p. 10.

78 TARIFA NAS CONCESSÕES

devido a razões técnicas ou econômicas, de antemão já justificariam o tratamento diferenciado, sem que houvesse ofensa ao princípio da isonomia ou intromissão indevida na competência legislativa do titular do serviço. A lei, porém, não restringiu a criação de novas diferenças além daquelas duas hipóteses indicadas em seu art. 13.

É perfeitamente possível que, por força de lei que trate especificamente de um serviço, outros critérios de diferenciação sejam lançados. Pode ser estabelecido tratamento tarifário diferenciado apenas para determinadas categorias de usuários, buscando-se, com isso, o atendimento de uma política pública. Assim ocorre quando na legislação de regência de um dado serviço (como o de transporte coletivo de passageiros) é conferida gratuidade ou regime diferenciado a pessoas acima de determinada idade, a desempregados, a estudantes etc.

A diferenciação não ocorre por força de razões técnicas ou de custo do serviço, mas em função da implementação de uma dada política pública. Tal tratamento, desde que seja para o atendimento de um fim público (assim como a proteção ao idoso, a busca do pleno emprego e o incentivo à educação), não fere o princípio da isonomia. Havendo um nexo lógico entre a diferenciação tarifária estabelecida e o fim de interesse público perseguido, não haverá ofensa ao princípio da isonomia, e sim instituição legítima de uma política pública por meio do regime tarifário.[6]

3. Instrumentos de políticas tarifárias

São inúmeros os objetivos que podem vir a ser perseguidos por meio da instituição de uma dada política tarifária. É possível que, por meio de uma redução artificial dos valores cobrados, se busque o controle inflacionário; tarifas módicas para categorias carentes podem ser conseguidas à custa da cobrança de valores mais altos de outros usuários; a contenção de gasto de um recurso escasso pode ser perseguida por meio do aumento de tarifas; inclusão social; incentivo à cultura, ao trabalho, ao lazer – enfim, um sem-número de objetivos podem ser legitimamente buscados ao se disciplinar o regime tarifário de determinado serviço público.

6. Neste sentido é a explicação de Celso Antônio Bandeira de Mello: "Em síntese: a lei não pode conceder tratamento específico, vantajoso ou desvantajoso, em atenção a traços e circunstâncias peculiarizadoras de uma categoria de indivíduos se não houver adequação racional entre o elemento diferencial e o regime dispensado aos que se inserem na categoria diferençada" (*O Conteúdo Jurídico do Princípio da Igualdade*, 3ª ed., 16ª tir., p. 39).

POLÍTICA TARIFÁRIA 79

Ao invés de arrolar ou analisar o maior número de objetivos deste universo aberto – o que acabaria representando um estudo sobre políticas públicas, e não, rigorosamente, uma pesquisa sobre tarifas –, analisaremos neste tópico tão-somente os principais instrumentos que podem ser empregados pelo Estado para instituir suas políticas em matéria tarifária.

3.1 Subsídio cruzado

A prática de subsídio cruzado é uma das mais claras maneiras de se implementar política pública em matéria tarifária. Como se sabe, o subsídio cruzado consiste na transferência de recursos obtidos num determinado segmento para outro, a fim de que o segmento beneficiado possa pagar valores mais baixos.

Isoladamente considerada, essa prática representa uma distorção dos elementos econômicos envolvidos na prestação de um dado serviço público. A remuneração cobrada em cada segmento envolvido é, por assim dizer, alterada artificialmente em virtude do subsídio. No segmento do qual se extrai o subsídio o valor cobrado é superior ao necessário, pois, além dos custos e da remuneração do prestador do serviço, há a parcela referente à transferência de recursos; o segmento beneficiado, por sua vez, pratica valores aquém do necessário para compensar os custos e a remuneração do operador, uma vez que tem sua equação econômica favorecida com o montante recebido.

Este instrumento não é, por si só, uma providência benéfica ou nociva ao interesse público. Seu emprego dependerá das circunstâncias específicas de prestação do serviço público. A variação de disciplina jurídica sobre a matéria demonstra como este mesmo instrumento – o subsídio cruzado – pode cumprir papéis opostos. É o que veremos a seguir.

3.1.1 Quando o subsídio cruzado é determinado pela regulamentação

A prática de subsídio cruzado entre segmentos de usuários é, na maioria das situações, um efeito buscado pela regulamentação. Pretende-se, por intermédio deste instrumento, assegurar o acesso do maior número de pessoas ao serviço público.

É fácil compreender a fórmula empregada para a adoção do modelo e sua justificativa. Não raras vezes variam os custos necessários para pôr serviços públicos à disposição dos diversos segmentos de usuários. Para atender a usuários de grandes centros urbanos, por exemplo, normalmente se despende um valor proporcionalmente menor que o necessário

80 TARIFA NAS CONCESSÕES

para o atendimento de usuários da zona rural ou habitantes de pequenas cidades. Nas grandes cidades os altos custos da prestação de serviço são diluídos entre centenas de milhares ou milhões de usuários; de outro lado, o investimento para levar a infra-estrutura necessária à prestação do serviço público a localidades distantes tornaria inviável seu custeio exclusivamente por meio de tarifas cobradas diretamente dos seus beneficiários.

Para que, apesar do alto custo, o serviço considerado essencial seja levado a todos os potenciais usuários a valores acessíveis (atendendo, portanto, ao princípio da modicidade das tarifas), torna-se necessária uma intervenção do poder concedente no sentido de viabilizar economicamente a oferta do serviço.

O subsídio cruzado, nesta linha, é empregado como mecanismo para viabilizar o atendimento da política pública que visa à *universalização* do serviço, isto é, que busca torná-lo acessível ao maior número possível de usuários.[7] Para tanto, os usuários da categoria de custo menor acabam suportando um ônus financeiro maior que o necessário para que, com a sobra de recursos proporcionada, seja possível financiar a prestação do serviço a tarifas módicas para outras categorias de usuários.

São vários os exemplos desta prática. As tarifas cobradas de usuários urbanos do serviço de energia elétrica em diversos sistemas jurídicos são destinadas a subsidiar a eletrificação rural.[8] No Brasil, antes da

7. Para chegar a tal objetivo, além do emprego do subsídio cruzado, seria possível que o poder concedente custeasse o investimento necessário ao atendimento da parcela dos usuários que não fosse economicamente sustentável com recursos orçamentários.

8. Como lembra Francisco José Villar Rojas, a fixação de uma tarifa única do serviço pode caracterizar a prática de subsídios cruzados: "Falar de tarifa única significa admitir que alguns usuários paguem tarifas não ajustadas aos custos reais, tanto se são superiores como se são inferiores àqueles. É evidente que o fornecimento de eletricidade é mais oneroso numas zonas que em outras, tanto em termos econômicos (fornecimento em territórios extrapeninsulares) como geográficos (o fornecimento é menos oneroso nas zonas próximas às centrais de produção elétrica). O mesmo e pode dizer do fornecimento de combustíveis gasosos e de qualquer outra atividade, como os serviços postais não-reservados, sujeita a tarifa uniforme em todo o território nacional. Trata-se de um procedimento que responde à vontade de assegurar o equilíbrio interterritorial e a coesão econômica e social nas atividades indispensáveis para os cidadãos, que não pugna com o princípio da equivalência". No original: "Hablar de tarifa única significa admitir que algunos usuarios paguen tarifas no ajustadas a costes reales, tanto si son superiores como si son inferiores a aquellos. Es evidente que el suministo de electricidad es más gravoso en unas zonas que en otras, tanto en términos económicos (suministros en territorios extrapenin-

POLÍTICA TARIFÁRIA   81

desestatização do setor de telecomunicações, os usuários da telefonia de longa distância (chamadas interurbanas) eram os responsáveis diretos pelo subsídio ao baixo valor cobrado da telefonia local (pelo pulso e pela assinatura do serviço). No transporte coletivo de passageiros, os usuários dos subúrbios distantes pagam tarifas iguais aos usuários das regiões centrais, muito embora os custos para a prestação dos serviços a estes últimos sejam consideravelmente maiores. E assim por diante.

A prática de subsídios cruzados era, e continua sendo, um dos mais importantes fundamentos para justificar a manutenção – e, em alguns casos, a criação – de monopólios para a prestação de serviços públicos.[9] O argumento empregado é o de que somente com o monopólio da exploração econômica dos vários segmentos do serviço público seria possível conseguir oferecê-lo quando a exploração econômica autônoma fosse inviável. Somente um explorador em regime de monopólio poderia transferir os ganhos obtidos num dado segmento para outros, que fossem deficitários.

Para buscar o objetivo acima descrito – de equalização das tarifas, independentemente dos custos reais proporcionados pelos diferentes segmentos de usuários –, o subsídio cruzado foi, e continua sendo, um dos importantes instrumentos de realização de política tarifária.

3.1.2   A proibição do subsídio cruzado

Nos anos 80 do século passado iniciou-se um movimento, que ganhou força em todo o mundo ocidental na década seguinte, por meio do

sulares) como geográficos (el suministro es menos costoso a las zonas próximas a las centrales de producción eléctrica). Lo mismo puede decirse del suministro de combustibles gaseosos y de cualquier otra actividad, como los servicios postales no-reservados, sujeta a la tarifa uniforme en todo el territorio nacional. Se trata de un mandato que responde a la voluntad de asegurar el equilibrio interterritorial y la cohesión económica y social en actividades indispensables para los ciudadanos, que no pugna con el principio de equivalencia" (*Tarifas, Tasas, Peajes y Precios Administrativos – Estudio de su Naturaleza y Régimen Jurídico*, pp. 174-175).

9. Parte da doutrina brasileira reserva a expressão "monopólio" para as atividades econômicas, considerando-a inadequada para adjetivar serviços públicos. Prefere, para estes últimos, o emprego da expressão "exclusividade" (é o caso, por exemplo, do professor Geraldo Ataliba, parecer in *RDP* 92/82). Optamos por utilizar "monopólio" por expressar melhor uma contraposição ao regime concorrencial. Vale ressaltar que a adoção desta expressão em matéria de serviço público não é inovadora. A doutrina mais tradicional, inclusive a francesa – responsável pela criação da idéia de serviço público –, também emprega "monopólio" para designar os serviços públicos que não se sujeitam a concorrência (neste sentido, cf. Gaston Jèze, *Les Contrats Administratifs*, pp. 89 e ss.).

82 TARIFA NAS CONCESSÕES

qual se buscou introduzir a competição na prestação de serviços públicos tradicionalmente explorados em regime de monopólio. Exemplos marcantes de setores que passaram por tais transformações são os de telecomunicações, energia elétrica e, em alguns países, o setor postal. Para viabilizar a referida transformação, no entanto, um dos requisitos necessários foi justamente a eliminação do sistema de subsídios cruzados, presente em quase todos os serviços atingidos pelas reformas.

A adoção do regime concorrencial depende da criação de condições econômicas equânimes entre os competidores. Sendo assim, não teria cabimento a manutenção de custos adicionais para determinados segmentos de serviços, justamente os quais, em virtude de suas características, apresentam viabilidade para exploração econômica (suportando a competição). Tal circunstância fez com que em determinados setores a prática viesse a ser abandonada como política de regime tarifário.[10]

A universalização dos serviços nos setores que experimentaram esta mudança de regime jurídico passou a ser atendida por meio de recursos do próprio orçamento governamental ou por meio de fundos setoriais, cuja manutenção recai sobre todos os agentes do mercado.

A prática de subsídio cruzado em ambientes competitivos, por outro lado, também é coibida, para que se evite a concorrência desleal entre os prestadores de serviços. O agente que ocupasse posição mais forte no

10. Foi o que ocorreu, por exemplo, no setor de telecomunicações no Brasil. A Lei Geral de Telecomunicações (Lei 9.472, de 16.7.1997), que instituiu um novo marco regulatório para o setor, vedou expressamente a prática de subsídios cruzados entre serviços. De um lado, considerou-a conduta anticoncorrencial, proibindo-a *a priori* como conduta empresarial das operadoras daquele setor; de outro, a excluiu como fonte de recurso para a universalização de serviços. Confiram-se, neste sentido, os arts. 70, I, e 81 da Lei 9.472/1997: "Art. 70. Serão coibidos os comportamentos prejudiciais à competição livre, ampla e justa entre as prestadoras do serviço, no regime público ou privado, em especial: I – a prática de subsídios para a redução artificial de preços; (...)"; "Art. 81. Os recursos complementares destinados a cobrir a parcela do custo exclusivamente atribuível ao cumprimento das obrigações de universalização de prestadora de serviço de telecomunicações, que não possa ser recuperada com a exploração eficiente do serviço, poderão ser oriundos das seguintes fontes: I – Orçamento Geral da União, dos Estados, do Distrito Federal e dos Municípios; II – fundo especificamente constituído para essa finalidade, para o qual contribuirão prestadoras de serviço de telecomunicações nos regimes público e privado, nos termos da lei, cuja mensagem de criação deverá ser enviada ao Congresso Nacional, pelo Poder Executivo, no prazo de 120 (cento e vinte) dias após a publicação desta Lei". O subsídio cruzado como fonte de recursos para a universalização foi apenas admitido em caráter transitório, para uso eventual antes da criação do aludido fundo (art. 81, parágrafo único, I, da Lei Geral de Telecomunicações).

POLÍTICA TARIFÁRIA   83

mercado (uma posição de dominação) poderia, por meio de subsídios entre serviços ou segmentos de usuários, reduzir artificialmente suas tarifas, buscando, com isso, prejudicar a concorrência.[11]

3.2 A tarifa como instrumento de racionalização e contenção do uso do serviço público

A demanda por determinados serviços públicos, por característica própria, não varia muito em função da vontade dos usuários. Tampouco podem ser reprimidos por força de decisão de cunho político-administrativo. Inserem-se nesta categoria serviços como o de saúde e de educação. Busca-se a assistência médica ou a rede pública de ensino somente nos casos em que a prestação dos serviços se mostra necessária. Não há como, em relação a tais serviços, reduzir a oferta do serviço, restringindo o acesso da população como forma de contingenciamento ou controle de recursos.

Há também serviços nos quais uma maciça utilização não traria como efeito risco à sua continuidade. Pelo contrário, são casos em que o uso intensivo da infra-estrutura posta à disposição dos usuários aparece quase como uma condição para que a exploração do serviço seja viável economicamente e permita uma extensão da oferta. Exemplo desta situação está nos serviços de telecomunicações, ou mesmo no uso de bens públicos, como as rodovias. A maior utilização do serviço ou infra-estrutura não expõe a risco a continuidade de sua fruição; e, por isso, não há que ser controlada pelo poder concedente. Em resumo, quanto maior a demanda por tais serviços, melhor para sua continuidade e sua universalização.

Todavia, há serviços públicos – e estes são os que serão analisados no presente tópico – em que o uso indiscriminado pode comprometer a continuidade de sua fruição. Estão sujeitos a esta contingência, por exemplo, os serviços de abastecimento de água e de energia elétrica.

Para esses casos o poder concedente é obrigado a adotar uma política de racionalização do uso do serviço ou, mesmo, estabelecer medidas que impliquem contenção na demanda provocada pelos usuários. Campanhas de conscientização de usuários, incentivo à criação de tecnologias mais econômicas, racionamento, todos esses são exemplos de medidas que podem vir a ser implementadas com o objetivo de reduzir

---

11. Foi tal prática que a Lei Geral de Telecomunicações buscou coibir, por meio do supracitado art. 70, I.

84 TARIFA NAS CONCESSÕES

a demanda por determinado serviço público. O regime tarifário também pode se prestar a este fim.

Por intermédio de um aumento generalizado de tarifas, da criação de níveis tarifários em função da variação de consumo ou de metas que visem à sua redução, é possível instituir uma política tarifária que tenha por escopo a redução do consumo de um dado serviço e que, com isso, busque preservar sua continuidade. O fundamento desta política é bastante claro: ao invés de impor uma redução do consumo de forma absolutamente cogente (com o corte ou racionamento do fornecimento, por exemplo), faz-se a opção por criar um estímulo econômico para que ocorra uma redução na demanda pelo serviço. Cobrando-se mais, a tendência é diminuir a demanda. Este é o cerne do modelo que busca a redução do consumo por meio de política tarifária.

Importante notar que a adoção deste regime não pode se restringir ao puro e simples aumento da carga tarifária. Esta política, para ser adotada, depende de alterações mais complexas na estrutura tarifária do serviço. Isto porque, com o aumento, o equilíbrio econômico-financeiro da concessão pode vir a ser afetado, exigindo providências complementares para que este equilíbrio seja restabelecido ou preservado. Ou seja, para diminuir a demanda pelo serviço e, desta forma, assegurar a continuidade do serviço público, posta em risco, o aumento de tarifa também pode produzir, como efeito reflexo, um enriquecimento sem causa da prestadora. Para que tal fato não ocorra, além do aumento tarifário, necessário adotar medidas compensatórias, como a criação de novas obrigações ao concessionário ou a transferência dos recursos recolhidos a mais para outra categoria de usuários (empregando-se, assim, um subsídio cruzado). O que não pode haver, por óbvio, é a pura e simples ruptura do equilíbrio econômico-financeiro do contrato em favor da prestadora.

Desde que seja atendido o requisito formal para a implementação de políticas tarifárias (que se refere à prévia autorização legislativa específica), bem como seja preservado o equilíbrio econômico-financeiro do contrato original, não encontramos óbices jurídicos a que tal medida venha a ser implementada. Deveras, parece-nos fora de dúvida que a busca pela redução da demanda de serviços públicos, para fins de preservação de sua continuidade, é uma política pública legítima e, como tal, pode ser implementada por meio do regime tarifário.

O tema, porém, foi objeto de questionamento jurídico intenso, principalmente em virtude das medidas governamentais adotadas em função da crise do setor elétrico (o chamado "Apagão" do setor elétrico), ocorrida no ano de 2001.

POLÍTICA TARIFÁRIA   85

Em virtude dos baixos níveis dos reservatórios das hidroelétricas brasileiras – principal fonte de energia elétrica do país –, o setor passou, no ano de 2001, por uma crise sem precedentes. Havia o risco iminente de descontinuidade na prestação do serviço de distribuição de energia. Por causa disso, o Governo Federal, por intermédio de medida provisória (a Medida Provisória 2.152-2, de 1.6.2001), implementou uma série de providências com o intuito de superar a crise. O mecanismo emergencial para superar a crise seria a imposição de uma significativa redução do consumo de energia elétrica, até a retomada dos níveis normais nos reservatórios. Várias medidas foram tomadas, como: a criação de um órgão colegiado para gerir o setor nos aspectos mais contundentes da crise (a denominada "Câmara de Gestão da Crise de Energia Elétrica – GCE"), a possibilidade de instituição de racionamento e – no que, aqui, nos interessa – uma série de medidas relacionadas à política tarifária.

A medida provisória autorizava a fixação de regimes especiais de tarifação ao consumidor, de acordo com os seus níveis e limites de consumo. Aos consumidores que cumprissem metas de redução de consumo seriam conferidos *bônus*, enquanto os que não as cumprissem estariam sujeitos ao pagamento de um valor adicional à tarifa normalmente cobrada (a *sobretarifa*) e até mesmo ao corte no fornecimento de energia.

Aos usuários cujo consumo fosse considerado baixo (que deveriam apresentar um consumo mensal inferior ou igual a 200kWh) seria cobrada uma tarifa-padrão fixada em resolução da ANEEL, a Agência Reguladora do setor. Aqueles que se situassem numa faixa de consumo intermediária (entre 200 e 500kWh) teriam um acréscimo de 50% em relação à tarifa fixada pela ANEEL (afetando o montante de consumo que ultrapassasse os 200kWh). O consumo que ultrapassasse os 500kWh teria um acréscimo de 200%.

A argumentação mais consistente contra esta alteração no modelo de cobrança dos serviços de energia elétrica busca caracterizar o aumento em virtude do alto consumo como uma medida de caráter tributário.[12] Para tanto, aponta-se o fato de os recursos obtidos com a cobrança a

12. A síntese deste argumento pode ser vista no voto vencido proferido pelo Min. Néri da Silveira em ação declaratória de constitucionalidade promovida em favor da Medida Provisória 2.152-2 e anexado ao voto proferido na ADI 2.468-0-DF, j. 29.6.2001 e publicado em 14.12.2001. Confira-se: "A denominada *tarifa especial*, a ser paga pelos consumidores residenciais cujo consumo exceder a meta estabelecida, não se destina, desse modo, à melhoria dos serviços de energia elétrica fornecidos pelas concessionárias, mas, sim, a constituir recursos basicamente destinados à remuneração de bônus àqueles consumidores que houverem reduzido o consumo aquém da meta que lhes foi estipulada. Bem de ver é, pois, que de tarifa, *nomine*

86 TARIFA NAS CONCESSÕES

maior não serem destinados aos prestadores dos serviços (a quem, naturalmente, num típico regime tarifário, a contraprestação deveria reverter) ou, mesmo, à melhoria do serviço. Pelo regime instituído na medida provisória em tela, tais recursos seriam empregados para o pagamento de bônus àqueles usuários que cumprissem determinadas metas de redução de consumo. Comprovando-se o caráter fiscal, a exação seria inválida, por violar uma série de preceitos do sistema jurídico tributário, como a anterioridade e a proibição de confisco (que estaria comprovado com o aumento de até 200% no valor da cobrança).

O questionamento, como se percebe, tem como premissa uma suposta necessidade de destinação estrita do produto da receita tarifária ao concessionário de serviço público. Nem sempre é assim. O caráter político que, nos termos do próprio texto constitucional (art. 175, parágrafo único, III), reveste o regime jurídico tarifário dá ensejo a um emprego mais abrangente dos recursos oriundos das tarifas. É perfeitamente factível que os recursos tarifários tenham destinação diversa da estrita remuneração do concessionário. Havendo base legal, tais recursos podem também apresentar como finalidade o atendimento de uma política pública. É o que foi feito no caso em tela. Buscou-se diminuir o consumo para reduzir o risco de descontinuidade da prestação de serviços. O regime tarifário foi empregado como indutor desta política pública. De um lado, onerando os usuários que não atendessem às metas, com a aplicação da chamada *sobretarifa*. De outro, estimulando aqueles que cumprissem suas metas de redução, por meio de uma recompensa financeira (bônus).

O STF, em decisão tomada por maioria de votos, considerou legítima a instituição de *sobretarifa* como forma de induzir a diminuição do consumo de energia elétrica. De acordo com o posicionamento adotado pela maioria, seria esta uma legítima manifestação da prerrogativa constitucionalmente prevista de instituir política pública em matéria tarifária. A decisão foi tomada em julgamento de ação declaratória de constitucionalidade e também, por via reflexa, no questionamento feito à medida provisória por meio de ação direta de inconstitucionalidade.[13] Posteriormente o STF manteve o entendimento, indeferindo pleito que se fundava na falta de legitimidade para cobrança de tarifa mais alta para

---

proprio, aqui não se cuida. De fato, a tarifa, remuneração de serviço, o preço público, tem como marca indelével ser contraprestação de serviço (...)" (fls. 673-674).
13. ADC 9, j. 28.6.2001 (acórdão ainda não publicado); ADI 2.468-0-DF, j. 29.6.2001, rel. Min. Néri da Silveira (*DJU* 14.12.2001).

POLÍTICA TARIFÁRIA 87

reduzir o consumo de água em relação ao serviço de abastecimento no Distrito Federal.[14]

3.3 Flexibilidade na política tarifária

A noção de tarifa está atrelada à idéia de forte intervenção estatal. É a intervenção do Estado na fixação do valor, da estrutura de cobrança, dos reajustes e das revisões que faz com que esta remuneração – cobrada por particulares em virtude da prestação de um dado serviço – não seja considerada um mero preço (instrumento de direito privado) e venha a ser, ao contrário, caracterizada como mecanismo tipicamente publicista.

Por mais paradoxal que possa parecer, mesmo dotado deste poder extraordinário de intervir, que é o regime tarifário, o Estado tem optado, em relação a vários serviços, por um sistema mais tênue de regulação. Ou seja, a intervenção do Estado vem se processando por intermédio de mecanismos cada vez mais flexíveis, em que o particular, prestador do serviço público, passa a assumir importantes funções na disciplina do regime tarifário.

O objetivo desta flexibilização é aproveitar a iniciativa do concessionário em extrair a máxima eficiência e lucratividade do empreendimento também em matéria de fixação de tarifas. Para tanto, faz-se necessário que as circunstâncias de exploração do serviço levem os exploradores privados a reduzir o valor da tarifa como mecanismo de obtenção de eficiência econômica (e, conseqüentemente, de ampliação de seu retorno financeiro). Isto ocorre, basicamente, quando o regime de exploração do serviço impõe ao prestador do serviço o risco pela variação de demanda ou quando existe efetiva competição na prestação de serviços públicos.[15]

14. RE/AgRg 201.630-DF, rela. Min. Ellen Gracie (*DJU* 2.8.2002).

15. A adoção desses sistemas flexíveis, por assim dizer, traz embutida a idéia de que o "mercado" controla o preço de maneira mais eficiente que o Estado. É o que defende com veemência Gaspar Ariño Ortiz: "Sempre é mais confiável um preço de mercado, se existe uma mínima competição, que um preço fixado pela autoridade reguladora. O grande fracasso da regulação tradicional foi justamente neste ponto, porque, ainda quando os critérios de determinação das tarifas foram perfilados com bastante precisão, sobretudo nos Estados Unidos, resultou sempre extraordinariamente difícil a determinação dos custos reais das empresas e, mais difícil ainda, a fixação dos que deveriam ter sido realizados. A falta de informação confiável e a ausência de critérios definitivos sobre qual é o 'investimento prudente', *used and useful*' ou o razoável *rate-of-return*, foi algo que acompanhou sempre os processos de decisão, tanto das Comissões Reguladoras, como do Tribunal Supremo

88   TARIFA NAS CONCESSÕES

Importante neste processo de flexibilização do regime tarifário é identificar até que ponto ele pode ir sem que, com isso, se esteja, pura e simplesmente, deixando de aplicar o regime de direito público. É importante, noutras palavras, saber divisar o regime de um serviço público dotado de política tarifária flexível do regime de um serviço público que, por força de mudança legislativa, foi transformado em atividade econômica em sentido estrito e, por isso, passou a se submeter a regime de preços, e não de tarifa.

A condição de serviço público, como visto no primeiro capítulo desse estudo, é marcada necessariamente por uma opção legislativa. Atividades econômicas são transformadas em serviços públicos porque o legislador (constitucional ou ordinário) assim determinou. Em caminho inverso, também por decisão legislativa, é possível que uma dada atividade passe por um processo de despublicização, deixando de ser

norte-americano. Noutros países já dissemos que a manipulação política dos preços torna inútil toda regulação jurídica das tarifas. Por outro lado, a impossibilidade de controlar os subsídios cruzados e a dificuldade de incentivar a eficiência num modelo em que o gestor parecia ter seus custos cobertos, quaisquer que fossem, é o que veio depois veio a provocar a crise do sistema. Porque o objetivo básico de toda regulação é justamente o de introduzir incentivos à eficiência na atuação dos regulados, para o quê é imprescindível dispor de uma informação precisa e completa. E isto é algo que foi sempre muito difícil para o regulador, em parte pela complexidade da informação e em parte pela sistemática ocultação de informação por parte do regulado". No original: "Siempre es más fiable un precio de mercado, si existe una mínima competencia, que un precio fijado por la autoridad reguladora. El gran fracaso de la regulación tradicional ha sido justamente en este punto, porque aún cuando los criterios de determinación de las tarifas fueron perfilados con bastante precisión, sobre todo en los Estados Unidos, resultó siempre extraordinariamente difícil la determinación de los costes reales de las empresas e, más difícil todavía, la fijación de los que hubieran debido ser. La falta de información fiable y la ausencia de criterios definitivos sobre cuál es 'la inversión prudente', *used and useful* o el razonable *rate-of-return*, ha sido algo que ha acompañado siempre los procesos de decisión tanto de las Comisiones Reguladoras como del Tribunal Supremo norteamericano. En otros países ya hemos dicho que la manipulación política de los precios hacía inútil toda regulación jurídica de las tarifas. Por otro lado, la imposibilidad de controlar los subsidios cruzados y la dificultad de incentivar la eficiencia en un modelo en el que el gestor parecía tener sus costes cubiertos, cualesquiera que estos fuesen, es lo que a la postre provocó la crisis del sistema. Porque el objetivo básico de toda regulación es justamente el de introducir incentivos a la eficiencia en la actuación de los regulados, para lo cual es imprescindible disponer de una información precisa y completa. Y esto es algo que ha sido siempre muy difícil para el regulador, en parte por la complejidad de la misma y en parte por la sistemática ocultación de información por parte del regulado" (*Principios de Derecho Público Económico (Modelo de Estado, Gestión Pública, Regulación Económica)*, pp. 583-584).

POLÍTICA TARIFÁRIA   89

considerada serviço público, e assuma, de outro modo, tratamento de atividade econômica em sentido estrito.

Supera em muito os limites do presente estudo vislumbrar este fenômeno de caracterização e descaracterização de uma dada atividade econômica como serviço público. O foco temático a ser desenvolvido parte da premissa de que se está diante de um serviço público e que, como tal, seja dotado de um regime de remuneração característico (no caso, o regime tarifário). Examinaremos, portanto, situações em que um dado serviço público, ainda considerado como tal pela legislação, é dotado de um regime tarifário mais flexível, em que o concessionário exerce um poder efetivo de decisão a respeito de aspectos cruciais deste regime.

3.3.1 O regime da "liberdade tarifária"

Para que exista propriamente uma "liberdade tarifária" é necessário, logicamente, que ainda exista um regime jurídico característico de serviço público e que, como tal, sujeite seus prestadores aos rigores de uma remuneração baseada em tarifa. Não se trata, portanto, da transformação de um serviço público em atividade econômica. É, sim, a preservação de um serviço público, admitindo um regime remuneratório próximo do regime privado, de preço, mas com peculiaridades.

Ao conferir a chamada *liberdade tarifária* o poder concedente admite que o próprio concessionário estabeleça o valor da remuneração que vai ser cobrada do usuário, passando a exercer, em relação à matéria, basicamente, uma função fiscalizadora.

Há de se perquirir, em tais casos, o que separaria este modelo do regime próprio do direito privado, que é o de preços. Basicamente, a característica que preserva o caráter público do regime remuneratório é a possibilidade de retomada, a qualquer tempo, da gestão das tarifas por parte do poder concedente. A "liberdade" conferida ao concessionário é circunstancial, transitória. Não significa abdicar do poder de intervir, mas apenas a implementação de técnicas de regulação que empregam instrumentos próprios da atividade privada para extrair proveitos em prol do interesse público. Cessada a circunstância que faça desta técnica uma medida benéfica, o Poder Público resguarda a prerrogativa de retomar o regime de maior intervenção.

A expressão "liberdade tarifária" admite variações em seu emprego. Isto deriva da ausência de uma definição legislativa com aplicação

90 TARIFA NAS CONCESSÕES

geral. No Direito Brasileiro seu emprego ocorre expressamente apenas na Lei Geral de Telecomunicações (art. 104).

O tema mereceu estudo da professora Dinorá Mussetti Grotti,[16] que parece empregar a expressão "liberdade tarifária" num sentido mais amplo que o acima exposto. Deveras, como exemplo de liberdade tarifária a professora elenca, entre outros, o Serviço Móvel Celular (hoje denominado de Serviço Móvel Pessoal), e menciona expressamente o art. 129 da Lei Geral de Telecomunicações, que define o regime de liberdade *de preços* para os serviços de telecomunicações prestados em regime privado. Em nosso entendimento, tais casos refletem a opção legislativa pela criação de um regime de direito privado, e não, propriamente, de um regime tarifário com liberdade.[17] Nestes casos não há que se falar em

16. Dinorá Musetti Grotti, *O Serviço Público e a Constituição Brasileira de 1988*, pp. 249-253.

17. A caracterização de dada atividade como serviço público é uma decorrência de opção tomada pelo direito positivo, como visto no capítulo inicial deste estudo. Nesta linha, nada haveria de irregular na mudança, pelo legislador, de uma opção anteriormente tomada. Do mesmo modo que uma atividade é considerada serviço público por decisão legislativa, também deixaria de sê-lo. Acontece que no Direito Brasileiro há serviços públicos que são assim qualificados pelo próprio legislador constituinte. É em relação a esta categoria de serviços públicos (os constitucionais) que se põe a dúvida a respeito da possibilidade de tal mudança.

Não seria concebível que a lei, pura e simplesmente, eliminasse a incidência do regime de direito público sobre uma atividade reservada pela Constituição à atuação do Estado. Todavia, isto não significa dizer que ao legislador ordinário não cabe qualquer papel em relação à disciplina do regime jurídico de tais atividades. Atividades como energia elétrica, telecomunicações, serviço aéreo, apresentam um vasto espectro de abrangência, sendo que parte dele não representa interesse relevante à atuação estatal. Cabe ao legislador ordinário estabelecer qual segmento dever ser assumido pelo Estado. E essa decisão, em decorrência de mudança em fatores sociais ou econômicos, pode variar.

O setor de telecomunicações contém diversos exemplos de mudanças de regime jurídico (de público para privado). Houve época, por exemplo, em que fazia parte do serviço de telefonia fixa o fornecimento de aparelhos telefônicos. Este fornecimento integrava, inclusive, o monopólio estatal. Em virtude de alteração na legislação aplicável ao setor, o fornecimento do aparelho deixou de estar integrado à prestação do serviço; transformou-se em atividade privada, pura e simples. Mais recentemente, serviços de telecomunicações como os de *bip*, *pager*, *tranking* e de redes corporativas eram submetidos a regime de serviço público (outorga de permissão, reversibilidade de bens etc.). A legislação passou a considerá-los atividade privada, suscetível de controle estatal por meio do *poder de polícia*.

Em determinados casos, porém, é possível questionar se a opção legislativa violou, ou não, o núcleo mínimo que a Constituição delineou para a atuação estatal. Esta aferição só pode ser feita caso a caso, em face das peculiaridades sociais e econômicas da atividade em questão. Em tese, é possível afirmar que: (a) o legislador

POLÍTICA TARIFÁRIA 91

tarifa, pois não foi dada a possibilidade de instituição do regime rígido de controle. A opção legislativa foi pelo sistema privado. Além do mais, não há contrato de concessão entre as prestadoras e o Poder Público, não há equilíbrio econômico-financeiro derivado da relação jurídica que os vincula. A situação é distinta da que a mesma Lei Geral de Telecomunicações prevê para o regime de *liberdade tarifária* propriamente dito (art. 104).[18] Este é concebido para viger em relação a serviços prestados em regime público, no bojo de um contrato de concessão, e admite, a qualquer tempo, a retomada do regime tarifário mais rígido.

Exemplos desse regime de "liberdade tarifária" podem ser encontrados no setor aéreo[19] e no de telecomunicações. Em ambos os casos a legislação admite a adoção de um sistema de liberdade aos operadores para fixação de suas tarifas, mas também prevê expressamente a possibilidade de retomada do regime mais rígido, a qualquer tempo, desde que constatado prejuízo ao interesse público. A intervenção estatal resta preservada, pelo menos em estado potencial, mesmo quando conferida essa *pseudoliberdade* aos concessionários. Trata-se, na verdade, de outra

ordinário pode submeter parte das atividades reservadas no texto constitucional ao Estado a regime de direito privado; (b) esta competência é de natureza dinâmica, e pode sofrer adaptações ao longo do tempo; (c) para tanto, não pode esvaziar o conteúdo mínimo que a Constituição buscou dar ao dever do Estado de ser o responsável, tem termos gerais, por aquela atividade; (d) sendo assim, o juízo do legislador, nesta matéria, é passível de controle judicial, para aferição da obediência aos termos constitucionais.

18. Assim dispõe a Lei 9.472/1997, a Lei Geral de Telecomunicações:

"Art. 104. Transcorridos ao menos 3 (três) anos da celebração do contrato, a Agência poderá, se existir ampla e efetiva competição entre as prestadoras do serviço, submeter a concessionária ao regime de liberdade tarifária.

"§ 1º. No regime a que se refere o *caput*, a concessionária poderá determinar suas próprias tarifas, devendo comunicá-las à Agência com antecedência de 7 (sete) dias de sua vigência.

"§ 2º. Ocorrendo aumento arbitrário dos lucros ou práticas prejudiciais à competição, a Agência restabelecerá o regime tarifário anterior, sem prejuízo das sanções cabíveis."

19. No setor aéreo é vislumbrado um regime de ampla liberdade de preços em relação aos serviços de transporte aéreo público não-regulares, sobre os quais a lei setorial não impôs um acompanhamento tarifário. O regime tarifário propriamente dito é aplicado nos serviços regulares (art. 200 da Lei 7.565, de 19.12.1986 – Código Brasileiro de Aeronáutica); em relação a estes últimos, todavia, houve visível flexibilização, decorrente do incremento da competição no setor, que provocou uma denominada "guerra de tarifas", cuja implementação se deu por meio da Portaria 075/GM5, de 6.2.1992, que instituiu a "liberação monitorada das tarifas aéreas domésticas".

92   TARIFA NAS CONCESSÕES

forma de intervir, em que se institui uma espécie de *liberdade vigiada*, que somente perdurará se – e somente se – for conveniente ao interesse público, conforme avaliação do poder concedente.

3.3.2   Tarifa-teto ("price cap")

Forma mais branda de conferir alguma participação ao concessionário na fixação de tarifas está na adoção de uma "tarifa-teto" (*price cap*). Nestes casos, o poder concedente estabelece um valor máximo a ser cobrado pela prestação do serviço, mas este valor não é absoluto, pois se admite que o concessionário pratique valores mais baixos.

O sistema implica uma transferência ao concessionário de certo grau de responsabilidade pela variação de demanda pelo serviço. Com a liberdade de cobrar valor mais baixo que o máximo fixado, há espaço para que o particular ofereça condições econômicas mais atraentes ao aumento da demanda pelo seu serviço. Uma queda na procura pelo serviço, desde que motivada pelo alto custo da tarifa, deixa de ser um evento de inteira responsabilidade do poder concedente, uma vez que o concessionário goza de margem de atuação para influir em relação à matéria.

É possível notar a eficácia deste modelo quando o concessionário realiza "promoções" para incentivar o uso do seu serviço ou infra-estrutura. Isto ocorre para conferir melhor aproveitamento à capacidade ociosa existente, bem como para conquistar clientela nos serviços submetidos a um regime de concorrência.

Ao reduzir espontaneamente o valor da tarifa, o concessionário, por óbvio, busca aumentar seus ganhos. Esse é um movimento de gestão empresarial, um risco do negócio, que, como tal, deve ser assumido pelo concessionário. Não há sentido em que, empregando esse instrumento de atuação, o concessionário venha posteriormente a requerer qualquer indenização ou revisão tarifária com base em alegado prejuízo decorrente do desconto concedido.

A liberdade para fixar valores tarifários mais baixos que o teto estabelecido pelo poder concedente traz embutida a autorização para conferir descontos a determinadas categorias de usuários. Isto, todavia, não representa um abandono do princípio da isonomia. A atribuição de descontos não pode ser feita de maneira arbitrária ou pessoal. A prestação de serviços públicos, mesmo que delegada a particular, não afasta esta atividade de regras básicas do regime jurídico administrativo, tais como o princípio da impessoalidade. Sendo assim, descontos poderão

POLÍTICA TARIFÁRIA 93

ser conferidos a determinadas categorias de usuários desde que exista razão plausível para tanto: condição especial de localização, volume do serviço prestado, ou algo do gênero. A discriminação injustificada também é vedada neste modelo da *tarifa-teto*.

3.3.3 Cesta tarifária

Uma derradeira forma de flexibilização do regime tarifário que pode ser mencionada diz respeito à instituição de um controle geral sobre um conjunto de itens tarifários ("cesta"), ao invés do normal acompanhamento individualizado de cada elemento. Explicamos. Determinados serviços comportam o pagamento de diversos itens tarifários. Normalmente o controle tarifário implica uma fixação individualizada do valor a ser cobrado em relação a cada um destes itens, individualmente. É o que ocorre em muitos serviços de prestação continuada. Há um valor correspondente à instalação do serviço, outro item diz respeito ao custo mínimo da manutenção do serviço à disposição do usuário, e ainda pode haver valores próprios para a aferição da utilização efetiva deste serviço. Como se disse, no controle estrito cada um destes elementos é individualmente monitorado: há um valor original; os reajustes e revisões também são aplicados um a um.

No sistema de *cesta tarifária* todas as tarifas cobradas em relação a um serviço são reunidas, e o controle é feito de maneira geral. Os itens tarifários são inseridos numa fórmula matemática e, a partir daí, são fixados valores máximos em relação à "cesta"; os reajustes e revisões são aplicáveis em relação ao todo. O concessionário, neste modelo, ganha a liberdade de balancear a proporção que cada item terá em relação ao todo ("cesta"). Administra, desta forma, os itens sobre os quais serão cobrados valores mais altos, tendo, porém, que necessariamente compensar esta opção por intermédio da redução dos valores dos demais itens.

Este modelo vem sendo adotado nos serviços de telefonia fixa submetidos ao regime de concessão.[20] A habilitação para prestar o serviço,

---

20. Para tanto, há autorização legislativa expressa: "A fixação, o reajuste e a revisão das tarifas poderão basear-se em valor que corresponda à média ponderada dos valores dos itens tarifários" (Lei 9.472/1997, art. 103, § 1º). O sistema de *cesta tarifária* também foi adotado nas telecomunicações da Inglaterra e da Espanha, como sucedâneo do sistema rígido de fixação de tarifas detalhadas (Juan Miguel de la Cuétara Martínez, "Los precios de las telecomunicaciones: teoría y práctica", in Gaspar Ariño Ortiz (org.), *Precios y Tarifas en Sectores Regulados*, p. 94).

94 TARIFA NAS CONCESSÕES

o valor unitário para a prestação deste serviço (pulso telefônico ou minuto), a tarifa para remuneração das redes de outras prestadoras de serviço (tarifas de interconexão), o valor da assinatura pelo serviço, todos estes são itens que compõem uma cesta tarifária. O controle do poder concedente é exercido em relação ao todo ("cesta"), cabendo aos concessionários aplicar os reajustes de acordo com sua conveniência empresarial, nos limites delineados pela fórmula matemática que representa a cesta tarifária.

4. *A política tarifária e o controle jurisdicional das tarifas*

O tema do controle jurisdicional dos atos administrativos tem um conhecido *lugar-comum*: o de que ao Judiciário é vedado ingressar no exame de políticas públicas. O preceito tem base constitucional no princípio da separação dos Poderes.

Ao Judiciário cabe a aplicação da lei em situações conflituosas. Neste mister, examina os atos estatais que lhe são submetidos, porém com um parâmetro bem delineado: o exame da legalidade destes atos. Esta é a função que lhe é típica. A Administração também aplica a lei, mas recebe a atribuição de definir políticas públicas naquilo que houver sido autorizado pelo Legislativo. É o campo da discricionariedade administrativa, que torna sua função de aplicação da lei diferenciada em relação à função jurisdicional.[21]

21. O reflexo da separação constitucional entre as funções administrativa e jurisdicional no contexto do limite do controle do Judiciário sobre as competências discricionárias da Administração é muito bem exposto por Luciano Parejo Alfonso, que, mesmo tomando por base o direito positivo espanhol, produziu lição genérica, perfeitamente aplicável ao Direito Nacional. Confira-se: "En definitiva, pues, si la discrecionalidad es competencia de la Administración, constitucionalmente legítima, para la toma – por su voluntad y bajo su responsabilidad – de la decisión correspondiente, excluye de suyo una competencia judicial concurrente con idénticos contenido y alcance, como se ha razonado *in extenso* en su momento. Cualquier otra conclusión significaría una confusión entre funciones constitucionales claramente distintas; confusión que infringiría el correspondiente orden constitucional competencial. Pues la función y la competencia del juez, en el orden contencioso-administrativo, se agotan en el control jurídico de la actividad administrativa, sin poder cubrir, por tanto, operación alguna de sustitución de actuaciones del Poder Público administrativo carentes de previa programación suficiente al efecto por el ordenamiento jurídico y, por ello, irreproducibles en el contexto de y por el razonamiento y la decisión judiciales. No padecen por ello y no se infringen, por tanto, el

POLÍTICA TARIFÁRIA   95

Diante deste contexto, seria tentador sustentar que em matéria de política tarifária não cabe controle judicial. Todavia, não é assim que a questão deve ser conduzida. É certo que a discricionariedade serve como barreira ao controle judicial dos atos administrativos. Isto não significa dizer, porém, que a criação de políticas tarifárias, de um modo geral, bem como sua aplicação estejam absolutamente imunizadas de controle judicial por força de tal obstáculo. Há relevantes mecanismos jurídicos que se prestam a um eficiente controle da *criação* e da *aplicação* de políticas tarifárias. Vejamos quais são.

4.1 Controle formal

No início deste capítulo foi analisado o papel da lei (em sentido estrito) na definição de políticas tarifárias. Viu-se que, por imperativo constitucional, a definição de política tarifária há de ser implementada por intermédio de lei em sentido estrito. Não tem cabimento que, nesta matéria, o legislador tão-somente transfira o poder de decidir para a Administração.

Concretamente, também se verificou que a Lei Geral de Concessões atualmente em vigor (a Lei 8.987/1995) introduziu uma série de preceitos – dentre os quais se destaca o princípio da modicidade tarifária – que podem representar, por si sós, o fundamento de validade de medidas administrativas em matéria tarifária. A prática de subsídio cruzado, por exemplo, desde que concebida para tornar acessível o serviço a determinadas categorias de usuários, encontra legitimidade no princípio da modicidade, previsto expressamente na Lei Geral. Outras medidas, todavia, por não encontrarem respaldo na legislação geral, dependem de previsão em lei específica do serviço objeto de tarifação para serem implementadas.

Um importante mecanismo de controle da juridicidade da política tarifária está justamente em aferir se sua inclusão no ordenamento jurídico se deu por intermédio do veículo adequado; ou seja, consiste em saber se existe fundamentação legal para que se institua determinada política pública por meio do regime tarifário.

principio constitucional y el derecho fundamental a la tutela judicial plena y efectiva, por cuanto ésta se refiere justamente – en el *ius publicum* – al expresado control y el alcance propios de la función de supervisión y corrección jurídicos en que el control precisamente consiste" (*Administrar y Juzgar: Dos Funciones Constitucionales Distintas y Complementarias*, pp. 125-126).

96   TARIFA NAS CONCESSÕES

*4.2   O controle de conteúdo (confrontação de políticas tarifárias
       com princípios gerais de Direito)*

Os princípios gerais de Direito constituem importantes instrumentos de controle da competência discricionária da Administração.[22] Não é diferente em relação à aplicação, e até mesmo à criação, de políticas tarifárias.

No que toca à criação de políticas tarifárias – cuja base deve ser legislativa, conforme já apontado –, os princípios de nível constitucional servem de diretrizes à verificação da validade da criação destas políticas, mesmo no momento em que são definidas em lei.

A apreciação da aplicação da política geral, traçada em lei, no momento de adotar concretamente um dado regime tarifário, também demanda uma verificação de pertinência. Isto é, cabe ao Judiciário aferir se a política geral, contida em lei, foi atendida no momento da criação do regime tarifário em nível mais concreto (nos regulamentos ou, mesmo, no contrato de concessão).

Nos capítulos seguintes, quando serão verificadas as perspectivas dos usuários e dos concessionários em relação ao regime tarifário, analisaremos topicamente as fórmulas mais freqüentes de proceder a este controle.

---

22. Sobre o controle da discricionariedade por intermédio dos princípios gerais de Direito, v. Enterría e Fernández, *Curso de Derecho Administrativo*, 8ª ed., vol. I, pp. 465-468.

Capítulo III
AS TARIFAS E OS DIREITOS
DOS USUÁRIOS DE SERVIÇO PÚBLICO

1. Introdução. 2. Interrupção do serviço por inadimplemento do usuário: 2.1 Tratamento legislativo dado ao tema – 2.2 Argumentos lançados contra a autorização legislativa para interrupção do serviço público por inadimplemento do usuário: 2.2.1 Princípio da continuidade do serviço público – 2.2.2 Princípio da dignidade da pessoa humana – 2.2.3 Proibição da autotutela para exigir o cumprimento de obrigações – 2.3 Limitações jurídicas à interrupção da prestação de serviço público por inadimplemento do usuário: 2.3.1 Dever de considerar o "interesse da coletividade": 2.3.1.1 Como determinar o interesse da coletividade a ser considerado – 2.3.1.2 Mecanismos de introdução de condicionamentos ao corte – 2.3.1.3 Possibilidade de revisão judicial e seus limites: (a) O exemplo do serviço de água – (b) O exemplo do serviço de energia elétrica – 2.3.2 Dever de adotar um procedimento. 3. Inscrição de usuários no cadastro de inadimplentes. 4. Cobrança de valor mínimo: 4.1 A alegação de abusividade na instituição de tarifas mínimas – 4.2 A alegação de que a cobrança de tarifa mínima teria caráter tributário. 5. Controle sobre os valores fixados para as tarifas: 5.1 Exposição do problema – 5.2 Controle judicial: 5.2.1 A obediência ao equilíbrio econômico-financeiro do contrato de concessão – 5.2.2 O dever de modicidade das tarifas e a proibição de abusividade – 5.3 Outros mecanismos de controle: 5.3.1 Tribunais de Contas – 5.3.2 Organismos oficiais de defesa do consumidor.

1. Introdução

Um dos principais reflexos produzidos pela aplicação de uma política tarifária se dá em relação aos direitos dos usuários dos serviços públicos. São eles que, direta ou indiretamente, acabam suportando o ônus pela prestação do serviço objeto de delegação. Mostra-se, portanto, de inegável relevância a análise dos princípios e regras aplicáveis às situações provocadas pela cobrança de tarifas aos usuários de serviço público. É possível dividir em dois blocos as normas a respeito desse tema. Numa primeira categoria estão as normas produzidas para a disciplina do relacionamento entre prestadores de serviços públicos e usuários. Estas normas figuram, em sua maioria, na lei de regência das concessões de serviços públicos: a já citada Lei 8.987/1995. Determinados serviços, porém, têm legislação especial a disciplinar o relacionamento da prestadora daquele serviço com seus usuários, que, por vezes, também atingem especificamente matéria relativa à cobrança de tarifas. Como exemplos de normas contidas nesse primeiro conjunto é possível citar, no plano da legislação geral, o dispositivo que confere aos usuários o direito de escolher entre, no mínimo, seis datas opcionais o dia do vencimento de seus débitos (art. 7º-A da Lei 8.987/1995, introduzido pela Lei 9.791, de 24.3.1999).[1] Na chamada legislação setorial (ou seja, aquela aplicável a um serviço público especificamente) pode ser apresentada como mostra de regra que trata desse tema a que institui o direito, conferido aos usuários de serviços de telecomunicações, "ao respeito de sua privacidade nos documentos de cobrança e na utilização de seus dados pessoais pela prestadora do serviço" (art. 3º, IX, da Lei 9.472/1997).

Além das regras que, de um modo geral ou específico, tratam do relacionamento entre prestadoras de serviços públicos e usuários, há regras aplicáveis ao caso cuja abrangência é ainda maior. São as normas de proteção do consumidor. A própria Lei Geral das Concessões de Serviço Público determina a aplicação de tais normas em favor dos usuários de serviços públicos.[2] Tal incidência também é reconhecida em legislações setoriais.[3]

---

1. Confira-se o dispositivo: "As concessionárias de serviços públicos, de direito público e privado, nos Estados e no Distrito Federal, são obrigadas a oferecer ao consumidor e ao usuário, dentro do mês de vencimento, o mínimo de 6 (seis) datas opcionais para escolherem os dias de vencimento de seus débitos".

2. Lei 8.987/1995, art. 7º: "*Sem prejuízo do disposto na Lei n. 8.078, de 11 de setembro de 1990*, são direitos e obrigações dos usuários: (...)" (grifamos).

3. Como exemplo, v. mais uma vez o que dispõe a legislação de telecomunicações (Lei 9.472/1997): "Art. 3º. O usuário de serviços de telecomunicações tem direito: (...) XI – de peticionar contra a prestadora do serviço perante o órgão regulador *e os organismos de defesa do consumidor*; (...)" (grifamos); "Art. 5º. Na disciplina das relações econômicas no setor de telecomunicações observar-se-ão, em especial, os princípios constitucionais da soberania nacional, função social da propriedade, liberdade de iniciativa, livre concorrência, *defesa do consumidor*, redução das desi-

AS TARIFAS E OS DIREITOS DOS USUÁRIOS DE SERVIÇO PÚBLICO   99

Não se duvida da aplicação das normas consumeristas sobre os serviços públicos remunerados mediante tarifas. Há quem defenda a não-incidência das regras do Código de Defesa do Consumidor para os serviços públicos que, geralmente por apresentarem natureza indivisível (são os serviços *uti universi*), são prestados gratuitamente (ou, como preferem alguns, são financiados indiretamente pela sociedade, por intermédio de impostos e outras receitas públicas). Também existe a tese segundo a qual a relação de índole tributária, inclusive a decorrente do pagamento de taxas, afastaria o regime jurídico próprio às relações de consumo.[4] Todavia, quando a remuneração do serviço público se dá por intermédio da cobrança de tarifas, é inconteste a incidência das normas previstas na legislação geral de proteção do consumidor.[5]

Tendo em vista esse conjunto normativo acima descrito, que envolve regras e princípios contidos na Constituição, na legislação geral sobre concessões, na legislação setorial aplicável a serviços específicos e na legislação de proteção dos consumidores, passaremos a enfrentar questões relevantes a respeito da cobrança de tarifas dos usuários de serviços públicos objeto de concessão.

O critério de escolha dos temas a enfrentar leva em conta, basicamente, os questionamentos que podem ser levantados pelos usuários em relação ao tema das tarifas. Em primeiro lugar estão as dúvidas relacionadas às possíveis conseqüências decorrentes do inadimplemento. Sobre

gualdades regionais e sociais, repressão ao abuso do poder econômico e continuidade do serviço prestado no regime público" (grifamos).

4. Para um panorama completo a respeito da discussão doutrinária sobre a aplicabilidade do Código de Defesa do Consumidor em matéria de serviços públicos, v. Dinorá Musetti Grotti, *O Serviço Público e a Constituição Brasileira de 1988*, pp. 343-352.

5. Antônio Carlos Cintra do Amaral defende uma separação entre o conceito de *usuário de serviço público* e o de *consumidor* ("Distinção entre usuário de serviço público e consumidor", *Revista Diálogo Jurídico* 13; disponível na Internet em *http://www.direitopublico.com.br*, acesso em 29.8.2002). O fundamento principal de sua tese está na diferença entre os papéis exercidos pelo Poder Público numa situação e noutra. Nas relações envolvendo a prestação de serviço público haveria *responsabilidade* do Poder Público quanto à garantia da prestação de um serviço adequado ao usuário. No caso das relações de consumo, a *obrigação* de bem servir os clientes é apenas do fornecedor, não cabendo ao Poder Público assumir a *responsabilidade* pelo descumprimento de obrigações por parte deste (pp. 3-4). Mesmo adotando essa postura, o autor não parece negar a incidência de regras de direito do consumidor, nos termos da legislação atual, em matéria de usuários de serviços públicos. Deixa isso transparecer na crítica à aplicação subsidiária da legislação de proteção do consumidor em matéria de serviço público e também na defesa de que se edite uma legislação própria para a proteção do *usuário* de serviço público (p. 4).

100 TARIFA NAS CONCESSÕES

o assunto serão abordadas duas discussões distintas: (a) a interrupção do serviço motivada pelo inadimplemento do usuário; e (b) a inscrição de usuários no cadastro de inadimplentes. A outra frente de questionamentos envolve a fórmula de cobrança de tarifas instituída pelo Poder Público e aplicada pela concessionária. Neste ponto, mais duas questões de relevo serão abordadas: (c) a cobrança de valor mínimo para a prestação de serviços públicos; e (d) as formas de controle sobre os valores fixados a título de tarifa.

Passaremos, pois, à análise dos temas apresentados. Será obedecida, apenas para efeito de sistematização, a ordem mencionada no parágrafo anterior, sem que isto importe qualquer hierarquização quanto à importância dos assuntos ou, mesmo, seqüência lógica de encadeamento.

2. Interrupção do serviço por inadimplemento do usuário

2.1 Tratamento legislativo dado ao tema

A simples leitura da legislação aplicável não seria capaz de produzir grandes discussões a respeito da possibilidade de interrupção de serviços públicos motivada por inadimplemento do usuário. Isto porque, de modo expresso, a legislação autoriza essa prática.

A Lei Geral de Concessões (Lei 8.987/1995), ao tratar da matéria referente aos direitos dos usuários, estabelece o dever de prestação de serviços adequados por parte das empresas prestadoras. A adequação dos serviços há de ser caracterizada, entre outros aspectos, pela prestação de forma contínua. Todavia, a lei não considera ofensa a tal dever a interrupção na prestação dos serviços motivada pelo inadimplemento do usuário. Veja-se o dispositivo legal que disciplina o assunto:

"Art. 6º. Toda concessão ou permissão pressupõe a prestação de serviço adequado ao pleno atendimento dos usuários, conforme estabelecido nesta Lei, nas normas pertinentes e no respectivo contrato.

"§ 1º. Serviço adequado é o que satisfaz as condições de regularidade, continuidade, eficiência, segurança, atualidade, generalidade, cortesia na sua prestação e modicidade das tarifas.

"(...).

"§ 3º. Não se caracteriza como descontinuidade do serviço a sua interrupção em situação de emergência ou após prévio aviso, quando: (...) II – por inadimplemento do usuário, considerado o interesse da coletividade."

AS TARIFAS E OS DIREITOS DOS USUÁRIOS DE SERVIÇO PÚBLICO   101

Também são encontrados exemplos, na legislação setorial, de normas que autorizam a interrupção dos serviços ocasionada por inadimplemento dos usuários. Para o setor elétrico a legislação impõe condicionamento, ao disciplinar a interrupção no fornecimento de energia para usuários que sejam prestadores de serviços públicos ou essenciais. Implicitamente também se admite, por óbvio, a interrupção do serviço no caso de inadimplemento de usuários que não façam parte desta categoria diferenciada (a dos prestadores de serviço público ou essencial). Confira-se o que prevê a Lei 9.427, de 26.12.1996 (com a redação dada pela Lei 10.438, de 26.4.2002):

"Art. 17. A suspensão, por falta de pagamento, do fornecimento de energia elétrica a consumidor que preste serviço público ou essencial à população e cuja atividade sofra prejuízo será comunicada com antecedência de 15 (quinze) dias ao Poder Público local ou ao Poder Executivo Estadual.

"§ 1º. O Poder Público que receber a comunicação adotará as providências administrativas para preservar a população dos efeitos da suspensão do fornecimento de energia elétrica, inclusive dando publicidade à contingência, sem prejuízo das ações de responsabilização pela falta de pagamento que motivou a medida.

"(...)."

No setor de telecomunicações a matéria foi disciplinada em termos mais próximos aos contidos na legislação geral aplicável às concessões. Confira-se o que dispõe a Lei 9.472/1997: "Art. 3º. O usuário de serviços de telecomunicações tem direito: (...) VII – à não-suspensão de serviço prestado em regime público, salvo por débito diretamente decorrente de sua utilização ou por descumprimento de condições contratuais; (...)".

Tais exemplos revelam que a legislação infraconstitucional admite que o inadimplemento dos usuários dê causa à interrupção dos serviços. A única dúvida que poderia ser levantada, quanto à interpretação dessas normas, diz respeito à ressalva contida na Lei 8.987/1995, que, ao autorizar a interrupção por inadimplemento, determina que seja "considerado o interesse da coletividade".

Todavia, não tem sido este o ponto que mais provoca debate em torno dessa matéria. O principal foco das discussões reside, na verdade, fora da estrita interpretação dos dispositivos acima referidos. O sentido de tais regras ninguém discute ou põe em dúvida. Há pleno e geral reconhecimento de que por intermédio da referida legislação se buscou autorizar a interrupção de serviços públicos por falta de pagamento de

102   TARIFA NAS CONCESSÕES

tarifas. A questão que ganha relevo nos debates doutrinários e jurisprudenciais busca saber se tais regras são *válidas*, ou seja, se tais regras são condizentes com os princípios e normas existentes no sistema *constitucional* brasileiro.[6] Passemos, pois, à descrição e análise desse debate.

2.2 Argumentos lançados contra a autorização legislativa para interrupção do serviço público por inadimplemento do usuário

O questionamento a respeito da validade das normas legais que admitem a interrupção de serviço público por causa do inadimplemento do usuário deriva, basicamente, da confrontação de tais regras com princípios gerais de Direito aplicáveis à matéria (prestação de serviço público). Busca-se demonstrar que a interrupção do serviço motivada pelo inadimplemento do usuário fere tais princípios – o que, por terem eles origem constitucional, conduziria à invalidade da lei.

Os argumentos mais recorrentes e relevantes invocam os princípios da continuidade do serviço público e da dignidade da pessoa humana e, ainda, a proibição da autotutela para exigir o cumprimento de obrigações (preservando a exclusividade da função jurisdicional na resolução de litígios). Vejamos os fundamentos e a pertinência de cada um deles.

2.2.1 Princípio da continuidade do serviço público

Uma das teses mais empregadas na refutação das normas que autorizam o corte de serviços públicos por falta de pagamento envolve o princípio da continuidade na prestação de serviços públicos. Parte-se da premissa de que a prestação de serviços públicos deve ser feita de maneira *contínua*. A observância de tal dever, por fundamentos aparentemente óbvios, impediria que a prestação de serviços públicos fosse interrompida por ato de vontade do prestador do serviço. Ao assumir um serviço público, portanto, a concessionária estaria assumindo o inafastá-

6. É possível encontrar decisões judiciais em diversos sentidos quando a matéria é interrupção na prestação de serviço público motivada por falta de pagamento dos usuários. Há divergência, inclusive, entre Turmas e Câmaras de um mesmo Tribunal. Sendo assim, o assunto está longe de receber um tratamento do Judiciário que mereça o qualificativo de "jurisprudência", no sentido de conjunto de decisões reiteradas e uniformes sobre um dado tema. Indicaremos, porém, em relação a cada um dos argumentos abordados, uma decisão judicial que seja ilustrativa do seu acolhimento. Para um arrolamento geral das variadas posturas adotadas pelo Judiciário, consulte-se o sistematizado levantamento produzido pela professora Dinorá Musetti Grotti, *O Serviço Público e a Constituição Brasileira de 1988*, pp. 270-274.

AS TARIFAS E OS DIREITOS DOS USUÁRIOS DE SERVIÇO PÚBLICO   103

vel dever de prestá-lo de maneira ininterrupta, mesmo aos usuários que não estivessem pagando as respectivas contraprestações (tarifas).

Segundo esse raciocínio, tal norma estaria implícita no texto constitucional, uma vez que serve de fundamento à atribuição de determinadas atividades (os serviços públicos) ao campo de atuação próprio do Estado. Em alguns casos esta mesma tese é desenvolvida com a única variação em relação à origem da norma que impõe o dever de continuidade. Para esta outra postura o dever de prestar o serviço público de maneira contínua é extraído da legislação de proteção ao consumidor.[7] Sustenta-se que esta norma, por ser específica da proteção ao consumidor, prevaleceria sobre a previsão genérica trazida na Lei de Concessões.

Em relação a esta matéria é possível afirmar que o princípio da continuidade na prestação de serviços públicos vem sendo empregado num sentido diverso daquele encontrado normalmente nas normas e lições doutrinárias de direito administrativo.

Quando examinado abstratamente, como elemento atrelado à noção de serviço público, o princípio da continuidade jamais foi estendido a ponto de obrigar o prestador (seja o próprio Estado, seja o particular que assumisse seu lugar por delegação) a desempenhar o serviço para usuários inadimplentes.

O dever de continuidade, é certo, constitui a própria justificativa para caracterizar uma dada atividade como serviço público. Esta afirmação encontra respaldo na origem da noção de serviço público, elaborada pelo jurista francês Leon Duguit. Ao cunhar a expressão, Duguit buscava encontrar um novo traço metodológico que viesse a orientar o desenvolvimento do direito público. Em sua opinião, com o surgimento do Estado de Direito, a noção de soberania, até então empregada como característica essencial do direito público, perdera seu préstimo, uma vez que o Estado deixava de ser entidade superior, por assim dizer, passando a ser submisso ao Direito.[8]

Diante deste contexto, o Estado encontraria sua razão de ser apenas quando desempenhasse as funções previstas em lei. Transformava-se,

7. Nesta linha, a fonte que introduziria no ordenamento jurídico o dever de continuidade dos serviços públicos seria o art. 22 do CDC (Lei 8.078, de 11.9.1990), cuja redação é a seguinte: "Os órgãos públicos, por si ou suas empresas, concessionárias, permissionárias ou sob qualquer outra forma de empreendimento, são obrigados a fornecer serviços adequados, eficientes e seguros e, quanto aos essenciais, contínuos" (grifamos).

8. Leon Duguit, *Las Transformaciones del Derecho Público*, 2ª ed., pp. 85 e ss.

104 TARIFA NAS CONCESSÕES

então, de entidade suprema para a condição de seguidor de ordens. Os fundamentos do Estado, assim, deixavam de ser os poderes que ostentava, passando a constituir os serviços que lhe foram atribuídos, por determinação legal, pela sociedade. Surgia, assim, na visão de Duguit, o novo eixo metodológico do Estado: o serviço público.[9]

Segundo essa concepção, integravam o conceito de serviço público aquelas atividades que, por sua importância para a sociedade, deveriam ser exercidas de maneira *contínua*, sem interrupção. Não poderiam, por esta razão, ser delegadas à pura e simples iniciativa particular. O Estado as assume para assegurar que sejam ofertadas à sociedade. Assim, para assegurar sua existência, determinadas atividades são assumidas como função estatal e, neste sentido, transformam-se em serviços públicos.[10]

Vale ressaltar que o conceito de serviço público desenvolvido por Duguit é muito amplo. Confunde-se, na verdade, com o conjunto de atribuições desempenhadas pelo Estado. A essência da tese, porém, serviu de base para toda a construção da teoria do serviço público, inclusive para seu emprego mais restrito, circunscrito às atividades de índole eco-

9. "Compreendem-se, pois, o sentido e o alcance da transformação profunda que se realizou no direito público. Não há mais um conjunto de regras aplicáveis a uma pessoa soberana, quer dizer, investida do direito subjetivo de mandar, e que determinam as relações desta pessoa com os indivíduos e as coletividades que habitam um dado território, relações entre pessoas desiguais, entre um soberano e seus súditos. O direito público moderno converte-se num conjunto de regras que determinam a organização dos serviços públicos e asseguram seu funcionamento regular e ininterrupto." Confira-se a tradução para o Espanhol: "Se comprende, pues, el sentido y el alcance de la transformación profunda que se ha realizado en el derecho público. No es ya un conjunto de reglas aplicables a una persona soberana, es decir, investida del derecho subjetivo de mandar, y que determinan las relaciones de esta persona con los individuos y las colectividades que se hallan en un territorio dado, relaciones entre personas desiguales, entre un soberano y sus súbditos. El derecho público moderno se convierte en un conjunto de reglas que determinan la organización de los servicios públicos y aseguran su funcionamiento regular e ininterrumpido" (Leon Duguit, *Las Transformaciones del Derecho Público*, 2ª ed., p. 106).

10. A noção de *serviço público*, para Duguit, se descreve da seguinte forma: "(...) é toda atividade cujo cumprimento deve ser regulado, assegurado e fiscalizado pelos governantes, por ser indispensável à realização e ao desenvolvimento da interdependência social, de tal maneira que só possa ser assegurado completamente pela intervenção da força governante". Na tradução espanhola: "(...) es toda actividad cuyo cumplimiento debe ser regulado, asegurado y fiscalizado por los gobernantes, por ser indispensable a la realización y al desarrollo de la interdependencia social, y de tal naturaleza que no puede ser asegurado completamente más que por la intervención de la fuerza gobernante" (*Las Transformaciones del Derecho Público*, 2ª ed., p. 105).

AS TARIFAS E OS DIREITOS DOS USUÁRIOS DE SERVIÇO PÚBLICO   105

nômica cujo dever de desempenhar foi atribuído ao Estado.[11] Deveras, justifica-se a assunção pelo Estado de determinadas atividades econômicas com o argumento de que elas, por serem essenciais à vida em sociedade, devem ser oferecidas de forma contínua, sem interrupções contingenciais motivadas por oscilações no proveito econômico que delas se possa extrair. Por isto, ao invés de dependerem da livre iniciativa, seu desempenho é conferido, como dever jurídico, ao Poder Público.

Nesta esteira, o *dever de continuidade* dos serviços públicos representa conceito antitético em relação ao de *livre iniciativa* presente nas atividades econômicas desenvolvidas no âmbito privado.

Sob o primado da livre iniciativa, um particular desenvolve dada atividade econômica apenas se tiver interesse. Qualquer alteração no panorama econômico, ou mesmo a simples mudança de vontade pessoal de um agente do livre mercado, é tida como motivo suficiente para a interrupção de uma mera atividade econômica. Assim, se os fabricantes de videocassetes, afetados pela retração de mercado, resolverem interromper suas atividades, poderão fazê-lo sem que tal atitude seja considerada ilícita.

Em virtude do dever de continuidade, a situação é completamente diversa em matéria de serviços públicos. Mesmo que não haja interesse econômico, rentabilidade, no desenvolvimento de dada atividade considerada por lei como serviço público, seu oferecimento ao público haverá de ser assegurado. Este é o dever de continuidade, imposto ao Estado. Desta forma, se numa dada localidade não se mostrar rentável a manutenção de redes de energia elétrica, saneamento básico ou telecomunicações, o Poder Público não poderá simplesmente deixar de oferecer tais serviços, justamente pelo dever de continuidade que a eles é vinculado.

É certo que a busca do lucro por particulares não pode ser suprimida, mesmo nos casos em que atuam como delegatários de serviços públicos. É a busca do lucro, aliás, que certamente os leva a assumir a prestação desses serviços de titularidade pública. Mesmo em casos tais será necessário observar o dever de continuidade na prestação de serviços públicos. Para tanto, cabe ao Poder Público estabelecer um modelo de exploração dos serviços delegados que possibilite a obtenção de retorno econômico pelos particulares que os assumirem. Na busca

11. Nesta acepção o termo foi empregado pela Constituição brasileira de 1988, em seu art. 175. Neste dispositivo, inserto no título da ordem econômica e financeira, o legislador constitucional impõe ao Poder Público o dever de prestar os serviços públicos, autorizando também sua delegação a particulares por intermédio dos instrumentos da concessão e da permissão.

desse intento é possível, por exemplo, criar um modelo tarifário que estabeleça compensação entre as modalidades de serviços deficitários e outras que sejam rentáveis; como também a previsão de novas fontes de receita; ou até mesmo a destinação de recursos orçamentários como forma de subsídio. O que não pode haver é a interrupção do serviço. Em situações-limites, se houver impossibilidade de manutenção do serviço por intermédio de delegação a particulares – o que pode existir se não houver como viabilizar a exploração rentável da atividade –, o Estado será obrigado a prestar tal serviço diretamente. É o que se extrai do dever de continuidade na prestação de serviços públicos.

O dever de continuidade, portanto, sempre foi entendido como um vínculo de caráter genérico, que exigia do Estado a manutenção de determinado serviço público em funcionamento. É um dever estabelecido em favor da sociedade como um todo e assumido pelo Estado ou por quem lhe faça as vezes (concessionário ou permissionário de serviço público).[12] Constata-se, portanto, que em sua concepção original o princípio da continuidade do serviço público serve apenas para assegurar que o serviço (considerado de uma maneira geral, como empreendimento) tenha sua oferta garantida continuamente.[13] Neste sentido, não diz

12. Celso Antônio Bandeira de Mello destaca o princípio da continuidade dos serviços público como um derivativo do princípio da obrigatoriedade do desempenho da função pública, característica marcante do que o autor denomina "regime jurídico administrativo". Confira-se: "(...) em face do princípio da obrigatoriedade do desempenho da atividade pública, típico do regime administrativo, como vimos vendo, a Administração sujeita-se ao dever de continuidade no desempenho de sua ação. O *princípio da continuidade do serviço público* é um subprincípio, ou, se quiser, princípio derivado, que decorre da obrigatoriedade do desempenho da atividade administrativa. (...)" (*Curso de Direito Administrativo*, 25ª ed., p. 81).

13. Como exemplo de decisão judicial nesse sentido podemos citar julgado do 1º TACivSP. Confira-se a ementa: "Serviço público de água – Usuário inadimplente – Suspensão do fornecimento – Medida prevista no Regulamento Tarifário da SABESP, aprovado por decreto estadual – Legalidade. A exigência de continuidade prevista no art. 22 do CDC implica, desde que instalado e em funcionamento o serviço público, a proibição de sua interrupção como um todo. Válido, entretanto, na consideração da bilateralidade da relação jurídica, e para que não se inviabilize economicamente o serviço, o corte do fornecimento em relação ao usuário faltoso" (1º TACivSP, 2ª Câmara, AC 725.643-5, São Paulo/SP, rel. Juiz Morato de Andrade; j. 18.11.1998, m.v.; *Boletim AASP* 2.151). Em sentido contrário, o mesmo 1º TACivSP decidiu: "Agravo de instrumento – Fornecimento de água – SABESP – Interrupção feita pela concessionária, diante do não-pagamento de débito – Inadmissibilidade – Forma de compelir o pagamento que extrapola os limites da legalidade – Serviços públicos essenciais à vida dos cidadãos – Ato intolerável de justiça privada – Antecipação de tutela concedida para restabelecer o fornecimento – Decisão correta

AS TARIFAS E OS DIREITOS DOS USUÁRIOS DE SERVIÇO PÚBLICO   107

respeito à específica relação que envolve prestador de serviço público e cada um de seus usuários.

Esta última (a relação entre prestadoras de serviços públicos e usuários) sujeita-se a condicionamentos (exigências) relacionados à obtenção dos serviços, entre os quais pode figurar, de acordo com o sistema constitucional brasileiro, a obrigação de remunerar o prestador do serviço público. Interromper a prestação de serviço público a um usuário que não atenda aos requisitos exigidos para sua obtenção, assim, não configura rompimento do dever de continuidade. A continuidade do serviço público é preservada sempre que o Poder Público (ou a empresa concessionária ou permissionária) o oferece nas condições estabelecidas na regulamentação. Não há que se falar em violação ao dever de continuidade se entre essas condições figurar o pagamento de tarifa e o fornecimento for interrompido em função do inadimplemento do usuário. O dever de prestar o serviço – vale registrar mais uma vez – somente se torna exigível se as condições para sua fruição estiverem presentes.[14]

Faz parte da regulamentação de determinados serviços, por exemplo, a exigência de que o pagamento das tarifas seja feito antecipadamente. Ou seja, exige-se que o usuário pague antes que, efetivamente, o serviço público lhe seja prestado. É o que ocorre nos serviços de transporte coletivo de passageiros, quando a passagem é cobrada geralmente no início do trajeto; nos serviços postais, em que o usuário primeiro paga a tarifa (selo) para que sua correspondência seja enviada ao destinatário; e em muitos outros. Nesses exemplos, ninguém duvida de que, caso o requisito do pagamento da tarifa não seja atendido, a prestadora deixa de ser obrigada a prestá-lo. O princípio da continuidade do serviço público, em tais situações, sequer é mencionado. E o problema é, juridicamente, o mesmo daquelas outras hipóteses em que o fornecimento do serviço

– Agravo não provido" (1º TACivSP, 7ª Câmara, AI 854.907-1, Assis/SP, rel. Juiz Valle Ramos, j. 4.5.1999, v.u.; ementa in *Boletim AASP* 2.164).

14. Neste sentido é a opinião do professor Caio Tácito: "A obrigação de pagamento pelo consumidor do preço fixado na tarifa é condição inerente ao direito de usufruir a disponibilidade da energia posta à sua disposição. E a omissão do pagamento admite a interrupção do fornecimento, mediante aviso prévio, permitindo a 'descontinuidade do serviço', conforme expressa prescrição do art. 6º, § 3º, da Lei 8.987, de 13.2.1995. São, em suma, obrigações conexas e reciprocamente condicionantes: não há obrigação de pagar sem o funcionamento regular e contínuo do serviço, e – de igual forma – não haverá obrigação de continuidade do fornecimento sem o regular pagamento da tarifa, que exprime o custo do serviço fornecido" ("Consumidor – Falta de pagamento – Corte de energia", parecer, *RDA* 219/398-399).

108   TARIFA NAS CONCESSÕES

público se dá por intermédio de prestações *continuadas* (como os de
telefonia, abastecimento de água e esgoto, energia elétrica).

No presente caso, portanto, parece ter havido uma leitura incorreta
do princípio da continuidade do serviço público em relação aos serviços
que, por suas características materiais, devem ser ofertados de forma
continuada. O princípio – que, visto rigorosamente, apenas impõe o dever de ofertar serviços públicos à sociedade de uma maneira geral, consideradas as condições regulamentares que disciplinam sua oferta – foi
estendido de modo a inibir a aplicação de determinadas condições de
fruição (o pagamento de tarifas) a uma categoria específica de serviços
públicos (os de prestação continuada).

Há também um forte argumento de índole fática ou material contra
a leitura do princípio da continuidade segundo a qual haveria o dever de
se prestar o serviço público ainda que inadimplente o usuário. Sustenta-
se que, caso fosse exigida do prestador de serviço público a continuidade da prestação nos casos de inadimplência, poderia haver, na hipótese
do crescimento do número de devedores, risco para a manutenção do
serviço como um todo. Haveria, por assim dizer, um risco sistêmico,
provocado pela assunção de custos pela prestadora de serviço público
sem a devida contraprestação imediata. Sob este prisma, a verdadeira
continuidade do serviço público – que é a manutenção da oferta do serviço como um todo, considerado como empreendimento a ser oferecido
à sociedade – cederia espaço para uma visão individualista, concebida
no intuito de proteger a situação de inadimplência de alguns usuários
isoladamente considerados.[15]

15. Luiz Alberto Blanchet, *Concessão de Serviços Públicos: Comentários à
Lei 8.987, de 13.2.1995, à Lei 9.074, de 7.7. 1995, com as Inovações da Lei 9.427, de
27.12. 1996, e da Lei 9.648, de 27.5.1998*, 2ª ed., p. 52. O argumento também vem
sendo usado em decisões judiciais, como se pode ver no trecho da ementa transcrita
do 1º TACivSP: "Válido, entretanto, na consideração da bilateralidade da relação
jurídica, *e para que não se inviabilize economicamente o serviço*, o corte do fornecimento em relação ao usuário faltoso" (1º TACivSP, 2ª Câmara, AC 725.643-5, São
Paulo/SP, rel. Juiz Morato de Andrade, j. 18.11.1998, m.v.; *Boletim AASP* 2.151 –
grifamos). Mais recentemente esta postura foi encampada pelo STJ em decisão da 1ª
Seção. A 1ª Seção reuniu-se para examinar o tema, uma vez que ocorrera divergência
entre posturas adotadas pela 1ª e 2ª Turmas daquela Corte. A 1ª Turma considerava
o corte por inadimplemento inconstitucional (STJ, 1ª Turma, RMS 8.915-MA, rel.
Min. José Delgado, j. 12.5.1998, v.u., *DJU*, Seção I, 17.8.1998, p. 23 – cf. ementa
transcrita em tópico adiante), enquanto a 2ª Turma admitia o corte, apontando que o
procedimento estava autorizado expressamente na legislação (STJ, 2ª Turma, REsp
510.478-PB, rel. Min. Franciulli Netto, j. 10.6.2003, v.u.). Em julgamento proferido em 10.12.2003 a 1ª Seção acabou decidindo, por maioria (STJ, 1ª Seção, REsp

AS TARIFAS E OS DIREITOS DOS USUÁRIOS DE SERVIÇO PÚBLICO   109

Sendo assim, tendo em vista o acima apresentado, entendemos que não se mostra correto o emprego do princípio da continuidade dos serviços públicos como fundamento para a impugnação dos dispositivos legais que admitem a interrupção na prestação de serviços motivada por inadimplemento do usuário. O princípio da continuidade do serviço público, conforme demonstrado, não tem o alcance que a referida tese pretende lhe dar.

2.2.2 Princípio da dignidade da pessoa humana

A Constituição brasileira elegeu como um dos fundamentos da República a dignidade da pessoa humana. O princípio está encartado logo no seu art. 1º: "Art. 1º. A República Federativa do Brasil, formada pela união indissolúvel dos Estados e Municípios e do Distrito Federal, constitui-se em Estado Democrático de Direito e tem como fundamentos: (...) III – a dignidade da pessoa humana; (...)".

O caráter de um dos fundamentos do Estado Brasileiro conferido ao princípio da dignidade da pessoa humana conduz à conclusão de que toda a estruturação desse Estado – abarcando, inclusive, a produção normativa, de um modo geral – deve obediência a este princípio. Este primado, portanto, orienta e limita a atuação estatal.

Com base nessa noção – de ampla aceitação e reconhecida vagueza –, a constitucionalidade das normas legais que admitem a interrupção na prestação de serviços públicos em virtude do inadimplemento dos usuários também é questionada. O raciocínio é de fácil demonstração e encontra suposto apoio na noção comum que a sociedade teria da expressão "dignidade".

Os serviços públicos em geral – e mais notadamente aqueles oferecidos por intermédio de prestações continuadas, como os de energia elétrica, saneamento básico e telefonia – são tidos como essenciais à população. Pela grande importância que representam para os indivíduos

363.943-MG, rel. Min. Humberto Gomes), que o corte do serviço de energia elétrica de usuário (pessoa física) seria legítimo. O entendimento do Ministro Relator – que compunha a 1ª Turma e até então votava contra a admissão do corte – tomou como base a constatação de que "a proibição de cortar o fornecimento em tais casos acarretaria aquilo a que se denomina 'efeito dominó'. 'Com efeito, ao saber que o vizinho está recebendo energia de graça, o cidadão tenderá a trazer para si o tentador benefício. Em pouco tempo, ninguém mais honrará a conta de luz.' E, se ninguém paga pelo fornecimento, a distribuidora de energia não terá renda, não podendo adquirir os insumos necessários à execução dos serviços concedidos, vindo a falir. O que acarretaria a interrupção definitiva do fornecimento".

110 TARIFA NAS CONCESSÕES

que deles se beneficiam, são considerados indispensáveis à moderna vida em sociedade. A partir dessa premissa afirma-se que a interrupção no oferecimento de tais serviços constituiria uma violação ao princípio da dignidade da pessoa humana. Não seria digno, nos dias atuais, privar qualquer indivíduo da fruição de serviços públicos essenciais – como são considerados os serviços de água e esgoto, energia elétrica e telefonia. Em situação de inadimplemento de usuário, o princípio da dignidade da pessoa humana determinaria a manutenção da oferta do serviço pela prestadora, reconhecendo a esta, porém, o direito de cobrar ordinariamente os débitos.[16]

Em que pese a linearidade do raciocínio, o fundamento no princípio da dignidade da pessoa humana, por si só, parece inadequado para determinar a inconstitucionalidade de dispositivos legais que autorizam a interrupção da prestação de serviços públicos motivada por inadimplemento. Explicamos os fundamentos desse ponto de vista.

A dignidade da pessoa humana, considerada como princípio jurídico, não pode ser empregada de modo isolado e autônomo. Seria contrário aos mais comezinhos princípios de hermenêutica suprimir o sistema jurídico constitucional como um todo e balizar o juízo de constitucionalidade a respeito de uma norma apenas em sua confrontação direta com a noção vulgar que se tenha da expressão "dignidade humana".

Fosse essa uma técnica adequada de interpretação, pelos mesmos fundamentos acima apresentados, seria possível sustentar, por exemplo, a impossibilidade de o proprietário de imóvel residencial propor ação de despejo contra seu inquilino por falta de pagamento de aluguel. A medida, autorizada em lei, também poderia ser inquinada de inconstitucional por violar o princípio da dignidade da pessoa humana; dignidade, esta, que certamente também exigiria a manutenção da moradia dos indivíduos mesmo no caso de inadimplência (até porque, sem casa, o indivíduo também ficaria desprovido dos serviços básicos de telefonia, saneamento, energia elétrica...). Também seria possível sustentar a legitimidade de saques a lojas de alimentos ou roupas, desde que fosse realizado por indivíduo que comprovasse sua necessidade. Não seria juridicamente legítimo reprimir o acesso a bens indispensáveis à dignidade da pessoa humana, com o são os alimentos e as roupas, a indivíduos que não pudessem pagar por eles. Nesta mesma linha, poderia ser desen-

16. No próximo item será analisado isoladamente o argumento que refuta a admissão do corte de serviço público por inadimplemento do usuário por considerá-lo um instrumento de autotutela de direitos, ou seja, da aplicação do que se considera uma espécie de *justiça privada*.

AS TARIFAS E OS DIREITOS DOS USUÁRIOS DE SERVIÇO PÚBLICO   111

volvido um sem-número de teses com apoio exclusivo no princípio da dignidade da pessoa humana. Todavia, não é assim que o sistema jurídico disciplina tais situações. Em atenção a outras normas constitucionais (como a que protege a propriedade, por exemplo), os comportamentos acima referidos recebem tratamento jurídico que, numa primeira vista, contrariaria esta visão isolada do primado da dignidade da pessoa humana. Deveras, é reconhecida a legitimidade da ação de despejo por inadimplência de locatários, bem como se assegura aos comerciantes (de alimentos e roupas) o direito de proteger suas mercadorias, mesmo que seja contra pessoas desprovidas de recursos para se alimentar ou vestir.

Ao analisar-se a norma que autoriza o corte na prestação de serviços públicos há de se levar em consideração um importante fator: *a mesma Constituição que estabelece como um dos seus fundamentos a dignidade da pessoa humana também autoriza, expressamente, a cobrança pela prestação de serviços públicos.* Aliás, quando a Constituição quis eliminar tal característica (o pagamento) da prestação de determinados serviços públicos, o fez de maneira expressa, impondo ao Estado o dever de prestá-los gratuitamente. Assim foi determinado, por exemplo, em relação aos serviços educacionais.[17]

Não seria correto, todavia, excluir toda e qualquer influência do princípio da dignidade da pessoa humana na construção do ordenamento jurídico, especialmente das normas relacionadas à instituição de uma política tarifária em matéria de serviços públicos.

Certamente seria possível vincular, de maneira mediata, o princípio da dignidade da pessoa humana à adoção de determinadas políticas tarifárias.[18] Norma que institua a gratuidade do acesso ao transporte coleti-

17. Confiram-se os seguintes dispositivos da Constituição Federal: "Art. 206. O ensino será ministrado com base nos seguintes princípios: (...) IV – gratuidade do ensino público em estabelecimentos oficiais; (...)"; "Art. 208. O dever do Estado com a educação será efetivado mediante a garantia de: I – ensino fundamental obrigatório e gratuito, assegurada, inclusive, sua oferta gratuita para todos os que a ele não tiveram acesso na idade própria; (...)".

18. Marçal Justen Filho, ao defender a impossibilidade de corte de serviços públicos para algumas situações, parece vincular o princípio da dignidade da pessoa humana a um outro fundamento: a *obrigatoriedade da fruição do serviço*. Confira-se: "A hipótese do inciso II não autoriza, porém, a suspensão de serviços obrigatórios, cuja prestação se faz no interesse público ou é essencial à dignidade da pessoa humana" (*Teoria Geral das Concessões de Serviço Público*, p. 310). Mais adiante, porém, o autor parece empregar de forma autônoma o argumento da dignidade da

112 TARIFA NAS CONCESSÕES

vo a pessoas desempregadas ou aposentadas[19] poderia, sem dúvida, ser fundamentada no princípio da dignidade da pessoa humana. Para tanto, é certo, deve-se respeitar o equilíbrio econômico-financeiro original dos contratos de concessão.[20] Mas, atendida essa condição, referida política – de dar tratamento diferenciado a determinada categoria de usuários (os desempregados e aposentados) – estaria justificada pela aplicação do princípio da dignidade da pessoa humana, que serviria de fundamento para a adoção desta medida de inclusão.

Porém, é necessário afirmar a insuficiência deste princípio, como fundamento único e autônomo, para determinar a inconstitucionalidade de uma lei. A análise de validade das leis há de ser feita com rigor e detalhamento, observando-se outros princípios e regras constitucionais que incidam sobre a matéria em análise de maneira mais imediata que amplo princípio da dignidade da pessoa humana.

2.2.3 Proibição da autotutela
para exigir o cumprimento de obrigações

Atrelado ao princípio da continuidade do serviço público ou à tese que invoca a dignidade da pessoa humana, geralmente se emprega mais

pessoa humana: "Algo similar pode ser afirmado no tocante ao fornecimento de energia elétrica para fins residenciais, em situação que possa colocar em risco sua sobrevivência. Em suma, quando a Constituição Federal assegurou a dignidade da pessoa humana e reconheceu o direito de todos à seguridade, introduziu obstáculo invencível à suspensão de serviços públicos essenciais" (ob. e p. anteriormente cits.). Dinorá Musetti Grotti segue o mesmo posicionamento, apresentando ainda mais clareza na distinção de tratamento entre serviços de fruição obrigatória e facultativa: "A despeito das divergências existentes, a suspensão dos serviços obrigatórios, cuja prestação se faz no interesse maior do grupo social ou é essencial à dignidade da pessoa humana, apesar de prevista na legislação dos vários serviços, não deve ocorrer, cabendo apenas a adoção das medidas judiciais cabíveis. Já, em relação aos facultativos, por serem de fruição livre, autorizam a suspensão da prestação do serviço quando houver o descumprimento das condições estabelecidas" (O Serviço Público e a Constituição Brasileira de 1988, p. 275). Nestes casos, apesar de não ter sido empregado de maneira autônoma, o princípio da dignidade da pessoa humana acaba por encobrir o real fundamento da proibição de corte: o fato de os serviços serem, para atendimento de interesses da coletividade, de fruição obrigatória. O tema da obrigatoriedade do serviço como limite ao corte por inadimplemento do usuário será analisado especificamente no item 2.3.1.2.

19. Tal modelo é aplicado no sistema de transporte coletivo do Município de São Paulo.

20. O tema do reequilíbrio econômico-financeiro das concessões será especificamente abordado no próximo capítulo.

AS TARIFAS E OS DIREITOS DOS USUÁRIOS DE SERVIÇO PÚBLICO   113

um argumento para refutar a constitucionalidade da legislação que autoriza o corte no fornecimento de serviços públicos por inadimplemento do usuário. Trata-se da alegação segundo a qual, ao admitir o corte por falta de pagamento, a legislação estaria autorizando verdadeira usurpação de competência jurisdicional. Seria conferido a entidade particular ou administrativa (no caso de estatal que seja concessionária de serviço público) o poder de dirimir os próprios conflitos envolvendo débitos oriundos de tarifas. Sustenta-se que admitir tal procedimento corresponderia à criação de uma espécie de *justiça privada*, na medida em que, ao invés do recurso às vias judiciais ordinárias (ação de execução, por exemplo), o concessionário poderia impor o pagamento de seus créditos fazendo uso de extraordinário poder de pressão, que seria o corte do serviço público.

Bem retrata essa postura decisão da 1ª Turma do STJ relatada pelo Min. José Delgado. Atente-se a que o caso concreto levado a exame do STJ envolvia não só o inadimplemento, mas também a ligação clandestina do serviço de energia elétrica (o popularmente conhecido "gato"). Nem tal circunstância foi considerada relevante para autorizar o corte de energia. Além do caráter essencial do serviço e de sua submissão ao dever de continuidade, foi empregado, com ênfase, o argumento de que a autorização do corte conferiria à concessionária o poder de exercer uma *justiça privada*. Eis o teor da referida ementa: "Administrativo – Mandado de segurança – Energia elétrica – Ausência de pagamento de tarifa – Impossibilidade. 1. É condenável o ato praticado pelo usuário que desvia energia elétrica, sujeitando-se até a responder penalmente. 2. Essa violação, contudo, não resulta em se reconhecer como legítimo ato administrativo praticado pela empresa concessionária fornecedora de energia e consistente na interrupção do fornecimento da mesma. 3. A energia é, na atualidade, um bem essencial à população, constituindo-se serviço público indispensável subordinado ao princípio da continuidade de sua prestação, pelo quê se torna impossível a sua interrupção. 4. Os arts. 22 e 42 do CDC aplicam-se às empresas concessionárias de serviço público. 5. *O corte de energia, como forma de compelir o usuário ao pagamento de tarifa ou multa, extrapola os limites da legalidade. 6. Não há de se prestigiar atuação da justiça privada no Brasil, especialmente quando exercida por credor econômica e financeiramente mais forte, em largas proporções, que o devedor. Afronta, se assim fosse admitido, aos princípios constitucionais da inocência presumida e da ampla defesa. 7. O direito do cidadão de se utilizar dos serviços públicos essenciais* para a sua vida em sociedade deve ser interpretado com vistas a beneficiar a quem deles se utiliza. 8. Recurso improvido"[21] (grifamos).

Também não encontramos respaldo jurídico para este outro argumento empregado para contestar a validade das normas legais que autorizam o corte no fornecimento de serviços públicos a usuário inadimplente.

O equívoco, desta vez, está em considerar a interrupção na prestação do serviço público como um mecanismo para execução de débitos tarifários já vencidos. Levando-se em conta apenas uma análise de cunho fático, que considera o forte impacto que a interrupção da prestação do serviço exerce sobre a decisão do usuário de quitar seus débitos passados, chega-se à conclusão – que se deveria lastrear em aspectos de natureza jurídica – de que, com tal instrumento, estariam sendo atribuídos aos prestadores de serviços públicos poderes típicos de jurisdição ou, se se preferir, a prerrogativa de executar créditos por seus próprios meios (justiça privada).

Uma análise mais fria do tema, porém, desmente essa presunção. Deveras, ao se admitir a interrupção da prestação do serviço público por causa do inadimplemento do usuário não se está reconhecendo mais que a aplicabilidade, no âmbito da relação contratual firmada entre essas partes (prestadora e usuário), da vetusta cláusula da *exceção de contrato não cumprido*. Autoriza-se que uma das partes (a prestadora), em virtude do descumprimento das obrigações contratuais da outra parte (o usuário), também deixe de cumprir suas obrigações. Trata-se de mecanismo largamente aplicável nas relações de direito privado[22] e que, atualmente, tem seu uso reconhecido até mesmo contra a Administração, no que tange aos contratos administrativos comuns[23] (nas concessões, a

21. STJ, 1ª Turma, RMS 8.915-MA, rel. Min. José Delgado, j. 12.5.1998, v.u. (*DJU*, Seção I, 17.8.1998, p. 23) (ementa extraída do *Boletim AASP* 2.179). Posicionamento, este, que, como já apontado, foi minoritário em decisão tomada pela 1ª Seção do STJ (REsp 363.943-MG, rel. Min. Humberto Gomes, j. em 10.12.2003).

22. Confira-se o art. 476 do CC (Lei 10.406, de 10.1.2002): "Nos contratos bilaterais, nenhum dos contratantes, antes de cumprida a sua obrigação, pode exigir o implemento da do outro" (dispositivo idêntico ao art. 1.092 do CC de 1916).

23. O reconhecimento da aplicação da exceção de contrato não cumprido contra a Administração decorre do art. 78, XIV e XV, da Lei 8.666/1993. Confira-se: "Art. 78. Constituem motivo para rescisão do contrato: (...) XIV – a suspensão de sua execução, por ordem escrita da Administração, por prazo superior a 120 (cento e vinte) dias, salvo em caso de calamidade pública, grave perturbação da ordem interna ou guerra, ou ainda por repetidas suspensões que totalizem o mesmo prazo, independentemente do pagamento obrigatório de indenizações pelas sucessivas e contratualmente imprevistas desmobilizações e mobilizações e outras previstas, *assegurado*

AS TARIFAS E OS DIREITOS DOS USUÁRIOS DE SERVIÇO PÚBLICO   115

Lei 8.987/1995 veda tal prática quando houver inadimplência do poder concedente – art. 39).

A cláusula, numa perspectiva exclusivamente jurídica, produz efeitos somente em relação às obrigações futuras da concessionária, na medida em que suspende sua exigibilidade enquanto houver inadimplência do usuário. Juridicamente, frise-se, o débito já existente não é afetado. Caso queira cobrar os débitos dos usuários, mesmo com o serviço interrompido, a prestadora será obrigada a lançar mão dos meios ordinariamente conhecidos (judiciais ou extrajudiciais).

A influência que tal medida exerce na decisão de o usuário quitar seus débitos, portanto, é de natureza fática (eficacial), não jurídica. Não se trata de conferir instrumento *jurídico* de execução forçada para qualquer entidade não-jurisdicional (particular ou administrativa). Haveria, juridicamente, um instrumento de execução forçada de débitos se fossem atribuídos às prestadoras de serviços públicos meios hábeis para implementar a quitação das prestações em atraso. Seria o caso, por exemplo, da aplicabilidade de instrumentos como a compensação, a adjudicação compulsória de bens ou outras técnicas jurídicas cujo resultado importa a quitação de uma dívida. No caso, esse resultado não é atingido. Como se vê claramente, a suspensão na prestação do serviço apenas desobriga a parte credora de continuar prestando um serviço para o qual não está sendo remunerada.

Há de se frisar, ademais, que a influência indireta que o corte na prestação do serviço exerce na decisão do usuário de quitar seus débitos não se mostra contrária aos ditames jurídicos. Não se pode falar, nestes casos, de qualquer abuso de direito ou de posição privilegiada por parte das prestadoras de serviço público. Deveras, a interrupção autorizada por lei atinge tão-somente o serviço que efetivamente está em débito. Não há, portanto, qualquer mecanismo de pressão artificialmente empregado para se obter o efeito da quitação da dívida. O que se autoriza é a suspensão de uma atividade que não está sendo devidamente remunerada. A prestação cessa porque a contraprestação também cessou. É o reconhecimento puro e simples da natureza sinalagmática dos contratos.

ao contratado, nesses casos, o direito de optar pela suspensão do cumprimento das obrigações assumidas até que seja normalizada a situação; XV – o atraso superior a 90 (noventa) dias dos pagamentos devidos pela Administração decorrentes de obras, serviços ou fornecimento, ou parcelas destes, já recebidos ou executados, salvo em caso de calamidade pública, grave perturbação da ordem interna ou guerra, *assegurado ao contratado o direito de optar pela suspensão do cumprimento de suas obrigações até que seja normalizada a situação*; (...)" (grifamos).

116 TARIFA NAS CONCESSÕES

Pressão indevida ou abusiva ocorreria, por exemplo, se uma empresa deixasse de prestar dado serviço público com o objetivo de pressionar determinados usuários a quitar débitos oriundos de outras relações jurídicas. Imagine-se, como exemplo, uma empresa de telefonia que suspendesse seus serviços para que fosse quitado o débito do usuário com o provedor de Internet pertencente ao grupo econômico dessa prestadora. Aí, sim, a interrupção do serviço estaria sendo empregada simplesmente como um instrumento de persuasão.[24] Na hipótese de interrupção decorrente de inadimplemento das obrigações referentes à prestação do próprio serviço não há que se falar em instrumento de execução privada, ou algo parecido. Trata-se simplesmente da liberação das obrigações de uma das partes (prestadora) em virtude do descumprimento das obrigações da outra (usuário).

Percebe-se, portanto, que a admissão de corte na prestação de serviço público por falta de pagamento do usuário não é questão de autotutela, de outorga de poder jurisdicional ou de admissão de justiça privada. As questões realmente pertinentes em relação a esse tipo de medida (a interrupção de contrato de prestação de serviços por falta de pagamento) decorrem dos reflexos danosos que ela pode causar aos usuários e à sociedade como um todo. São discussões que não suscitam, por si, o questionamento quanto à constitucionalidade da medida; demandam, sim, uma investigação a respeito dos eventuais condicionamentos que a

24. Prática, aliás, expressamente vedada na Lei Geral de Telecomunicações (Lei 9.472/1997). Confira-se: "Art. 3º. O usuário de serviços de telecomunicações tem direito: (...) VII – à não-suspensão de serviço prestado em regime público, *salvo por débito diretamente decorrente de sua utilização* ou por descumprimento de condições contratuais; (...)" (grifamos). Tal regra é detalhada na regulamentação do serviço de telefonia fixa (tecnicamente denominado de Serviço Telefônico Fixo Comutado destinado ao uso do público em geral – STFC), que confere o direito aos seus usuários de pagar separadamente, por modalidade de serviços, os débitos constantes de suas contas. Confira-se: "Havendo acordo de cobrança conjunta, a prestadora de STFC na modalidade Local pode cobrar as demais modalidades de STFC e outros serviços, permitindo ao assinante o pagamento individualizado de cada serviço e prestadora, observado o disposto no art. 72 deste Regulamento" (art. 55, § 1º, da Resolução 85, de 30.12.1998, da ANATEL). O art. 72, mencionado, assegura que, na hipótese de inadimplemento parcial, a suspensão só afeta a modalidade em que constatado o débito, devendo prosseguir a prestação dos demais serviços. V. a redação do dispositivo: "No caso de cobrança conjunta, só deve haver suspensão do serviço na modalidade e prestadora em que for constatada a inadimplência do assinante, dando-se continuidade normal à prestação das demais modalidades e prestadoras de serviço" (art. 72 da Resolução 85/1998 da ANATEL).

AS TARIFAS E OS DIREITOS DOS USUÁRIOS DE SERVIÇO PÚBLICO   117

própria legislação tenha previsto.[25] Será este o enfoque dado a partir do próximo tópico.

*2.3   Limitações jurídicas à interrupção da prestação
de serviço público por inadimplemento do usuário*

A conclusão extraída no tópico anterior dá conta de que a autorização legal para interrupção da prestação de serviço público motivada por inadimplemento do usuário não fere a Constituição.

Os argumentos normalmente invocados – continuidade do serviço público, dignidade da pessoa humana e proibição da autotutela (justiça privada) – não se mostram aptos a fundamentar a inconstitucionalidade da decisão legislativa tomada naquele sentido (de autorizar o corte por inadimplemento).

Isto, porém, não significa dizer que o corte na prestação de serviços públicos para usuários inadimplentes não encontre qualquer limitação. Muito pelo contrário, as limitações existem, sendo muitas delas previstas expressamente na legislação geral e na disciplina específica de cada serviço público. Outras limitações são extraídas da aplicação sistematizada de regras e princípios incidentes sobre a matéria.

Após o reconhecimento da legitimidade da autorização legislativa para o corte de serviços públicos por inadimplemento, o ponto mais importante passa a ser a identificação dos limites ao emprego desta medida.

A própria norma geral que autoriza o corte, prevista no art. 6º, § 3º, II, da Lei 8.987/1995, estabelece os dois principais condicionamentos a

25. Esse tipo de preocupação está presente na própria legislação que autoriza o corte de serviços públicos, como é possível identificar na ressalva contida na Lei 8.987/1995, ao determinar que sejam considerados os "interesses da coletividade" (art. 6º, § 3º, II, *in fine*). É possível também encontrar importantes limites à aplicação da *exceção de contrato não cumprido* em contratos de prestação continuada que apresentem relevância social, mesmo que não sejam classificados como serviços públicos. É o caso, por exemplo, dos contratos de prestação de serviços educacionais. Há lei disciplinando a matéria, que, no que se refere ao tema da inadimplência, condiciona a interrupção do serviço à conclusão do ano letivo. A escola, mesmo constatando situação de inadimplência, não poderá interromper a seqüência normal do ano letivo de seus alunos. A ela somente é facultado interromper a relação para o ano seguinte; mesmo assim, sem que lhe seja autorizada a aplicação de qualquer sanção pedagógica (retenção de histórico, negativa de transferência etc.). Confira-se o que determina o § 1º do art. 6º da Lei 9.870, de 23.11.1999 (com a redação que foi dada pela Medida Provisória 2.173-24, de 23.8.2001): "O desligamento do aluno por inadimplência somente poderá ocorrer ao final do ano letivo ou, no ensino superior, ao final do semestre letivo quando a instituição adotar o regime didático semestral".

118   TARIFA NAS CONCESSÕES

se observar. Um deles, já referido anteriormente, diz respeito à ressalva a ser observada para qualquer corte na prestação de serviço público por inadimplemento do usuário: o *interesse da coletividade*. Muito embora a Lei 8.987/1995 tenha deixado de fazer qualquer indicação dos *interesses da coletividade* a se considerar e tampouco tenha feito menção a como deveria ser feita a adequação da medida (corte) a tais interesses, a ressalva deixa claro que o corte por inadimplemento do usuário não tem caráter absoluto. Ao contrário, indica que se submete a condicionamentos, a se estabelecerem em função do mencionado interesse da coletividade. O outro condicionamento que a regra geral prevista na Lei 8.987/1995 deixa transparecer é de natureza procedimental. Ao impor, como requisito da interrupção do serviço, o "aviso prévio" ao usuário, a lei estabelece um procedimento a ser observado antes da efetivação da medida. Este ponto traz a necessidade de mais um importante esclarecimento, agora relacionado aos requisitos mínimos a que referido procedimento (derivado da necessidade de aviso prévio) deve atender.

Vejamos, então, com base nesses dois condicionamentos gerais, quais as limitações juridicamente existentes para a efetivação do corte de serviço público motivado por falta de pagamento.

2.3.1 Dever de considerar o "interesse da coletividade"

Como foi visto no item anterior, a lei, ao mesmo tempo em que autoriza o corte de serviços públicos em virtude do inadimplemento de usuários, determina que seja "considerado o interesse da coletividade". A aplicação desta ressalva suscita diversas dúvidas de interpretação. A primeira que, logicamente, há de ser enfrentada diz respeito ao seu destinatário. Antes de indagar sobre seu conteúdo, torna-se necessário saber quem deve obedecer ao comando que determina considerar o interesse da coletividade.

Numa primeira aproximação, seria de se supor que a regra fosse destinada à própria prestadora do serviço público. Como a ela cabe o dever de continuidade, também lhe seria atribuído o dever de zelar pelo interesse coletivo nos casos de interrupção do serviço por falta de pagamento.

A simplicidade desta solução esbarra num outro aspecto, também já referido, qual seja, a ausência de qualquer indicação concreta, na lei, do conteúdo dos tais interesses da coletividade a serem considerados. Não há indício na própria Lei 8.987/1995 de como o interesse da coletividade

AS TARIFAS E OS DIREITOS DOS USUÁRIOS DE SERVIÇO PÚBLICO   119

haveria de ser considerado no momento da interrupção do serviço público por inadimplemento do usuário.

Esta ausência de definição normativa faz surgir, de fato, um novo destinatário da norma legal. Além do prestador do serviço público (empresa concessionária ou permissionária) – a quem caberá, concretamente, observar o interesse coletivo no momento em que for realizar o corte –, a norma geral que institui a ressalva também afetará o próprio Poder Público. A este caberá definir em que termos o interesse da coletividade haverá de ser considerado pela prestadora do serviço quando se deparar com usuários inadimplentes.

Diante da ausência de previsão legislativa, não seria possível atribuir à própria prestadora de serviço público a função de definir o modo de atendimento ao interesse da coletividade quando tivesse que aplicar, em seu favor, a cláusula da exceção de contrato não cumprido. Além da falta de sentido que seria atribuir ao sujeito passivo da norma o poder de definir uma regra cujo objetivo seria limitar seu próprio direito (de realizar o corte na prestação do serviço), a atribuição dessa prerrogativa à prestadora acabaria por encampar indevida delegação de competência regulamentar, cujo exercício cabe exclusivamente ao poder concedente.[26]

Desta forma, mais que uma regra a ser observada diretamente pela prestadora do serviço, a previsão de que o interesse da coletividade deva ser considerado constitui mandamento a ser atendido pelo próprio Poder Público. A este compete disciplinar os condicionamentos a serem observados pelas prestadoras na aplicação da cláusula da exceção de contrato não cumprido.

A regra contida no art. 6º, § 3º, II, da Lei 8.987/1995, portanto, há de ser entendida e aplicada com algumas ponderações. Em princípio, a lei confere à empresa prestadora do serviço público o direito de interromper a prestação de serviço em caso de inadimplemento do usuário. Esse

---

26. Esta é uma das atribuições em matéria de serviço público que, em qualquer regime de prestação, mantém seu caráter indelegável, como bem anota Hely Lopes Meirelles:

"A *regulamentação e controle* do serviço público e de utilidade pública caberão sempre e sempre ao Poder Público, qualquer que seja a modalidade de sua prestação aos usuários.

"O fato de tais serviços serem delegados a terceiros, estranhos à Administração Pública, não retira do Estado seu poder indeclinável de regulamentá-los e controlá-los, exigindo sempre sua atualização e eficiência, de par com o exato cumprimento das condições impostas para a sua prestação ao público. (...)" (*Direito Administrativo Brasileiro*, 34ª ed., p. 337).

120   TARIFA NAS CONCESSÕES

direito, porém, pode vir a ser condicionado em função do atendimento
a interesses da coletividade. É competência do Poder Público – e não da
empresa concessionária – definir como o interesse da coletividade deve
ser considerado em relação à matéria.

2.3.1.1 Como determinar o interesse da coletividade a ser considerado

Duas constatações foram extraídas da presente análise: a primeira
é a de que o tratamento legislativo dado à matéria, no sentido de autorizar o corte, não fere, por si só, qualquer dispositivo constitucional
(trata-se, portanto, de norma juridicamente válida, que merece correta
interpretação e aplicação); a segunda deriva da interpretação do próprio
dispositivo previsto na legislação geral de concessões (Lei 8.987/1995,
art. 6º, § 3º, II), e dá conta de que a autorização para o corte não é absoluta, devendo ser condicionada pelo poder concedente em função do
interesse da coletividade, a ser considerado em face das peculiaridades
de cada serviço público.

Põe-se, agora, questão de maior complexidade. Diz respeito ao
modo por intermédio do qual o *interesse da coletividade* haverá de ser
considerado.

Como já ressaltado anteriormente, a Lei Geral de Concessões não
traz elementos que indiquem, de modo absoluto, que tipo de condicionamento à autorização para o corte deve ser instituído. Também não refere
maiores detalhamentos a respeito do interesse da coletividade a ser atendido por tais medidas. O tratamento legislativo dado à matéria, portanto,
confere ao Poder Público ampla margem para disciplinar o assunto.

Em função das peculiaridades de cada serviço, é possível definir
várias formas de condicionar a atuação da prestadora em face de usuários inadimplentes. Uma medida mais rígida seria a de, diante de determinados interesses, pura e simplesmente proibir a utilização da exceção
de contrato não cumprido pelas prestadoras de serviços públicos. Isto é,
identificado um interesse da coletividade que demandasse a prestação
ininterrupta do serviço, o poder concedente determinaria a manutenção
do serviço mesmo nos casos de inadimplência. Mas essa não é a única
forma de restrição ao direito de interromper o fornecimento que pode vir
a ser adotada. Pode ser determinada a fixação de um prazo maior para a
efetivação do corte do serviço; também é possível estabelecer a prestação de uma cota mínima para fornecimento aos usuários inadimplentes;

AS TARIFAS E OS DIREITOS DOS USUÁRIOS DE SERVIÇO PÚBLICO   121

enfim, de acordo com o exame de conveniência e oportunidade, feito pelo Poder Público, pode variar o conteúdo da medida proposta.

Além do conteúdo da medida a ser adotada em benefício do interesse da coletividade, também podem variar as hipóteses que justificam o tratamento diferenciado. Em dadas situações é possível que o condicionamento seja aplicável a todo o conjunto de usuários de um serviço. Noutras é possível que os merecedores de regras especiais sejam apenas os usuários residenciais; ou os usuários que prestem outros serviços públicos ou de interesse coletivo; ou os situados em determinadas localidades; e assim por diante. Quanto a este outro aspecto, como se vê, também é possível constatar a possibilidade de avaliação de conveniência (competência discricionária) por parte do Poder Público responsável por instituir a medida.

Dado esse variado leque de opções, seria materialmente impossível antever as diversas soluções que se mostrariam adequadas para atender, da melhor forma, ao interesse da coletividade em relação aos vários serviços públicos sujeitos à regra do corte por inadimplemento. Trata-se, como se vê, de competência de natureza discricionária, instituída por lei geral às entidades políticas responsáveis pelas diversas modalidades de serviços públicos (União, Estados, Distrito Federal e Municípios).

Diante desse contexto, ao invés de produzir critérios vagos e abstratos para identificar o interesse da coletividade a ser protegido do corte por inadimplemento, mostra-se de mais utilidade fazer a análise de dois relevantes temas envolvidos na matéria. De um lado, a investigação dos instrumentos jurídicos para a introdução de tais condicionamentos; de outro, a possibilidade de intervenção judicial sobre a matéria.

2.3.1.2 Mecanismos de introdução de condicionamentos ao corte

A admissão do corte em virtude de inadimplemento bem como a previsão de que esta medida pode vir a ser condicionada constituem regras instituídas em normas gerais, encartadas em legislação de caráter nacional. Portanto, dizem respeito a prescrições a serem adotadas em serviços de âmbito federal, estadual ou municipal.

O primeiro instrumento normativo apto a promover uma especificação no tratamento da matéria é a própria lei. Tal constatação é resultado do caráter de norma geral presente na legislação que originalmente disciplinou o corte na prestação de serviços públicos. Para cada serviço público, especialmente aqueles que se sujeitarem ao regime de delegação (concessão ou permissão), é possível a edição de lei própria,

122 TARIFA NAS CONCESSÕES

disciplinando de modo peculiar as principais diretrizes que devem ser seguidas na sua prestação.

A legislação específica poderá imprimir em relação à matéria um alto grau de influência. Dependendo das características impostas à prestação do serviço, é possível até mesmo que deixe de existir o problema do corte em razão de inadimplemento do usuário. Em determinados serviços, conforme já mencionado neste capítulo, não se põe o problema do corte porque, simplesmente, a tarifa é cobrada do usuário antes da prestação (como ocorre, para citar apenas um exemplo, no serviço postal). Este é um tipo de organização do serviço que, sendo admitido em lei, pode vir a ser adotado até em alguns serviços de prestação continuada, cuja remuneração normalmente é exigida após um período de tempo determinado (na maior parte dos casos, mensal). Este modelo vem sendo incentivado, por meio de planos alternativos de serviços, por algumas empresas distribuidoras de energia elétrica e, com grande resultado, no serviço de telefonia móvel (por intermédio dos chamados celulares "pré-pagos"). Com tal sistema o usuário somente terá direito ao serviço pagando por ele antecipadamente. Antes do pagamento – passa a ser esta a regra – o usuário não tem acesso ao serviço. Trata-se, é sempre bom frisar, apenas de uma mostra de como a disciplina legislativa pode afetar o tema do corte de serviços por inadimplemento do usuário.

Por outro lado, de acordo com as peculiaridades do serviço e dos interesses da coletividade a se considerar, a legislação específica também pode, mantendo o sistema usual de cobrança *a posteriori*, determinar a máxima restrição em relação ao corte por inadimplemento. Ou seja, dada a ampla margem de deliberação conferida pela Lei Geral de Concessões, é possível que, por meio de legislação específica, se defina que, em função do interesse da coletividade, não seja dado à prestadora o direito de alegar em seu favor a exceção de contrato não cumprido para interromper a prestação de serviço a usuário inadimplente. Deveras, pela leitura do art. 6º, § 3º, II, conclui-se que a interrupção em virtude do inadimplemento do usuário somente é legítima se for considerado o interesse da coletividade. Como a lei geral não define tal interesse, é perfeitamente cabível que legislação específica o faça, inclusive para definir, em relação a dado serviço, que a interrupção do serviço por inadimplemento contrariaria, por si só, o interesse da coletividade. Para o serviço em questão, portanto, a decisão legislativa a ser aplicada seria a de que a interrupção decorrente de inadimplemento não seria cabível, por ser considerada ofensiva aos interesses da coletividade.

AS TARIFAS E OS DIREITOS DOS USUÁRIOS DE SERVIÇO PÚBLICO   123

Mais uma alternativa de disciplina específica seria a imposição de condicionamentos à interrupção dos serviços. A lei específica, nesta outra opção, não estabeleceria restrição absoluta ao corte, tampouco autorizaria irrestritamente a adoção da medida. De acordo com as necessidades consideradas relevantes aos interesses da coletividade, a lei estabeleceria condições à aplicação da exceção de contrato não cumprido no relacionamento entre prestadoras de serviços públicos e seus usuários. Assim, conforme já mencionado no item anterior, poderia ser protegida do corte determinada classe de usuários ou, para citar mais um exemplo, seria possível estipular condições mínimas de prestação do serviço a usuários inadimplentes.

Além da disciplina legislativa, a ser implementada pelas esferas de poder competentes para disciplinar cada serviço (União, Estados e Municípios), também é possível vislumbrar o tratamento da matéria por intermédio de outros instrumentos normativos. Na ausência de tratamento legislativo específico ou quando este, apesar de existente, der margens a complementações normativas, é possível que a forma de consideração do interesse da coletividade em matéria de corte de serviço público motivada por inadimplemento de usuários seja disciplinada por instrumentos de natureza administrativa. A indeterminada competência prevista na Lei Geral de Concessões ganharia contornos precisos por intermédio da atuação da Administração Pública.

Além da imensa variação de proposições que podem vir a ser adotadas (conforme demonstrado nos parágrafos anteriores), a Administração ainda conta com considerável leque de instrumentos normativos que podem encampar a disciplina da referida matéria.

Entre eles, o que se mostra mais apropriado é, sem dúvida, o contrato de concessão (ou de permissão, conforme o caso). A Lei Geral de Concessões determina que o contrato de concessão defina o modo, forma e condições de prestação do serviço,[27] bem como especifique os direitos, garantias e obrigações do poder concedente, concessionária e usuários.[28] No cumprimento dessas atribuições, o contrato de concessão pode vir a estabelecer as condições específicas em que o corte do serviço, por inadimplemento do usuário, estaria autorizado ou, ainda, as restrições e vedações a serem observadas.

A principal vantagem de se estabelecer os condicionamentos à interrupção do serviço no próprio instrumento contratual está em incluir esta

---

27. Art. 23, II, da Lei 8.987/1995.
28. Art. 23, V e VI, da Lei 8.987/1995.

124 TARIFA NAS CONCESSÕES

variável, de pronto, no equilíbrio econômico-financeiro da concessão. Contar, ou não, com a possibilidade de empregar a exceção de contrato não cumprido na relação com seus usuários constitui, induvidosamente, importante aspecto a ser considerado na previsão de custos de uma empresa concessionária ou permissionária de serviços públicos. Não ter o direito de interromper o serviço de usuários inadimplentes significa ser obrigado a arcar com os custos da prestação de tal serviço sem a contraprestação devida a tempo e hora. Acarreta, sem dúvida, impacto no financiamento do serviço como um todo. Se tal aspecto vier definido previamente no próprio instrumento contratual, há de se considerar como integrante da fórmula original do equilíbrio econômico-financeiro do contrato. Ou seja, mesmo se for adotada uma postura de, em consideração aos interesses da coletividade, vedar por completo a interrupção do serviço por inadimplemento do usuário, os custos de tal decisão já estariam assumidos pela empresa que assinasse o contrato.

Medidas condicionantes do direito de interromper a prestação de serviços públicos em virtude da inadimplência de usuários ainda podem ser adotadas pela Administração mesmo após a assinatura do contrato. Uma possibilidade seria a inclusão de condicionamentos ou restrições por meio de alterações na regulamentação do serviço público objeto de delegação. Por via regulamentar seriam introduzidas regras gerais e abstratas para disciplinar o corte de serviço relacionado ao inadimplemento do usuário, em face do interesse da coletividade. Em situações individualizadas nas quais, por circunstâncias excepcionais, o corte de serviço ocorrido por inadimplemento fosse considerado lesivo aos interesses da coletividade também seria possível conceber o tratamento da matéria por meio de atos individualizados. O poder concedente, analisando a especialidade de dada situação, determinaria que, naquele caso concreto, o serviço não deveria ser cortado por falta de pagamento do usuário, ou apenas que tal medida deveria ser implementada com observância de algumas condições especiais.

Essas duas últimas alternativas de tratamento administrativo da matéria – a regulamentar e a pontual, por meio de decisões individualizadas do poder concedente – também produziriam, como a disciplina contratual, evidente impacto no equilíbrio econômico-financeiro do contrato. Ao contrário da prescrição expressa e prévia no contrato, tais medidas significariam uma alteração na relação jurídica original. Alteração que, por sua influência na equação econômico-financeira, demandaria o reequilíbrio da referida equação. A opção pelo tratamento prévio, portanto, apresenta a vantagem de eliminar esse tipo de discussão.

AS TARIFAS E OS DIREITOS DOS USUÁRIOS DE SERVIÇO PÚBLICO   125

Resta ainda enfrentar um ponto de grande relevância em relação à matéria: a discussão sobre o papel do Judiciário no controle da aplicação da regra geral que determina a consideração do interesse da coletividade na aplicação da exceção de contrato não cumprido em matéria de serviço público. É esse o tema a ser visto no próximo item.

2.3.1.3 Possibilidade de revisão judicial e seus limites

Até o presente momento buscou-se demonstrar a veracidade de duas afirmações: a primeira, a de que a legislação atualmente em vigor admite a interrupção na prestação de serviços públicos motivada por inadimplemento de usuários; e a outra, que reflete a possibilidade de imposição de condicionamentos à adoção dessa medida.

Também já foi visto que, de acordo com o tratamento dado à matéria pela Lei Geral de Concessões, tanto o legislador especial, na disciplina de cada serviço público, quanto a Administração, por meio do próprio contrato de concessão, da edição de regulamentos ou da tomada de decisões administrativas concretas, poderiam impor condicionamentos à interrupção do serviço por falta de pagamento do usuário.

Em que pese a possibilidade de especificação posterior do condicionamento estabelecido na Lei Geral de Concessões – que pode ser feita por meio de lei ou medidas administrativas –, há de se reconhecer a existência de um conteúdo mínimo nesta norma geral, ao estabelecer que a interrupção do serviço por falta de pagamento do usuário deve *considerar o interesse da coletividade* (art. 6º, § 3º, II, *in fine*).

A vagueza do conceito de "interesse da coletividade", se, por um lado confere ao Poder Público a possibilidade de melhor discipliná-lo em função de um serviço público específico (por lei ou ato administrativo), por outro, impõe ao próprio Poder Público o dever de exercer adequadamente esta competência, obrigando-o a considerar o interesse da coletividade quando da aplicação da exceção de contrato não cumprido (no caso, consubstanciado no corte do serviço por falta de pagamento).

Portanto, não é difícil concluir que a interrupção de serviço público por inadimplemento do usuário, que não considere o interesse da coletividade, viola dispositivo expresso de lei. Se para determinado serviço público o conjunto normativo aplicável (lei específica, contrato, regulamentos e demais atos administrativos) tolera que o corte na prestação de serviços públicos se opere sem levar em consideração tais interesses, estar-se-á diante de uma clara violação à lei geral. Tal situação, por óbvio, estaria sujeita a controle por parte do Judiciário, que pode ser instado a

126   TARIFA NAS CONCESSÕES

reprimir a prática, por contrária aos mandamentos contidos na lei aplicável (Lei 8.987/1995, art. 6º, § 3º, III). Haveria, em tais casos, simplesmente a provocação do Poder Judiciário para resolver questão a respeito de interpretação legislativa (que versaria sobre o atendimento, ou não, da regra que impõe a consideração do interesse da coletividade).

O problema todo referente ao presente assunto está em saber quais os limites da atuação judicial no exame da referida matéria. A causa de dúvida, mais uma vez, está relacionada à indeterminação do conceito de "interesse da coletividade".

Não se discute que o dever, prescrito na Lei Geral de Concessões, de considerar o interesse da coletividade guarda alto grau de indeterminação. Impossível estabelecer previamente, em termos objetivos, qual o procedimento a ser adotado para o fiel atendimento do dispositivo. A dúvida está nos efeitos que tal indeterminação provoca na autonomia decisória delegada à Administração Pública (a quem cabe aplicar o mandamento legal de ofício).

Alguns autores sustentam que, ao empregar conceitos jurídicos indeterminados, a legislação acaba por conferir à autoridade administrativa uma certa margem de discricionariedade.[29] Vale dizer: seria atribuído ao administrador um campo de decisão que não se subsume ao estritamente jurídico (aplicação pura e simples da lei a um caso concreto, característica típica da competência vinculada). A competência encamparia matéria própria de função administrativa, a ser decidida e avaliada com base em critérios de conveniência e oportunidade; não sendo passível de um juízo de validade (critério jurídico). Nestes casos, a discricionariedade ocorreria quando, diante de um caso concreto que demandasse a aplicação do conceito indeterminado, não fosse possível afirmar com absoluta

29. O tema do controle jurisdicional da discricionariedade administrativa é um dos mais tormentosos e tradicionais do direito administrativo. Foge, porém, ao objeto do presente estudo o desenvolvimento ou a defesa de uma tese especialmente voltada à análise desta questão. Por esta razão, o assunto será abordado a partir das premissas e conclusões já estabelecidas com base nas correntes doutrinárias mais relevantes a respeito da matéria. Entre as várias obras que abordam esse tema, podemos indicar, como importantes referências empregadas no presente estudo: Celso Antônio Bandeira de Mello, *Discricionariedade e Controle Jurisdicional*, 2ª ed., 8ª tir.; Seabra Fagundes, *O Controle dos Atos Administrativos pelo Poder Judiciário*, 6ª ed.; Maria Sylvia Zanella Di Pietro, *Discricionariedade Administrativa na Constituição de 1988*, 1991; Eduardo García de Enterría e Tomás-Ramón Fernández, *Curso de Derecho Administrativo*, 8ª ed., vol. I; Luciano Parejo Alfonso, *Administrar y Juzgar: Dos Funciones Constitucionales Distintas y Complementarias*, 1993; Miguel Sánchez Morón, *Discrecionalidad Administrativa y Control Judicial*, 1995; Tomás-Ramón Fernández, *De la Arbitrariedad de la Administración*, 1994.

AS TARIFAS E OS DIREITOS DOS USUÁRIOS DE SERVIÇO PÚBLICO   127

certeza sua incidência em relação à hipótese em exame. Em virtude dessa limitação de natureza cognoscitiva, que impede a aplicação precisa de conceitos indeterminados em todos os casos concretos, restaria um campo de discricionariedade – em que a decisão se baseia em critérios não-jurídicos – naquelas hipóteses em que não fosse possível afirmar, com precisão, a incidência do conceito indeterminado.[30]

Outra linha de pensamento defende que a utilização de conceitos jurídicos indeterminados pela legislação em nada afeta a extensão do controle judicial sobre os atos administrativos editados com base em tal competência legislativa. A análise de tais competências demandaria, segundo esta outra corrente doutrinária, pura e simples interpretação da lei – e, como tal, estaria amplamente sujeita ao controle jurisdicional. Não sobraria, de acordo com este ponto de vista, qualquer espaço para a competência discricionária em função da aplicação de conceitos jurídicos indeterminados pela Administração Pública.

Muito embora as referidas linhas de pensamento apresentem diferenças essenciais quanto à caracterização e definição de discricionariedade administrativa, principalmente a respeito do papel que os conceitos jurídicos indeterminados exercem em relação a esta matéria, também é possível destacar importantes convergências entre elas. Tais pontos de concordância servem para expressar uma postura que, seguramente, é possível adotar a respeito do tema que se propõe enfrentar no presente tópico: os limites do controle judicial sobre a consideração do interesse

---

30. Neste sentido é a lição de Celso Antônio Bandeira de Mello: "Induvidosamente, havendo litígio sobre a correta subsunção do caso concreto a um suposto legal descrito mediante conceito indeterminado, caberá ao Judiciário conferir se a Administração, ao aplicar a regra, *se manteve no campo significativo de sua aplicação ou se o desconheceu.* Verificado, entretanto, que a Administração se firmou em uma intelecção perfeitamente cabível, ou seja, comportada pelo conceito ante o caso concreto – *ainda que outra também pudesse sê-lo* –, desassistirá ao Judiciário assumir estoutra, substituindo o juízo administrativo pelo seu próprio. É que aí haveria um contraste de intelecções, igualmente possíveis. Ora, *se a intelecção administrativa não contrariava o Direito* – este é o pressuposto do tópico *sub examine* –, faleceria título jurídico ao órgão controlador de legitimidade para rever o ato, conforme dantes se disse" (*Discricionariedade e Controle Jurisdicional,* 2ª ed., 8ª tir., p. 24). Mais adiante, o professor conclui: "Sem dúvida, perante inúmeros casos concretos (a maioria, possivelmente) caberão dúvidas sobre a decisão ideal e opiniões divergentes poderão irromper, apresentando-se como razoáveis e perfeitamente admissíveis. Nestas hipóteses a decisão do administrador haverá de ser tida como inatacável, pois corresponderá a uma opção de *mérito;* ou seja: a uma escolha não só comportada abstratamente pela norma, mas também compatível com a situação empírica, porque sintonizada com a própria razão de ser das alternativas abertas pela regra aplicanda" (ob. cit., p. 40).

128 TARIFA NAS CONCESSÕES

da coletividade quando se for autorizar o corte de serviço por inadimplemento do usuário.

São duas, basicamente, as lições que podem ser extraídas das principais teses a respeito do papel do Judiciário no controle da aplicação de conceitos jurídicos indeterminados pela Administração Pública.

A primeira delas é a de que o exercício da competência administrativa, mesmo que derivada da aplicação de conceitos jurídicos indeterminados, submete-se ao controle judicial. Mesmo quem defende a existência de potencial discricionariedade em tais atribuições não renega – muito pelo contrário, reconhece – a possibilidade de controle judicial sobre tais atos. Para estes não seria possível apenas a invasão do chamado mérito do ato administrativo, campo inadequado para o pronunciamento judicial. Todavia, se na aplicação do conceito jurídico indeterminado a autoridade competente desbordasse da noção assente do conceito (a chamada zona de certeza, que pode ser positiva ou negativa), haveria a necessidade da reforma judicial do ato administrativo.

A segunda conclusão que nos serve, para os fins do presente estudo, advém de premissa oposta. Está no reconhecimento de que o controle judicial dos atos administrativos, em especial daqueles produzidos em aplicação de conceitos jurídicos indeterminados, não pode desbordar de aspectos exclusivamente jurídicos. Não cabe ao Poder Judiciário, a pretexto de interpretar o real sentido de um conceito jurídico indeterminado, fixar políticas públicas. Tal limite também é reconhecido pelos adeptos da tese segundo a qual os conceitos jurídicos indeterminados não conferem competência discricionária ao administrador.[31]

Assim, em termos gerais, é possível afirmar, em relação ao problema posto, que cabe o exame judicial do tratamento dado pelo Poder Público (por meio de lei específica ou medidas administrativas) à ressalva contida no art. 6º, § 3º, II, da Lei 8.987/1995. Ou seja, o Poder

---

31. É o caso de Tomás-Ramón Fernández: "Nada nega frontalmente que em seu controle do exercício do poder discricionário os juízes não têm outra ferramenta que não o Direito, do que, obviamente, se segue que poderão chegar legitimamente em sua crítica das decisões discricionárias até onde o Direito e o raciocínio jurídico cheguem e que, além desse limite (mais que impreciso, não precisado), não poderão dar um só passo" (tradução livre). Confira-se o original em Espanhol: "Nadie niega frontalmente que en su control de ejercicio del poder discrecional los jueces no tienen otra herramienta que el Derecho, de lo que, obviamente, se sigue que podrán llegar legítimamente en su crítica de las decisiones discrecionales hasta donde el Derecho y el razonamiento jurídico lleguen y que más allá de ese límite, más que impreciso no precisado, no podrán dar un solo paso" (*De la Arbitrariedad de la Administración*, p. 16).

AS TARIFAS E OS DIREITOS DOS USUÁRIOS DE SERVIÇO PÚBLICO   129

Judiciário é, sem dúvida, competente para examinar se houve a devida consideração ao interesse público no tratamento normativo dado pela Administração no que se refere à autorização para interromper a prestação de serviços públicos em função de inadimplemento de usuários. Não se reconhece como legítima, todavia, qualquer intervenção relacionada à fixação de políticas públicas em matéria de proteção dos interesses coletivos postos em questão. Esta última é competência de índole puramente administrativa, que não se pode sujeitar a exame com base em critérios jurídicos. Assim, a eleição de uma dada fórmula para considerar o interesse da coletividade poderá ser rejeitada pelo Judiciário se – e somente se – for dado um argumento jurídico para descaracterizá-la como condizente com tais interesses coletivos. A opção do administrador, todavia, não poderá ser substituída por outra (considerada melhor, mais conveniente) oferecida pelo Judiciário. Nesta última hipótese haveria usurpação de competência administrativa pelo Judiciário, o que viola o princípio constitucional da separação dos Poderes.

Para melhor ilustrar essa conclusão geral, é oportuno tratar de dois problemas levados a exame judicial. Num deles haveria o que, em nossa opinião, seria uma intervenção legítima do Judiciário na decisão administrativa de disciplinar o tema da interrupção na prestação de serviços públicos. Trata-se da questão envolvendo o corte no abastecimento de água. O outro exemplo, agora para verificar uma situação em que a revisão judicial do tratamento dado pelo Poder Público não nos parece legítima, diz respeito ao exame da juridicidade do corte na prestação do serviço de energia elétrica. Vejamos como as peculiaridades de cada um desses casos podem ajudar a ilustrar o que até o momento se afirmou de modo abstrato.

(a) O exemplo do serviço de água – Um dos serviços que mais suscitaram e suscitam discussão a respeito da possibilidade de corte por inadimplemento do usuário é o de abastecimento de água. Sobre o tema, apesar do freqüente emprego dos argumentos genéricos arrolados no início deste tópico (continuidade do serviço público, dignidade da pessoa humana e proibição da autotutela por parte das prestadoras de serviços públicos), é possível encontrar na jurisprudência exemplo de análise estrita da legislação aplicável ao serviço.

Em decisão datada de 8.9.1981, cujo relator foi o Min. Moreira Alves, o STF decidiu pelo não conhecimento de Recurso Extraordinário no qual se discutia a ilicitude do corte do serviço de fornecimento de água, motivado por inadimplemento do usuário, no Município de São Paulo.

130   TARIFA NAS CONCESSÕES

O corte, autorizado por decreto estadual que disciplinava a atuação da concessionária do serviço (a SABESP, empresa controlada pelo Estado de São Paulo), foi considerado ilícito pelo fato de contrariar mandamento contido em lei, que determinava a obrigatoriedade do fornecimento do serviço. Confira-se a ementa do referido julgado: "Serviço de água – Débito – Corte de fornecimento. Sendo obrigatório o fornecimento de água, por motivo de saúde pública, em virtude de lei local, não é lícito em decreto estabelecer corte na ligação, quando em débito o consumidor".[32]

O próprio ordenamento jurídico, ao determinar a obrigatoriedade da fruição do serviço de água, teria criado norma que impedia o corte por inadimplemento. Tal norma não mencionava expressamente a proibição do corte, mas indicava de modo claro a contraposição entre sua finalidade e a autorização de corte por falta de pagamento. Como bem salientado no acórdão recorrido (que não foi reformado pelo STF), se a lei determinou a fruição obrigatória do serviço, tendo em vista a saúde pública, não faria qualquer sentido jurídico (e até mesmo lógico) autorizar a suspensão de fornecimento nos casos de inadimplemento do usuário.

O corte por inadimplemento contrariaria o dever de fruir obrigatoriamente o serviço. Deveras, se tal medida fosse aplicável, bastaria suspender o pagamento do serviço para que os usuários não estivessem mais obrigados a recebê-lo. Essa, obviamente, não é solução condizente com o regime jurídico criado para o serviço. O *interesse da coletividade* (encampado na legislação) era o de que o serviço de fornecimento de água fosse prestado a todos os usuários para os quais o serviço estivesse à disposição. Com isso, assegurava-se a proteção à saúde da população (interesse legalmente prestigiado). O corte no fornecimento, mesmo que motivado por inadimplemento, contrariaria este objetivo previsto expressamente em lei. Por tal razão, a medida foi considerada ilícita.

Vale salientar que a referida decisão, tomada no início da década de 80, seria perfeitamente aplicável frente ao atual art. 6º, § 3º, III, da Lei 8.987/1995. Com base nos elementos normativos aplicáveis ao serviço de fornecimento de água, o Judiciário teria encontrado um limite objetivo à interrupção do serviço por inadimplemento do usuário: o dever de fruição obrigatória. Por esta razão, seria perfeitamente possível inferir que a consideração ao *interesse da coletividade* em matéria de serviço de água, por determinação da lei específica, impediria o corte no fornecimento de serviço por inadimplemento do usuário. A conclusão

32. STF, 2ª Turma, RE 94.320, v.u. (*RDA* 148/170-174).

AS TARIFAS E OS DIREITOS DOS USUÁRIOS DE SERVIÇO PÚBLICO   131

pela ilicitude do corte não significaria qualquer interferência indevida do Judiciário na criação de políticas públicas ou, mesmo, a declaração de inconstitucionalidade do dispositivo da Lei 8.987/1995 que autoriza o corte. A nova legislação "recepcionaria" a postura jurisprudencial, na medida em que condiciona o corte por inadimplemento à consideração dos interesses da coletividade (art. 6°, § 3°, *in fine*). No presente caso, portanto, o corte não seria admitido, por contrariar interesse coletivo expressamente previsto em lei específica: o de que os serviços sejam prestados a todos os usuários, independentemente de suas vontades (em virtude da caracterização do serviço como de fruição obrigatória). Como se vê, a matéria presente na referida decisão do STF permanece atual, servindo como bom exemplo de análise estritamente jurídica do problema.

(b) O exemplo do serviço de energia elétrica – Outro grande nicho de discussão a respeito da possibilidade de interrupção da prestação de serviço público por inadimplência do usuário envolve o serviço de energia elétrica. Ao contrário do que dispõe a legislação de boa parte das localidades sobre serviço de fornecimento de água, a obrigatoriedade de fruição não foi imposta pelas normas em vigor para o setor elétrico. Cada usuário tem o direito de optar entre ter, ou não, acesso ao serviço. Por esta razão, já se vê, não será possível aplicar a este tema os mesmos fundamentos adotados para interpretar os limites do corte do fornecimento para os serviços de água. Ou seja, tal diferença indica a existência de premissas normativas próprias entre os setores, o que demanda a análise autônoma de cada um deles.

Isso, porém, não significa dizer que a interrupção do serviço de energia elétrica não provoque importantes reflexos sobre interesses da coletividade. É possível identificar – até mesmo intuitivamente – diversas situações em que, na hipótese de interrupção do serviço energia elétrica, atividades de interesse da coletividade se veriam comprometidas. Assim ocorreria com o corte de energia que afetasse uma grande indústria, comprometendo sua produção e, conseqüentemente, o emprego de inúmeras pessoas; alguns serviços públicos (como, por exemplo, o de iluminação pública, hospitais, escolas – e assim por diante) também poderiam deixar de ser oferecidos à população caso a entidade responsável pela sua prestação se tornasse inadimplente com o serviço de energia elétrica. Não há como negar, portanto, a necessidade de o corte no fornecimento de energia elétrica levar em consideração alguns desses interesses da coletividade. Deveras, há situações (como nos exemplos

132 TARIFA NAS CONCESSÕES

acima arrolados) em que, induvidosamente, a adoção da medida afetaria interesses da coletividade; e, como tais, merecem ser consideradas pelo Poder Público, sob pena de descumprimento do disposto na parte final do inciso III do § 3º do art. 6º da Lei 8.987/1995.

Acontece que, conforme apontado no tópico anterior, não existe apenas uma forma de "considerar" o interesse da coletividade em relação à interrupção da prestação de serviços públicos por inadimplemento do usuário. Por intermédio de legislação específica ou, mesmo, de medidas administrativas (cláusulas do contrato de concessão, regulamentação do serviço, decisão em casos concretos específicos) pode ser dada competência ao Poder Público para disciplinar a forma por intermédio da qual o interesse da coletividade deva ser levado em consideração quando se estiver diante do inadimplemento do usuário. É certo que uma possível alternativa é a proibição do corte. Foi esta a forma, segundo interpretação do STF, adotada pela legislação que rege o serviço de água em São Paulo. A proibição do corte, de acordo com tal posicionamento, está implícita, uma vez que derivaria do caráter obrigatório que foi dado ao serviço.

Porém, como já foi dito, esta não é a única solução juridicamente viável. Para atender ao interesse da coletividade poderiam ser impostas medidas outras para condicionar o corte de serviços públicos, que não sua pura e simples proibição. Entre as alternativas possíveis, vale lembrar alguns exemplos já indicados no tópico anterior: a instituição de cota mínima de fornecimento de serviço a usuários inadimplentes; a estipulação de prazo diferenciado para pagamento, antes que se autorize o corte; a previsão de procedimento especial para efetivar o corte; a seleção de usuários especiais que não se sujeitariam à medida – entre outras tantas possíveis, variando de acordo com as peculiaridades de cada serviço.

No caso do serviço de energia elétrica, a legislação específica do setor definiu um modo próprio de considerar o interesse da coletividade na hipótese de corte do serviço por inadimplemento do usuário. Ao invés de proibir o corte, naquelas hipóteses consideradas relevantes para o interesse geral, a legislação aceitou sua ocorrência desde que obedecido dado procedimento especial. O tratamento diferenciado previsto em lei afeta basicamente os usuários que sejam prestadores de serviços públicos ou essenciais. Nestes casos, havendo inadimplência, antes de interromper o serviço, a concessionária é obrigada a notificar o chefe do Executivo responsável pelo serviço público que está ameaçado pela falta de

AS TARIFAS E OS DIREITOS DOS USUÁRIOS DE SERVIÇO PÚBLICO 133

pagamento do serviço de energia. Confira-se a previsão legal (Lei 9.427, de 26.12.1996, com a redação dada pela Lei 10.438, de 26.4.2002):

"Art. 17. A suspensão, por falta de pagamento, do fornecimento de energia elétrica a consumidor que preste serviço público ou essencial à população e cuja atividade sofra prejuízo será comunicada com antecedência de 15 (quinze) dias ao Poder Público local ou ao Poder Executivo Estadual.

"§ 1º. O Poder Público que receber a comunicação adotará as providências administrativas para preservar a população dos efeitos da suspensão do fornecimento de energia elétrica, inclusive dando publicidade à contingência, sem prejuízo das ações de responsabilização pela falta de pagamento que motivou a medida.

"(...)."

De acordo com a legislação setorial, portanto, ainda que se trate de usuário (consumidor) que seja prestador de serviço público ou essencial, a inadimplência poderá ensejar o corte no fornecimento de energia elétrica. O interesse da coletividade a ser afetado com a suspensão do serviço público dependente de energia elétrica deveria ser preservado pela entidade política responsável pelo próprio serviço (governador de Estado ou prefeito), cabendo à concessionária, como medida de viabilização deste mecanismo, apenas informar o ocorrido com antecedência de 15 dias do corte.

Além dos fundamentos genéricos que são empregados para sustentar a inconstitucionalidade da autorização do corte de serviços públicos por inadimplemento, é possível identificar na jurisprudência o emprego de interessante argumento para justificar a proibição de corte especificamente em relação ao serviço de energia elétrica. Procurando dar aplicação direta – ao invés de negar sua validade – ao art. 6º, § 3º, II, da Lei 8.987/1995, alguns julgados têm sido proferidos no sentido de considerar ilícito o corte do serviço de energia apenas quando o usuário atingido desempenhar atividade de relevância pública. Ou seja, em tais decisões o juiz aplica diretamente a norma que determina a consideração do "interesse da coletividade" em matéria de suspensão do serviço por inadimplemento, chegando à conclusão segundo a qual nos casos em que atingidos prestadores de serviços públicos ou usuários que desempenham atividade de comprovada relevância pública não seria admitido o corte.

Esta foi a linha adotada pelo TRF da 5ª Região ao examinar a legalidade do corte de energia a ser realizado em empresa responsável pela ir-

134 TARIFA NAS CONCESSÕES

rigação de toda uma região agrícola. Considerando ser esta atividade de inegável interesse daquela coletividade, o Tribunal entendeu que, nestas circunstâncias, o corte seria ilegal, por violar a parte final do dispositivo da Lei 8.987/1995 que disciplina a matéria. Confira-se trecho do acórdão em que se extrai o cerne da fundamentação jurídica implementada:

"O fornecimento de energia elétrica é realizado mediante contraprestação do usuário consubstanciada no pagamento de tarifa de consumo (art. 14, I, da Lei n. 9.427/1996 e arts. 9º a 13 da Lei n. 8.987/1995), sendo a inadimplência causa legal de sua suspensão (art. 6º, § 3º, II, da Lei n. 8.987/1995 e art. 17, *caput*, da Lei n. 9.427/1996), observada a exigência de prévia notificação do consumidor.

"Contudo, nos termos do art. 6º, § 3º, II, da Lei n. 8.987/1995, deve ser sopesado o interesse da coletividade, razão pela qual entendo que, quando da suspensão do fornecimento de energia elétrica puder decorrer dano irreparável ao interesse coletivo, não é possível a sua efetivação, sendo esse exatamente o caso dos autos, pois o corte da energia traria conseqüências desastrosas para os interesses dos irrigantes e das populações dependentes, direta ou indiretamente, dos projetos de irrigação, os quais ocupam a posição de terceiros em relação à querela estabelecida entre a agravante e a agravada, e não podem, portanto, sofrer os prejuízos respectivos."[33]

É de se notar que a legalidade de decisões administrativas, mesmo aquelas que digam respeito à aplicação de conceitos jurídicos indeterminados, está sujeita a exame do Judiciário. Neste caso, tratando-se de situação de fato (a interrupção da irrigação numa dada região) que evidentemente se enquadra no conceito legalmente previsto, que é o de interesse da coletividade, haveria, em tese, a possibilidade de intervenção judicial para determinar o cumprimento da prescrição legal que impõe o dever de tais interesses serem levados em consideração.

Todavia, no caso em exame há outra peculiaridade a informar o enfrentamento do problema. A legislação do setor elétrico não foi omissa em relação ao atendimento dos interesses da coletividade confrontados com a possibilidade de corte por inadimplemento do usuário. A medida escolhida para tal consideração, todavia, não foi a mesma prevista pelo TRF da 5ª Região: ao invés de impedir a interrupção, a lei setorial impôs como exigência para atendimento do interesse da coletividade apenas a

33. TRF-5ª Região, 3ª Turma, AI 20.635, rel. Juiz Manoel de Oliveira Erhardt (convocado), v.u., j. 17.2.2000 (extraído da revista *Interesse Público* 9/327-329, Porto Alegre, ed. Dez, 2001).

AS TARIFAS E OS DIREITOS DOS USUÁRIOS DE SERVIÇO PÚBLICO   135

comunicação do fato às autoridades públicas responsáveis pelo serviço a ser afetado com a interrupção (art. 17 da Lei 9.427/1996).

Diante de tal ambiente normativo, a decisão judicial que encampe solução diversa daquela prevista em lei há de ser considerada como interferência em política pública. Comportamento que é defeso ao Judiciário, sob pena de violação ao princípio da separação e autonomia dos Poderes que constituem o Estado. Ou seja, se o Judiciário impuser a prestação do serviço a esses tipos de usuários (os que desenvolvem atividades de interesse da coletividade), mesmo no caso de inadimplência, estará descumprindo a definição legal quanto ao modo de consideração dos interesses da coletividade.

Deveras, a legislação setorial nitidamente reconhece a relevância coletiva de determinadas atividades, bem como a influência que o serviço de energia elétrica (e sua falta) exerce sobre elas. Todavia, decide que o serviço de energia elétrica não arcará com o ônus pela manutenção desses serviços. O mecanismo fixado em lei determina apenas a notificação da autoridade responsável pelo serviço consumidor de energia, a fim de que esta tome as providências necessárias para a proteção dos interesses da coletividade. Se, mesmo após o aviso, a inadimplência persistir, o corte é autorizado pela lei. Daí ser possível concluir que o legislador instituiu norma segundo a qual o setor elétrico não será onerado pelos custos de outros serviços públicos ou essenciais. Não haverá, neste sentido, transferências de custos ou responsabilidades entre entes políticos distintos. O serviço de iluminação pública, por exemplo, que é de responsabilidade do Município, não terá parte considerável de seus custos (o fornecimento de energia) transferido para o serviço de energia elétrica (federal).

Assim como a falta de lâmpadas ou outros instrumentos necessários à manutenção desse importante serviço público, a falta de energia elétrica há de ser considerada responsabilidade do Município, e não dos seus fornecedores (como é, no caso, a prestadora do serviço de energia elétrica). Foi essa a decisão, de natureza política, adotada por lei. Poderia ter sido outra: a de fazer com que o serviço de energia elétrica assumisse tais ônus. Mas não foi essa a opção do legislador.

Assim sendo, tendo em vista a peculiar decisão tomada em nível legislativo no caso do setor elétrico, que considera atendido o interesse da coletividade com a comunicação do débito de usuários relevantes às respectivas autoridades competentes, há de se considerar indevida a imposição judicial do dever de continuar prestando o serviço, nesses

136 TARIFA NAS CONCESSÕES

casos. Admitir tal medida por decisão judicial seria alterar uma política pública, o que somente poderia ser alcançado por decisão legislativa.

Todavia, na ausência de legislação específica disciplinando a matéria ou, mesmo, de decisão discricionária da Administração que regule o tema da consideração dos interesses da coletividade, será possível recorrer ao Judiciário para verificação, no caso concreto, do atendimento à genérica disposição contida na Lei 8.987/1995.

2.3.2 Dever de adotar um procedimento

O primeiro dos condicionamentos impostos por lei à interrupção da prestação de serviços públicos em virtude de inadimplemento do usuário é, por assim dizer, de ordem *material*. Em observância aos *interesses da coletividade*, constatou-se ser possível que a legislação específica ou a regulamentação editada pelo poder concedente venha a limitar (ou, mesmo, vedar) o emprego da exceção de contrato não cumprido por parte das prestadoras de serviços públicos nas relações jurídicas mantidas com seus respectivos usuários. A outra regra que condiciona o exercício de tal medida (a interrupção na prestação do serviço público) apresenta, por sua vez, natureza predominantemente *formal*. Trata-se da imposição de um procedimento prévio à implementação do corte na prestação dos serviços públicos. Será este o tema a ser analisado no presente item.

A referência legal ao necessário procedimento, como já foi apontado anteriormente, está contida no próprio § 3º do art. 6º da Lei 8.987/1995, que condiciona a interrupção por inadimplemento ao *prévio aviso do usuário*.

Esta exigência de prévio aviso não pode ser vista apenas como um ritual, desprovido de objetivos práticos e jurídicos concretos. Ou seja: para que esta norma não seja vazia de sentido e conteúdo, há de servir a algum objetivo prestigiado pelo Direito.

O fundamento jurídico e, ao mesmo tempo, o objetivo da referida regra do *prévio aviso* estão encampados no próprio texto constitucional. Dizem respeito ao princípio do devido processo legal. Este princípio, como se sabe, assegura aos litigantes, em processo judicial ou administrativo, o contraditório e a ampla defesa, com os meios e recursos a ela inerentes (art. 5º, LV, da CF).

A aplicabilidade do aludido princípio à medida em análise é incontestável. A prestação de serviços públicos, mesmo quando realizada por particulares (concessionários ou permissionários), é exemplo típico do

AS TARIFAS E OS DIREITOS DOS USUÁRIOS DE SERVIÇO PÚBLICO   137

exercício de função administrativa. O Estado, diretamente ou por interposta pessoa (delegatário do serviço público), desenvolve atividade que lhe é típica, ofertando dada comodidade aos usuários. Trata-se, portanto, de uma perfeita relação jurídica, muitas vezes formalizada em contrato escrito, por intermédio do qual o Estado, ou um representante seu, se compromete perante um usuário a lhe oferecer dado serviço, em contraprestação a um valor pré-determinado (tarifa).

Esta relação jurídica de natureza contratual estabelece direitos recíprocos, demandando, em regra, para sua extinção (definitiva ou temporária, como seria o caso da interrupção), a anuência prévia das partes. No caso de interrupção por falta de pagamento, a lei autorizou a utilização de um mecanismo que faz com que uma das partes se desobrigue em função do inadimplemento da outra, independentemente de acordo ou de ação judicial que ponha termo à relação jurídica. No caso, a lei autoriza o agente público (considerada a expressão em sentido amplo, incluindo os particulares que sejam delegatários de serviços públicos) a romper a seqüência de prestação de serviços públicos (dever do Estado e direito dos cidadãos) em virtude do não-pagamento por parte dos usuários.

Trata-se, portanto, de uma decisão de natureza administrativa, que põe termo ao exercício de determinados direitos dos usuários (o de obter a prestação de serviços públicos). Como tal, referida decisão deve ser obtida por meio de procedimento administrativo, que assegure a ampla defesa e o contraditório ao usuário atingido. Esta é uma decorrência direta do preceito constitucional que assegura aos litigantes, em processo administrativo, o direito ao contraditório e à ampla defesa.

Neste contexto torna-se possível encontrar o objeto da referida exigência legal: o prévio aviso do usuário serve para lhe assegurar o exercício do direito à ampla defesa e ao contraditório.

Assim, o aviso ao usuário que seja implementado em condições tais que inviabilizem o efetivo exercício desse direito ao contraditório e à ampla defesa constitui razão jurídica suficiente para que se reverta ou impeça a interrupção do serviço. Isto ocorreria, por exemplo, se o aviso de interrupção não especificasse a razão para a adoção da medida[34] ou, ainda, se não fosse efetuado com prazo suficiente para o usuário se manifestar antes da adoção da medida. É necessário, portanto, que o aviso

---

34. Providência necessária seja para determinar o montante do débito que acarretará a suspensão do serviço, seja, mesmo, para especificar a causa da interrupção, uma vez que, além do inadimplemento, a interrupção pode ocorrer em virtude de razões de índole técnica ou de segurança das instalações (art. 6º, § 3º, I, da Lei 8.987/1995).

138 TARIFA NAS CONCESSÕES

de interrupção do serviço indique as razões para a adoção da medida e seja feito em tempo hábil para a manifestação do usuário, seja para que este possa efetuar espontaneamente a quitação do débito, seja para contestá-lo ou apresentar razões que justifiquem a mora, de modo a impedir a efetivação da medida.

Se tais requisitos mínimos não forem obedecidos pela prestadora do serviço (responsável pela realização do aviso prévio e pela implementação da medida de corte na prestação do serviço), o usuário poderá sempre recorrer da prática perante o poder concedente, órgãos de proteção ao consumidor e, obviamente, o Judiciário. O fundamento para tais impugnações seria a violação direta ao art. 6º, § 3º, da Lei 8.987/1995, que impõe o dever de aviso prévio do usuário, a ser efetivado com o fim de atender ao art. 5º, LV, da CF, que assegura o direito ao contraditório e à ampla defesa aos litigantes em processo administrativo.

O tema do aviso prévio da interrupção do serviço ao usuário vem sendo, aos poucos, disciplinado pelo poder concedente. A maior preocupação tem sido a de estabelecer um prazo mínimo a ser observado entre o aviso e a efetivação da medida. Este é o foco da disciplina da matéria contida na regulamentação específica do setor elétrico. O tema é abordado pela Resolução ANEEL-456, de 29.11.2000. Em seu art. 91 e §§ a resolução estabelece prazos mínimos a serem observados entre o aviso e a suspensão do serviço. A resolução também exige expressamente que o aviso contenha a discriminação do motivo ensejador do corte (art. 93).

A suspensão do serviço de telefonia fixa por inadimplemento mereceu tratamento regulamentar ainda mais detalhado. A Resolução 426 da ANATEL, de 9.12.2005, estabeleceu todo um procedimento, preocupando-se, inclusive, com o direito ao contraditório (arts. 100-110). Entre outras medidas, a resolução definiu o momento em que se caracteriza o inadimplemento (art. 100, § 1º); fixou prazo para a realização de notificação (art. 100, § 4º); determinou, como primeira providência a ser tomada, a suspensão parcial do serviço (no início só se suspende a originação de chamadas, podendo, ainda, o usuário receber ligações em seu telefone – art. 101); admitiu a possibilidade de contestação de débitos como forma de suspender os prazos e a efetivação do corte (art. 105).

Há de ressaltar, por fim, que a regulamentação que venha a ser editada sobre o assunto tanto quanto o comportamento da prestadora em avisar o usuário nas hipóteses em que o tema não esteja disciplinado previamente podem ser objeto de questionamento jurídico, com base no princípio do devido processo legal. Para tanto, basta demonstrar que os procedimentos instituídos violam o direito à ampla defesa ou ao contraditório.

AS TARIFAS E OS DIREITOS DOS USUÁRIOS DE SERVIÇO PÚBLICO   139

3. Inscrição de usuários no cadastro de inadimplentes

Além da questão envolvendo a suspensão da prestação do serviço público, o inadimplemento pode suscitar dúvida a respeito da possibilidade de inscrição de usuários nos chamados cadastros de proteção ao crédito, bem como sobre os efeitos que tal inclusão poderia provocar em relação aos direitos dos usuários.

Como se sabe, nas relações de consumo em geral é facultado ao fornecedor fazer uso de cadastros de proteção ao crédito, como forma de tentar minorar os efeitos da inadimplência. São os chamados Sistemas de Proteção ao Crédito (SPCs). Os condicionamentos gerais para a aplicação desse sistema estão previstos no Código de Defesa do Consumidor (art. 43). Seu funcionamento consiste, basicamente, na elaboração de cadastro contendo informações acerca de consumidores que não tenham honrado seu débito junto a entidades comerciais, financeiras ou prestadores de serviços. O acesso às informações e a forma de inclusão de nomes no cadastro obedecem à regulamentação própria de cada sistema, que deve, porém, obedecer aos genéricos condicionamentos da legislação de proteção ao consumidor. Entre os condicionamentos previstos em lei é possível destacar o limite de cinco anos para manutenção de informações negativas sobre o consumidor (art. 43, § 1º, do CDC) e o dever de comunicação escrita ao consumidor que venha a ser incluído no cadastro (art. 43, § 2º, do mesmo diploma legal).

Dois aspectos desse sistema ganham relevância em matéria de usuários de serviços públicos. O tema preliminar está em saber se as prestadoras de serviços públicos poderiam incluir o nome de usuários inadimplentes em algum desses sistemas de proteção ao crédito. Outro problema que ganha repercussão envolve a discussão em torno da possibilidade de, em relação a dados serviços, haver recusa de prestadoras de serviços públicos de aceitar uma pessoa como usuária do serviço em virtude de esta ter seu nome incluído em cadastro de proteção ao crédito.

O primeiro assunto é de mais fácil enfrentamento. Deveras, a inclusão de nomes em cadastro de proteção ao crédito, desde que obedecidas as limitações constantes da legislação de defesa do consumidor, não implicará qualquer violação a direito do usuário. Trata-se da aplicação pura e simples de um sistema de proteção às entidades que conferem crédito aos seus clientes. É um mecanismo, vale lembrar, cuja existência é admitida inclusive pelo Código de Defesa do Consumidor. A circunstância de a dívida ser originada da falta de pagamento de serviço público não torna o usuário imune à inclusão de seu nome num desses cadastros.

140 TARIFA NAS CONCESSÕES

Não há regra que impeça, em virtude dessa origem especial do débito, a inclusão do nome do devedor de tarifas de serviços públicos na lista de pessoas inadimplentes. A adoção, ou não, do sistema, portanto, passa a ser assunto de política interna da empresa responsável pelo serviço público. Se optar por se vincular a um dos sistemas de proteção ao crédito, não haverá razão jurídica que possa ser oposta à inclusão dos nomes de seus usuários inadimplentes no citado sistema.

Mais complexa é a questão de saber se as prestadoras de serviços públicos podem fazer uso desses cadastros de proteção ao crédito para recusar a prestação de serviços àqueles que tenham seus nomes incluídos nessas listas.

O campo de dúvida, porém, não se estende a todos os serviços públicos, como é fácil demonstrar. Deveras, determinados serviços, pelo próprio sistema de cobrança que é instituído (imediato ou até mesmo antecipado, como os serviços de transporte coletivo e serviços postais), não proporcionam a abertura de qualquer crédito ao usuário. Em tais casos, por óbvio, não há razão ou sentido na utilização do sistema de proteção ao crédito. A questão simplesmente não se põe.

Outros serviços são considerados pela legislação como de natureza essencial. Esta, aliás, é característica própria à condição de serviço público, e, por isso, informa a grande maioria de atividades assim classificadas pela legislação. É o caso, por exemplo, dos serviços de telefonia fixa, energia elétrica e saneamento básico. Em relação a tais serviços, é um objetivo inerente à própria legislação o oferecimento da utilidade ao maior número de usuários possível. Não faria sentido, em casos tais, admitir que, em virtude de débitos oriundos de outras relações creditícias, as prestadoras de serviço público pudessem se recusar a prestar seus serviços. Contrariaria a própria lógica do regime jurídico instituído para tais serviços. Portanto, também neste campo não teria cabimento a cogitação do emprego de sistemas de proteção ao crédito em favor de prestadoras de serviços públicos. A razão da exclusão, como se viu, também é facilmente demonstrada.

Todavia, não se pode negar a existência de determinadas atividades inseridas por lei no conceito de serviço público e que, por suas características próprias, suscitariam a cogitação do emprego do sistema de proteção ao crédito por parte das empresas que as ofertam.

São serviços públicos que têm, por assim dizer, características próprias de atividades de varejo e que, além do mais, não são oferecidos em regime de monopólio. Podemos ilustrar, como exemplos de atividades

AS TARIFAS E OS DIREITOS DOS USUÁRIOS DE SERVIÇO PÚBLICO   141

em que a questão já foi concretamente cogitada, com os serviços de telefonia móvel. Também estariam nesse rol os chamados serviços de TV por assinatura (TV a cabo, serviço de TV por assinatura via satélite e por microondas).

Em casos tais, muito embora a legislação tenha empregado na regulação dessas atividades instrumentos típicos da disciplina dos serviços públicos – a instituição do modelo tarifário é um bom exemplo disto (como ainda ocorre especificamente na telefonia móvel celular) –, há, simultaneamente, a adoção de diversos mecanismos próprios da exploração de típicas atividades econômicas em sentido estrito, como é o caso do modelo concorrencial.[35]

Tais segmentos, em virtude da própria maneira por meio da qual os serviços são postos à disposição dos usuários, enfrentam problemas típicos do comércio varejista. Tomando como referência os serviços de telefonia móvel, setor em que já foi cogitada a utilização desses cadastros, é possível ter uma idéia dos motivos que levam à tentativa de utilização do sistema de proteção ao crédito pelas prestadoras.

Atualmente os serviços de telefonia móvel estão sendo oferecidos à população por diversas prestadoras, simultaneamente. Determinadas localidades chegam a contar com quatro operadoras diferentes em disputa (nas Bandas A, B, D e E). De acordo com os planos básicos de serviços, que são de oferta obrigatória, os usuários têm o direito de utilização ilimitada do serviço durante o período de 30 dias, passados os quais receberão a primeira cobrança. Neste período, o débito criado pela utilização do serviço pode atingir montantes consideráveis. É certo que, se não houver pagamento, a prestadora poderá interromper a oferta do serviço (v. tópico anterior). Porém, neste caso, um débito vultoso já terá sido constituído. A peculiaridade está no fato de que, com a multiplicidade de ofertantes, este mesmo usuário, em débito com uma dada prestadora, pode vir a SE cadastrar perante outra e aplicar o artifício por mais 30 dias. E assim por diante, até atingir todas as prestadoras atuantes EM dada localidade.

Como mecanismo de proteção para artifícios de natureza fraudulenta como o acima relatado, as empresas do setor já cogitaram e chegaram a pleitear perante o órgão regulador do setor – a ANATEL (Agência Na-

35. Estas atividades seriam espécies do que Almiro do Couto e Silva denominou de "serviços públicos *à brasileira*", para referir a introdução de técnicas de direito privado na regulação de atividades tidas constitucionalmente como serviços públicos ("Privatização no Brasil e o novo exercício de funções públicas por particulares. Serviço público 'à brasileira'?", *RDA* 230/45-74).

cional de Telecomunicações) – que fosse facultada às empresas a possibilidade de recusa da prestação do serviço a pessoas inscritas no cadastro de inadimplentes. A Agência não acatou plenamente o pleito, mas instituiu formas alternativas de implementar uma proteção ao setor, em relação às solicitações de serviços de interessados que estejam inscritos em sistemas de proteção ao crédito. Nestes casos, a nova regulamentação, aplicável aos serviços de telefonia móvel (que passam a ser denominados de Serviços Móveis Pessoais, atualmente em operação nas Bandas *D* e *E*), admite que para os casos de solicitação de serviços envolvendo pessoas inscritas em serviços de proteção ao crédito seja possível solicitar garantias desses usuários como condição para assinatura dos respectivos contratos de prestação dos serviços. Outra possível alternativa admitida na regulamentação do setor é a de oferecimento de planos de serviços "pré-pagos" para os usuários inscritos em cadastro de proteção ao crédito. Neste sistema, ao invés de aceitar a recusa de usuários, a regulamentação admite apenas que os planos que implicam abertura de crédito para os usuários (aqueles que admitem o pagamento posterior à prestação do serviço, denominados "pós-pagos") não sejam postos à disposição das pessoas com inscrição nos cadastros de inadimplentes. O serviço, porém, há de ser ofertado na forma em que o pagamento é feito previamente (ou seja, no sistema "pré-pago").

Desde que prevista na regulamentação desses serviços, a adoção dos cadastros de proteção ao crédito por parte das prestadoras, para condicionar ou recusar sua oferta, não representa violação ao Direito. Tais serviços, de acordo com a própria legislação que lhes é aplicável, não têm características absolutas de essencialidade. A sujeição às regras mais convencionais do modelo de prestação de serviços públicos também não é absoluta. Pode-se dizer em relação a alguns deles – com base num juízo de natureza mais sociológica que jurídica – que são até mesmo supérfluos (seria o caso dos serviços de TV a cabo). Para tais casos, a utilização do sistema de proteção ao crédito pelas prestadoras de serviços como forma de condicionar ou, mesmo, rejeitar a oferta de serviços pode vir a ser implementada, desde que prevista na regulamentação específica de disciplina dos serviços. O que, de fato, faz com que a recusa de usuários seja vedada em relação a serviços públicos é seu caráter essencial. Nos casos em que a denominação de "serviço público" recai sobre atividade que não tenha essa característica, não há que se falar em impedimento da recusa ou do condicionamento da oferta.

Apontada esta peculiaridade, é possível resumir do seguinte modo as principais considerações a respeito do tema: (a) as prestadoras de

AS TARIFAS E OS DIREITOS DOS USUÁRIOS DE SERVIÇO PÚBLICO   143

serviços públicos, desde que atendam aos requisitos gerais previstos na legislação de defesa do consumidor, podem incluir o nome de usuários inadimplentes em cadastros de proteção ao crédito; (b) as prestadoras de serviços públicos em geral que guardam nitidamente a característica da essencialidade, reconhecida em sua própria regulamentação, não podem recusar a oferta de seus serviços a pessoas que tenham seus nomes inscritos em cadastro de inadimplentes por força de dívida contraída com outros serviços (que não os seus respectivos); e (c) nas atividades sujeitas a regime jurídico de natureza híbrida, com aspectos próprios aos serviços públicos e, simultaneamente, às atividades econômicas em sentido estrito, que não tenham características de essencialidade, a regulamentação pode vir a aceitar que as prestadoras utilizem cadastros de proteção ao crédito para recusar ou condicionar a oferta de serviços ao eventual usuário.

4. Cobrança de valor mínimo

Dois temas estão atrelados à instituição do sistema tarifário que autoriza a cobrança de valor mínimo aos usuários dos serviços públicos. Um envolve diretamente o tema objeto do presente capítulo: a discussão a respeito da violação dos direitos dos usuários. O outro, também significativo para os interesses dos usuários, volta-se para o direito tributário. Está relacionado à possibilidade de se instituir tal sistema num modelo tarifário, uma vez que, supostamente, a cobrança pela mera colocação do serviço à disposição do usuário seria justificável juridicamente apenas dentro de um sistema tributário, isto é, mediante a instituição de taxas. Analisaremos, pois, separadamente, cada um desses assuntos.

4.1 A alegação de abusividade na instituição de tarifas mínimas

A cobrança de um valor mínimo, mensal, pela utilização de serviços públicos é freqüentemente adotada em modelos tarifários de serviços que empregam uma estrutura de "rede" para assegurar sua oferta aos usuários. É o caso, por exemplo, dos serviços de telefonia, de água e esgoto, de energia elétrica e de gás canalizado. O modelo tarifário desses serviços determina o pagamento de uma tarifa mínima, a ser paga independentemente do volume de utilização do serviço por parte do usuário.

A adoção desse sistema, que não é nova, vem sendo ultimamente questionada sob o prisma de sua juridicidade em face do Código de Defesa do Consumidor. Alega-se que a cobrança de um valor mínimo, descasado do real consumo do serviço, constitui prática abusiva e contrária, por este prisma, aos direitos do consumidor. Em síntese, este é o tema a ser desenvolvido no presente tópico.

Geralmente são invocadas, para questionamento da cobrança de valores mínimos tarifários, as regras contidas no Código de Defesa do Consumidor que proíbem práticas abusivas pelos fornecedores de serviços ou produtos. Partindo-se da premissa de que o consumidor somente deve pagar por aquilo que tiver sido efetivamente consumido, entidades de proteção ao consumidor vêm questionando este tipo de modelagem tarifária, alegando que a cobrança de valores mínimos, desvinculados da quantidade de serviço prestado, seria um abuso. Confiram-se os dispositivos do Código de Defesa do Consumidor (Lei 8.078/1990) normalmente invocados nessa discussão:

"Art. 6º. São direitos básicos do consumidor: (...) V – a proteção contra a publicidade enganosa e abusiva, métodos comerciais coercitivos ou desleais, bem como contra práticas e cláusulas abusivas ou impostas no fornecimento de produtos e serviços; (...)".

"Art. 39. É vedado ao fornecedor de produtos ou serviços, dentre outras práticas abusivas: (...) V – exigir do consumidor vantagem manifestamente excessiva; (...)".

"Art. 51. São nulas de pleno direito, entre outras, as cláusulas contratuais relativas ao fornecimento de produtos e serviços que: (...) IV – estabeleçam obrigações consideradas iníquas, abusivas, que coloquem o consumidor em desvantagem exagerada, ou sejam incompatíveis com a boa-fé e a eqüidade; (...)".

Como se disse, a partir dessas previsões genéricas contidas no Código de Defesa do Consumidor constrói-se a tese segundo a qual a cobrança de tarifas mínimas de usuários seria abusiva. Como ilustração desse abuso, poder-se-ia imaginar um usuário que viajasse em férias e deixasse sua residência fechada, sem qualquer utilização dos serviços de energia, telefone, água, esgoto e gás canalizado. Mesmo no mês de férias esse usuário imaginário, em virtude da tarifação mínima, seria obrigado a pagar por serviços que efetivamente não teria utilizado – o que demonstraria o abuso. Essa é a lógica que informa a tese da abusividade na instituição de tarifas mínimas.[36]

36. Confira-se, neste sentido, o posicionamento de Joana Paula Batista, *Remuneração dos Serviços Públicos*, p. 108.

AS TARIFAS E OS DIREITOS DOS USUÁRIOS DE SERVIÇO PÚBLICO   145

A instituição de tarifas mínimas, porém, não reflete uma prática arbitrária, abusiva, cujo objetivo oculto seja o de beneficiar as prestadoras do serviço. Em primeiro lugar, há de se lembrar que a responsabilidade pela adoção do modelo de cobrança das tarifas é do poder concedente, e não das prestadoras de serviços. No exercício dessa competência, o Poder Público deve agir no interesse da coletividade, isto é, visando a instituir a melhor configuração tarifária para a manutenção do serviço público como um todo. Buscando esse fim, a previsão de tarifa mínima é implementada como um importante instrumento para viabilizar a oferta de determinados serviços a valores razoáveis para o maior número possível de usuários.

Nos serviços prestados com suporte numa verdadeira "rede" de distribuição, a existência de elevados custos fixos é uma contingência inafastável. Para viabilizar economicamente a oferta de tais serviços, é fundamental assegurar a compensação dos custos incorridos na construção e manutenção de suas redes. Uma forma de se chegar a esse balanceamento seria estabelecer o valor da tarifa tomando-se em conta o uso efetivo de cada serviço, de modo a que, pela média do consumo geral, tais custos fossem amortizados. Tal prática levaria à elevação do valor cobrado pelo serviço efetivamente prestado. O pequeno usuário pagaria apenas pelo que efetivamente utilizasse, mas seria um valor consideravelmente maior, pois, de acordo com este "modelo" do consumo efetivo deveria sair toda a compensação dos custos incorridos na prestação de serviços.

Outro modo de estabelecer um equilíbrio econômico na exploração do serviço é prever a cobrança de um valor mínimo de todos os usuários, de modo a viabilizar uma amortização-base dos custos incorridos com a manutenção da rede. Por este modelo de dispersão dos custos entre todos os usuários vinculados à rede, independentemente da utilização que cada um fizer do serviço, admite-se a cobrança de um valor relativamente menor pela utilização efetiva do serviço. Trata-se, portanto, de política pública que tem como fim baratear o custo relativo do uso efetivo do serviço, por intermédio da cobrança de tarifas mínimas de todos os usuários vinculados ao sistema. Por este caminho fomenta-se o consumo dos usuários com menor poder aquisitivo, que, pelo uso efetivo do serviço, acabam pagando menos do que pagariam se os custos fixos do sistema fossem remunerados apenas através da utilização efetiva que dele se fizesse. A adoção do sistema, portanto, não é arbitrária, abusiva. Atende a uma finalidade pública, instituída pelo próprio Estado. Reflete uma opção, entre as várias possibilidades técnico-econômicas existentes, de

146 TARIFA NAS CONCESSÕES

se viabilizar o financiamento de toda a estrutura que suporta a prestação desses serviços públicos.

Esta lógica vem sendo aceita pela jurisprudência de diversos tribunais nas ações judiciais que já foram propostas em torno da matéria.[37] A cobrança de tarifa mínima, portanto, vem sendo reconhecida como uma possível e eficiente forma de instituir política tarifária. É de se salientar, aliás, que tal modelo não reflete uma formulação inédita ou, mesmo, peculiar ao campo dos serviços públicos. Trata-se de mecanismo de composição de preços de há muito adotado em diversos setores e aceito pela sociedade como um todo. Neste sentido, já tivemos oportunidade de tecer as seguintes considerações:

"Numa primeira vista, seria possível estranhar qualquer modo de cobrança por meio do qual o fornecedor (para usar a terminologia do Código de Defesa do Consumidor) cobra valor cuja determinação não decorra diretamente do tempo de utilização do serviço ou da quantidade de produto oferecida ao consumidor. A prática, sob essa primeira aproximação, tenderia a ser considerada abusiva. Esta conclusão, porém, é falsa.

"Em vários sistemas de produção o fornecedor arca com custos fixos para o fornecimento de determinados produtos ou serviços e, como fórmula de garantir a viabilidade de seu negócio, estipula um preço mínimo para sua comercialização, independentemente da quantidade exata que o cliente (consumidor) venha a utilizar do produto ou serviço ofertado. Essa é uma prática comercial válida, muito adotada pelos mais variados setores econômicos e que convive perfeitamente com outros sistemas de cobrança que estabeleçam o valor para a prestação de serviço ou fornecimento de produtos com base exclusivamente na quantidade usufruída pelo consumidor.

"Exemplo do que se afirma pode ser encontrado no campo da hotelaria. A indústria hoteleira absorve uma série de custos fixos para manutenção do empreendimento e, como fórmula para compensação desses custos e obtenção de lucro, adota como padrão a cobrança com base em diárias, ou seja, estabelece como unidade mínima de cobrança o parâmetro de 24 horas de utilização do serviço, independentemente do período efetivo de hospedagem. Não importa se um hóspede utiliza um quarto

---

37. Conferir, neste sentido, o relato preciso feito por Dinorá Musetti Grotti, *O Serviço Público e a Constituição Brasileira de 1988*, p. 243. Mais recentemente o STJ aceitou o sistema em relação ao serviço de telefonia fixa (1ª Seção, REsp 911.802, rel. Min. José Delgado, j. 24.10.2007).

AS TARIFAS E OS DIREITOS DOS USUÁRIOS DE SERVIÇO PÚBLICO   147

pelo período de 24 horas ou de apenas 6, o valor cobrado será o mesmo, correspondente à unidade de cobrança mínima estabelecida: uma diária (24 horas). Esse sistema de cobrança é aplicado há muito tempo, sem que se tenha conhecimento de contestação quanto à sua legitimidade. [Rodapé – *"Vale salientar que essa é uma opção entre várias possíveis. Não é mais justa ou injusta do que outra fórmula, apenas possui características distintas. Um ramo assemelhado ao de hotelaria é o de motéis, que possui, em regra, sistema de cobrança diferente, baseado em horas (e não em diárias). A opção diferenciada, obviamente, não foi tomada por questões de eqüidade ou respeito aos direitos dos consumidores, mas muito provavelmente em virtude das características próprias desse mercado, que torna a cobrança por hora mais adequada que a formulada com base em diárias."*]

"Vários outros exemplos podem ser mencionados no campo das atividades econômicas. Tome-se o ramo de restaurantes; nem todos os estabelecimentos cobram com base no efetivamente consumido (peso da comida), [rodapé – *"Este sistema, aliás, é de adoção recente no mercado nacional."*] sendo plenamente aceita a cobrança de valor fixo por pessoa, independentemente do quanto ela consuma (sistema de rodízio ou *buffet*). Bares cobram consumação mínima. Prestadores de serviço de manutenção cobram um valor mínimo por visita, sem correspondência perfeita com o reparo a ser realizado. E assim por diante. [Rodapé – *"Até a prática da Advocacia, rigidamente regulamentada por um Código de Ética, admite diversas formas de cobrança. Há, é certo, cobrança baseada nas horas efetivamente trabalhadas pelo advogado, mas também é muito adotado o regime de 'Advocacia de partido', por meio do qual o causídico recebe valor fixo, geralmente mensal, independentemente do número de horas trabalhadas."*]

"Pode-se concluir, portanto, que a estipulação de valor mínimo ou valor de referência para a cobrança não constitui prática esdrúxula ou inaceitável dentro de nossa ordem econômica."[38]

Com isso se quer demonstrar que a instituição de valores mínimos de cobrança não pode ser considerada, por si só, prática abusiva ou arbitrária que seja intrinsecamente lesiva aos direitos dos usuários. É perfeitamente possível que a adoção de tal sistema – cuja implementação não é competência da prestadora, mas, sim, do titular do serviço público – tenha por objetivo a instituição de uma política pública que vise ao bene-

---

38. Jacintho Arruda Câmara e Carlos Ari Sundfeld, "Tarifas dos serviços de telecomunicações e direitos do consumidor", *Fórum Administrativo* 18/1.024-1.025.

fício da coletividade (conferindo maior higidez ao sistema, propiciando tarifas menores para usuários em geral – e assim por diante). Não tem respaldo jurídico, portanto, a impugnação da tarifação baseada em valor mínimo com o genérico argumento de que ela seria, por si só, abusiva.

Contudo, não está afastada a hipótese de que, num modelo específico, e em função dos valores praticados, seja constatada abusividade no valor mínimo cobrado. Seria o caso de cobrança de valor mínimo abusivo, e não de ilicitude pelo simples fato de se estar cobrando um valor mínimo. Ou seja, o abuso estaria no valor cobrado, e não no sistema que exige o pagamento de uma contraprestação mínima independentemente da utilização efetiva do serviço. No caso de cobrança de valor abusivo, como será visto no tópico seguinte, é perfeitamente cabível a impugnação administrativa e judicial, com fundamento em regras próprias ao regime de serviço público e também em regras de direito do consumidor.

4.2 A alegação de que a cobrança de tarifa mínima teria caráter tributário

Existe ainda a dúvida no sentido de que com a instituição de tarifas mínimas se esteja dotando o modelo administrativo dos preços públicos (regime tarifário) de instrumento exclusivo de cobrança tributária (baseada na instituição de taxas), qual seja, o de efetuar cobrança com a mera colocação do serviço à disposição do usuário. Deveras, a Constituição assegurou apenas às taxas a prerrogativa de cobrança com a mera disponibilização do serviço ao usuário (art. 145, II, da CF). Isto é, apenas as taxas podem ser cobradas sem que o contribuinte faça uso do serviço, sendo possível que a dívida tributária se estabeleça já quando estes serviços são postos à disposição dos contribuintes.

A cobrança de valor mínimo de tarifa, porém, não se confunde com a cobrança de taxa pelo serviço apenas posto à disposição do contribuinte.[39] No primeiro caso, relativo à cobrança de tarifa mínima, já existe uma relação estabelecida entre quem paga (usuário) e quem presta o serviço público. O serviço não está meramente à disposição do usuário.

39. Também é esta a posição de Dinorá Musetti Grotti: "Acresça-se ainda que a cobrança desta tarifa mínima não confere à contraprestação paga um caráter tributário, porque o seu pagamento não é obrigatório para quem não ligou as redes de sua casa às redes públicas de abastecimento de água e coleta de esgoto, mas apenas às pessoas que fizeram tais ligações ou apenas uma delas, caso em que o pagamento se torna obrigatório porque estará sendo efetivamente utilizado um serviço" (O Serviço Público e a Constituição Brasileira de 1988, p. 244).

AS TARIFAS E OS DIREITOS DOS USUÁRIOS DE SERVIÇO PÚBLICO   149

O serviço, tecnicamente, está sendo prestado a ele. É prestado na medida em que toda uma estrutura de rede (seja ela de telefonia, água e esgoto, energia elétrica ou gás) está sendo mantida para possibilitar que o usuário, quando quiser, possa fazer uso efetivo do serviço.

A situação é muito diferente daquela admitida para a cobrança de taxa. Nesta não há necessidade de adesão do contribuinte ao sistema de prestação de serviços públicos. Ele não precisa – noutras palavras – celebrar um contrato de prestação de serviços, ou seja, não precisa se tornar um usuário, para que venha a ser enquadrado como sujeito passivo da taxa. A mera existência do serviço, posto à disposição do cidadão, é razão suficiente para a incidência da taxa. Nas tarifas, mesmo naquelas em que há previsão de valor mínimo a ser pago independentemente do uso, a pessoa só paga se for efetivamente usuária do serviço, isto é, necessita ter aderido ao sistema de prestação de serviço público (o que é feito, na maioria das vezes, com a celebração de um contrato de prestação de serviços).

Assim, se uma pessoa, dentro da área de prestação do serviço de energia elétrica, não solicita a ligação de seu imóvel à rede pública, não celebrando qualquer contrato de prestação de serviços e, por isso, não se transformando em usuária desse serviço, não poderá ser cobrada pelo fornecimento de energia que, potencialmente, lhe poderia ser prestado. Por se tratar de tarifa, não tem cabimento que lhe cobrem pelo serviço que esteja apenas colocado à sua disposição. O valor mínimo somente poderia ser cobrado se esta pessoa tivesse aderido ao sistema de prestação de serviço; isto é, noutras palavras, se tivesse se tornado usuária. Fosse taxa o mecanismo de cobrança, bastaria que o serviço estivesse disponível (o que se caracterizaria com a constatação de que o imóvel do contribuinte está inserido na área de prestação do serviço) para que fosse juridicamente possível exigir o pagamento. A taxa, nesta hipótese, seria devida pelo fato de o serviço estar à disposição do contribuinte.

Em suma, o usuário que não faz uso do serviço por determinado período, ou o faz em proporção menor que a que estaria assegurada pelo valor mínimo cobrado, não perde a característica de usuário do serviço; portanto, paga a tarifa pelo que lhe é prestado. O contribuinte que paga pelo simples fato de o serviço estar à sua disposição não é usuário. É contribuinte da taxa apenas em virtude de o serviço público estar à sua disposição. Independentemente de adesão ao serviço público (ou seja, de sua caracterização como usuário), o contribuinte da taxa pode ser cobrado, circunstância que não se mostra presente no regime tarifário (inclusive naquele em que se prevê a cobrança de valor mínimo).

150 TARIFA NAS CONCESSÕES

5. Controle sobre os valores fixados para as tarifas

5.1 Exposição do problema

Em relação aos direitos e expectativas dos usuários, o valor da tarifa talvez seja o aspecto de maior relevância prática. São comuns reclamações e questionamentos em torno do valor que as prestadoras de serviços públicos cobram pelos serviços. Acontece que, no mais das vezes, o foco das reclamações e questionamentos acaba sendo exclusivamente a prestadora do serviço; a figura que, de fato, se beneficia e executa a cobrança da tarifa. Com esta postura, porém, o debate careceria de seu agente principal: aquele responsável pela fixação das tarifas. Explicamos.

Uma das características marcantes das tarifas, como já salientado no início do presente estudo, está na fixação de seu valor pelo Poder Público. A remuneração paga aos prestadores de serviços públicos, incluindo os particulares que os prestam em regime de delegação, é estabelecida pelo ente titular do serviço (poder concedente), e não pelo próprio prestador do serviço.

A tarifa, portanto, é instrumento de remuneração em que o controle externo é um elemento pressuposto, inerente à sua própria constituição. Diferentemente dos contratos comuns, em que as partes definem o conteúdo de suas obrigações recíprocas, nas relações jurídicas envolvendo a prestação de serviços públicos em regime de concessão este importante elemento (o valor da remuneração a ser paga ao prestador de serviço) é definido por terceiro: o titular do serviço (poder concedente). A prestadora – a quem, numa contratação normal, caberia estabelecer o valor de seus serviços – só pode cobrar aquilo que for estipulado pelo poder concedente. A contraprestação a ser despendida pelo usuário não corresponde a um dado livre de uma relação comercial celebrada entre prestador de serviço e usuário. Neste sentido, portanto, é possível afirmar que a tarifa, por sua própria natureza, é submetida a controle.

O primeiro ponto a salientar, diante deste contexto, é o de que, ao se falar de controle sobre tarifas, se está tratando de controle sobre atos estatais, atos administrativos, ou, quando menos, atos produzidos com sua chancela (isto é, atos que foram, pela Administração, homologados). A tarifa, antes de ser a remuneração paga pelo usuário à prestadora do serviço, representa o valor que o Poder Público aprova para que ocorra esta remuneração.

O fato de a tarifa já trazer consigo esta fórmula, por meio da qual o poder concedente exerce um controle sobre o valor cobrado pelo pres-

AS TARIFAS E OS DIREITOS DOS USUÁRIOS DE SERVIÇO PÚBLICO   151

tador do serviço, não significa dizer que tal sistema de controle seja o único existente, tampouco que seja infalível. A Administração Pública, ao exercer suas competências em matéria tarifária, não deixa de realizar aplicação da lei. Exerce tal ofício com considerável margem de discricionariedade, mas continua submetida aos mecanismos normais de controle de sua atuação.

Figura como de grande importância entre os mecanismos de controle tarifário, por óbvio, o controle judicial. A este tema daremos significativo destaque no desenvolvimento do presente tópico. Mas não é só este o instrumento de fiscalização existente. Entidades integrantes da própria Administração Pública (como os órgãos oficiais de defesa do consumidor) apresentam competência legal para se manifestar a respeito de serviços públicos. Além destas, não se pode esquecer do papel dos Tribunais de Contas. Vejamos, portanto, como esses mecanismos de controle podem ser invocados pelos usuários, como forma de controlar o valor fixado para as tarifas.

5.2 Controle judicial

A fixação de tarifas para remuneração de serviços públicos, como qualquer outra competência de índole administrativa, sujeita-se a controle judicial. Esta é uma constatação inarredável do regime constitucional brasileiro, que encampa o princípio da unicidade de jurisdição, segundo o qual toda e qualquer lesão ou ameaça a direito é suscetível de apreciação pelo Poder Judiciário (CF, art. 5º, XXXV).

O exercício dessa competência, como já se salientou em capítulo anterior, é fortemente marcado pelo traço da discricionariedade. Em termos jurídicos isto significa dizer que a Administração, ao impor dado regime tarifário ou, mesmo, fixar concretamente o valor a ser cobrado para determinado serviço público, o faz com direito de opção entre várias alternativas, albergadas em lei. Não há uma única opção a ser aplicada pelo agente público responsável, mas várias, cabendo a ele determinar, de acordo com seu juízo de conveniência ou oportunidade, qual a melhor, diante da situação concreta a ser atendida.

O exame deste juízo de conveniência e oportunidade, denominado *mérito* do ato administrativo,[40] não é passível de controle jurisdicional.

---

40. Emprega-se a expressão "mérito do ato administrativo" no preciso sentido definido por Celso Antônio Bandeira de Mello, para quem: "Mérito é o campo de liberdade suposto na lei e que, efetivamente, venha a remanescer no caso concreto, para que o administrador, segundo critérios de conveniência e oportunidade, se

152 TARIFA NAS CONCESSÕES

Trata-se de decisão de índole rigorosamente administrativa, de opção discricionária, e não jurídica. Contudo, como se sabe, isso não significa dizer que os atos, em si, praticados no exercício de tal competência não estejam submetidos a controle judicial. O Judiciário, sempre que invocado, pode e deve examinar se o exercício de tal competência, mesmo sendo ela discricionária, obedeceu aos limites fixados em lei. Se o administrador, ao estabelecer um pretenso juízo de conveniência e oportunidade a respeito de dado assunto, extrapola as diretrizes fixadas em lei, não estará mais exercendo competência discricionária; vai estar, sim, por óbvio, descumprindo a lei, e se sujeitando, com isso, à intervenção judicial.

O objeto do presente estudo não comporta maior aprofundamento sobre as possibilidades e limites do controle judicial dos atos administrativos discricionários. A complexidade do tema e a riqueza dos argumentos produzidos a seu respeito exigiriam estudo autônomo. Neste ponto, o objetivo buscado será o de estabelecer parâmetros jurídicos que podem vir a ser empregados no controle judicial das competências administrativas em matéria de fixação de tarifas.

5.2.1 A obediência ao equilíbrio econômico-financeiro do contrato de concessão

Nos contratos de concessão o exercício da competência para fixar as tarifas ocorre, de modo original, no momento da celebração do contrato, quando é homologado o valor ofertado na proposta vencedora do certame (art. 9º da Lei 8.987/1995);[41] ou, naquelas licitações em que o valor da tarifa não é critério de julgamento, por deliberação direta do próprio poder concedente (art. 15, II, IV, VI e VII, da Lei 8.987/1995).[42]

decida entre duas ou mais soluções admissíveis perante ele, tendo em vista o exato atendimento da finalidade legal, dada a impossibilidade de ser objetivamente reconhecida qual delas seria a única adequada" (*Discricionariedade e Controle Judicial*, 2ª ed., 8ª tir., p. 38).
41. Eis seu teor: "Art. 9º. A tarifa do serviço público concedido será fixada pelo preço da proposta vencedora da licitação e preservada pelas regras de revisão previstas nesta Lei, no edital e no contrato".
42. Confira-se a redação do artigo: "Art. 15. No julgamento da licitação será considerado um dos seguintes critérios: I – o menor valor da tarifa do serviço público a ser prestado; II – *a maior oferta, nos casos de pagamento ao poder concedente pela outorga da concessão*; III – a combinação, dois a dois, dos critérios referidos nos incisos I, II e VII; IV – *melhor proposta técnica, com preço fixado no edital*; V – melhor proposta em razão da combinação dos critérios de menor valor da tarifa do serviço público a ser prestado com o de melhor técnica; VI – *melhor proposta em*

AS TARIFAS E OS DIREITOS DOS USUÁRIOS DE SERVIÇO PÚBLICO 153

Mas essa competência não se esgota num único momento. A lei assegura (art. 9º da Lei 8.987/1995) que o contrato deva prever mecanismos de atualização dos valores tarifários, de modo a que o equilíbrio econômico-financeiro do contrato seja preservado ao longo de toda a sua duração.[43] Nesses momentos de atualização, talvez os mais marcantes no que tange à competência para fixar os valores das tarifas, a Administração está adstrita à manutenção do equilíbrio econômico-financeiro do contrato. Trata-se de baliza jurídica rígida, que pode perfeitamente fundamentar questionamento judicial.

Assim, com base em demonstração de que a fixação de novos valores tarifários não obedece ao equilíbrio do contrato economicamente pactuado, os usuários – ou entidade que os represente – podem questionar judicialmente a legitimidade de aumento de tarifas. O Judiciário, a partir do reconhecimento dessa limitação jurídica existente, poderá pronunciar-se a respeito da adequação do novo valor fixado com a necessidade de manutenção do equilíbrio econômico-financeiro original do contrato. Ao fazer isso não se estará imiscuindo em decisão de mérito, mas apenas constatando – normalmente por intermédio de perícia – se as limitações jurídicas aplicáveis à competência de alterar as tarifas estão sendo, de fato, obedecidas.

5.2.2 O dever de modicidade das tarifas e a proibição de abusividade

A legislação aplicável aos serviços públicos também prevê balizamentos jurídicos mais genéricos para a fixação das tarifas. Um deles é próprio aos serviços públicos: trata-se do *princípio da modicidade tarifária*.[44] O outro faz parte do plexo de direitos dos consumidores em geral: é a vedação à prática de preços abusivos.[45]

---

razão da combinação dos critérios de maior oferta pela outorga da concessão com a melhor técnica; VII – melhor oferta de pagamento pela outorga após qualificação de propostas técnicas".

43. O tema da atualização dos valores das tarifas será tratado com maior detalhamento no capítulo seguinte.

44. O art. 6º, § 1º, da Lei 8.987/1995, ao definir o serviço adequado ao qual os usuários têm direito, inclui como um de seus elementos a modicidade das tarifas. Confira-se: "Serviço adequado é o que satisfaz as condições de regularidade, continuidade, eficiência, segurança, atualidade, generalidade, cortesia na sua prestação e modicidade das tarifas".

45. Conferir, entre outros, os arts. 6º, IV, 39, V e X, e 51, IV, do CDC, já transcritos no item anterior.

154 TARIFA NAS CONCESSÕES

Num caso e noutro o legislador faz uso de conceitos indeterminados para estabelecer, com certa margem de flexibilidade, diretrizes que devem ser obedecidas pela Administração ao exercer sua competência de fixar as tarifas de serviços públicos. Não é possível prever com objetividade os parâmetros para aferir se determinada tarifa atende ao requisito da modicidade ou passa a ser abusiva. Porém, analisando um caso concreto, é possível perquirir, com base em estudos econômicos e financeiros, se tais balizas foram respeitadas, ou não.[46] Não fosse assim, referidos preceitos legais – cuja importância ninguém refuta – findariam por não apresentar relevância prática alguma.

O controle judicial, todavia, não pode ser exercido além do exame da juridicidade da atuação administrativa. Como já salientado, ao outorgar competência para fixar o valor das tarifas, a lei confere certa flexibilidade decisória ao administrador. Flexibilidade que permite a escolha, em face das peculiaridades do caso concreto, entre mais de uma opção lícita. Para aplicar dada política tarifária, o administrador pode, por exemplo, adotar um sistema de *subsídios cruzados*.[47] Nesta hipótese, uma modalidade de serviço ou categoria de usuários subsidiaria uma outra. Seria esta uma fórmula para incrementar um segmento específico. Em situações como esta, a parte que subsidia poderia até reclamar de aumento ou fixação abusivos dos valores de suas tarifas, uma vez que, além dos custos e da justa remuneração da prestadora do serviço, sua tarifa teria trazido um *plus* (inserido para viabilizar a amortização de outro segmento do serviço). Todavia, desde que fosse caracterizado o subsídio cruzado, não seria factível a anulação da tarifa. A impugnação não poderia vingar em sede judicial, porque a lei confere ao Poder Público a competência para estabelecer este tipo de política. Não falta base legal à decisão administrativa mesmo que, do ponto de vista econômico, fique demonstrado que o valor fixado reflete mais que os custos do serviço e a justa remuneração da prestadora do serviço. A compatibilidade da decisão administrativa com uma das alternativas possíveis de regulamen-

46. O IDEC de São Paulo promoveu ações civis públicas contra o aumento de tarifas nos serviços de telefonia. O argumento apresentado nas ações é basicamente o mesmo, e parte da premissa de que a aplicação dos critérios previstos contratualmente para reajuste das tarifas violaria o princípio da modicidade das tarifas e representaria a prática de preços abusivos (provocando um enriquecimento injustificado das prestadoras). Para tanto, busca fazer demonstrações econômicas de suas afirmações. Cópias das iniciais e dos pronunciamentos judiciais e do Ministério Público favoráveis a esta tese fizeram parte da publicação organizada pelo IDEC, *A Proteção ao Consumidor de Serviços Públicos*, pp. 317-430.

47. Sobre o tema, v. capítulo anterior, a respeito das políticas tarifárias.

AS TARIFAS E OS DIREITOS DOS USUÁRIOS DE SERVIÇO PÚBLICO   155

tação do assunto (que é a fixação de um modelo de subsídios cruzados), ao mesmo tempo em que fundamenta a decisão, impede que o Judiciário a substitua ou anule, sob pena de interferência indevida em análise do mérito da função administrativa.

A realização do controle judicial com base na pura e simples invocação do princípio da modicidade das tarifas ou da proibição da instituição de preços abusivos necessita de algo além da mera análise econômicofinanceira do impacto do valor da tarifa. É necessário que também se examine a *causa*[48] que levou a Administração a adotar referida decisão em matéria tarifária. Somente uma decisão desarrazoada – ou seja, desprovida de *causa* legítima – poderia vir a ser retirada do sistema com base em critérios estritamente jurídicos.[49] Para tanto, seriam plenamente invocáveis os princípios da razoabilidade ou da proporcionalidade da Administração Pública. Confira-se, neste sentido, a lição de Celso Antônio Bandeira de Mello:

"Sobremodo no Estado de Direito, repugnaria ao senso normal dos homens que a existência de discrição administrativa fosse um salvoconduto para a Administração agir de modo incoerente, ilógico, desarra-

48. "Causa" como relação entre os motivos que levaram à realização do ato, seu conteúdo e a finalidade que se buscou alcançar (Celso Antônio Bandeira de Mello, *Discricionariedade e Controle Judicial*, 2ª ed., 8ª tir., p. 95).

49. Esta forma de controle não é nova, e é aplicada mesmo em ordenamentos jurídicos que conferem amplas competências a entidades administrativas independentes (como é o caso das agências reguladoras norte-americanas). Francisco Campos já relatava experiência de controle judicial de tarifas com base na razoabilidade desde o início do século XX: "Cometendo às comissões a função de fixar tarifas razoáveis, justas ou equitativas, as leis americanas devassam um imenso território a controvérsias, dúvidas e perplexidades, que os tribunais e, particularmente, a Suprema Côrte contribuíram para agravar. É corrente nos Estados Unidos a prática da Suprema Côrte de aceitar como finais as decisões de uma comissão investida de funções quase-judiciais de investigar questões de fato, quando tais decisões envolvem apenas pontos puramente de fato. (...). Prescrevendo, porém, que as tarifas devem ser justas ou razoáveis, as questões que a propósito de sua razoabilidade se possam suscitar são questões de fato ou de direito? A Suprema Côrte as tem julgado como de direito, entrando no seu exame para decidir se as tarifas fixadas pelas comissões têm caráter confiscatório, ou se violam a garantia constitucional que proíbe tomar a alguém a sua propriedade sem a devida compensação. (...). Em 1909, em 'Wilcox *vs.* Consolidated Gaz Co.', a Suprema Côrte julgou conforme com a garantia constitucional, acima enunciada, a tarifa fixada por uma lei de New York para o consumo de gás, entrando, porém, de certa maneira, na apreciação dos critérios que deveriam servir de base ao cálculo de tarifas razoáveis, e deixando perceber que o critério justo seria o do custo da reprodução" ("Fixação das tarifas dos serviços públicos concedidos", in *Direito Administrativo*, vol. I, pp. 142-144).

156 TARIFA NAS CONCESSÕES

zoado, e o fizesse precisamente a título de cumprir uma finalidade legal, quando – como se viu – a discrição representa, justamente, a margem de liberdade para eleger a conduta mais clarividente, mais percuciente ante as circunstâncias concretas, de modo a satisfazer com a máxima precisão o escopo da norma que outorgou esta liberdade.

"Também não se poderiam admitir medidas *desproporcionadas* em relação às circunstâncias que suscitaram o ato – e, portanto, assintônicas com o fim legal –, não apenas porque a conduta desproporcional é, em si mesma, comportamento desarrazoado, mas também porque representaria um extravasamento da competência."[50]

A invocação desses princípios não significa a pura e simples substituição da vontade do administrador pela do juiz, como bem explicam Enterría e Fernández:

"Os princípios gerais do Direito proporcionam, por isso, outros tantos critérios que deverão ser levados em conta na hora de examinar a juridicidade das atuações judiciais. Convém recordar a este propósito que os princípios gerais do Direito são uma condensação dos grandes valores jurídicos materiais que constituem o *substractum* do ordenamento e da experiência reiterada da vida jurídica. Não consistem, pois, numa abstrata e indeterminada invocação da justiça ou da consciência moral ou da discrição do juiz; consistem, mais propriamente, na expressão de uma justiça material especificada tecnicamente em função dos problemas jurídicos concretos e objetivada na própria lógica das instituições.

"O controle da discricionariedade através dos princípios gerais não consiste, portanto, em que o juiz substitua o critério da Administração por seu próprio e subjetivo critério. Se assim fosse, tudo se reduziria a substituir uma discricionariedade (a administrativa) por outra (a judicial), sem avançar um só passo no problema. Trata-se realmente é de penetrar na decisão impugnada até encontrar uma explicação objetiva em que se expresse um princípio geral."[51]

---

50. Celso Antônio Bandeira de Mello, *Discricionariedade e Controle Judicial*, 2ª ed., 8ª tir., pp. 96-97.

51. Confira-se o texto no original:

"Los principios generales del Derecho proporcionan, por ello, otros tantos criterios que habrán de ser tenidos en cuenta a la hora de enjuiciar las actuaciones discrecionales. Conviene recordar a este propósito que los principios generales del Derecho son una condensación de los grandes valores jurídicos materiales que constituyen el *substractum* del ordenamiento y de la experiencia reiterada de la vida jurídica. No consisten, pues, en una abstracta e indeterminada invocación de la justicia o de la discreción del juez, sino, más bien, en la expresión de una justicia material

AS TARIFAS E OS DIREITOS DOS USUÁRIOS DE SERVIÇO PÚBLICO   157

Por fim, é importante destacar a importância de que a decisão administrativa venha a ser fundamentada. Somente com uma motivação consistente será permitido aos usuários o efetivo exercício de seu direito de fiscalizar a instituição e alteração das tarifas que lhes são cobradas.[52] Este, aliás, é um direito expressamente assegurado na Lei de Concessões, que arrola como um dos direitos dos usuários de serviços públicos o de "receber do poder concedente e da concessionária informações para a defesa de interesses individuais e coletivos" (art. 7º, II, da Lei 8.987/1995). Portanto, não fosse pela aplicação autônoma do princípio da motivação dos atos administrativos, a expressa previsão do direito de informação ao usuário de serviços públicos levaria à obrigatoriedade de minuciosa e completa fundamentação na fixação dos valores das tarifas. A ausência dessa motivação levaria à impossibilidade de exercício efetivo do direito dos usuários ao controle e fiscalização das tarifas. Caso tal requisito formal não seja atendido, por si só, pode dar ensejo a controle judicial que vise a impedir a fixação de tarifas sem a devida exposição de motivos e fundamentos.

5.3 Outros mecanismos de controle

Além do controle judicial, é possível identificar outros importantes mecanismos de fiscalização que podem ser invocados na hipótese de lesão aos direitos dos usuários em função do aumento ilegítimo de tarifas de serviços públicos.

especificada técnicamente en función de los problemas jurídicos concretos y objetivada en la lógica misma de las instituciones.

"El control de la discrecionalidad a través de los principios generales no consiste, por tanto, en que el juez sustituya el criterio de la Administración por su propio y subjetivo criterio. Si así fuese, todo se reduciría a sustituir una discrecionalidad (la administrativa) por otra (la judicial) sin avanzar un solo paso en el problema. De lo que se trata realmente es de penetrar en la decisión enjuiciada hasta encontrar una explicación objetiva en que se exprese un principio general" (Eduardo García de Enterría e Tomás-Ramón Fernández, Curso de Derecho Administrativo, 8ª ed., vol. I, pp. 462-463).

52. Mais uma vez é oportuno recordar as lições de Celso Antônio Bandeira de Mello:

"Com efeito, como contestar a validade de um ato se os seus motivos, se sua razão de ser permanecer ignorada, oculta? Como impugná-lo, como submetê-lo ao crivo jurisdicional, se forem, desde logo, desconhecidas as bases em que está assentado?

"Se isto fosse possível, o ato administrativo apresentar-se-ia como definitivo, com força de verdade legal, tão irrevisível quanto uma decisão judicial transitada em julgado. Ganharia os atributos que só assistem aos pronunciamentos judiciários finais" (Discricionariedade e Controle Judicial, 2ª ed., 8ª tir., p. 99).

158 TARIFA NAS CONCESSÕES

5.3.1 Tribunais de Contas

Os Tribunais de Contas, como se sabe, são órgãos de auxílio ao Poder Legislativo na fiscalização contábil, financeira e orçamentária que cabe a este exercer em relação aos gastos públicos em geral (art. 71, *caput*, da CF).

Em seu escopo de atuação pode perfeitamente ser inserida a fiscalização de atos que visem a aumentar a remuneração de prestadores de serviços públicos, em detrimento dos direitos dos usuários e, indiretamente, do próprio patrimônio público.

É fácil explicar a relação entre a aprovação de valor indevido para tarifas e a atuação fiscalizatória dos Tribunais de Contas. Ao delegar a prestação de serviços públicos a terceiros, ao mesmo tempo em que o Poder Público se desfaz das despesas necessárias à manutenção dos respectivos serviços públicos, também abre mão das receitas que sua prestação proporcionaria. O equilíbrio entre as despesas e a perspectiva de receitas transferidas por meio da delegação do serviço público é fundamental para que desta relação jurídica não derive prejuízo econômico para o Poder Público. Assim, a própria fixação dessa relação de equilíbrio econômico-financeiro, que tem na fixação das tarifas um dos seus principais aspectos, bem como as alterações que venham a ser nela processadas constituem medidas de índole administrativa de inegável impacto no patrimônio público; e, como tais, sujeitam-se à fiscalização dos Tribunais de Contas.

Desta maneira, qualquer usuário que se sinta lesado pela fixação de tarifas abusivas em favor de prestadoras de serviços públicos pode invocar a atuação do Tribunal de Contas competente, uma vez que, além de atentar contra os direitos dos usuários, a medida impugnada também afetaria o próprio patrimônio público.

5.3.2 Organismos oficiais de defesa do consumidor

Os organismos oficiais de defesa do consumidor têm evidente interesse no acompanhamento e fiscalização dos valores cobrados dos usuários de serviços públicos. Deveras, é expressa a sujeição dos prestadores de serviços públicos às regras e aos mecanismos de defesa do consumidor, conforme determina o art. 22 do CDC (Lei 8.078/1990).[53]

53. Confira-se:
"Art. 22. Os órgãos públicos, por si ou suas empresas, concessionárias, permissionárias ou sob qualquer outra forma de empreendimento, são obrigados a fornecer serviços adequados, eficientes, seguros e, quanto aos essenciais, contínuos.

AS TARIFAS E OS DIREITOS DOS USUÁRIOS DE SERVIÇO PÚBLICO   159

Em matéria de controle e acompanhamento do valor das tarifas, porém, o Código estabeleceu sistematização própria, que parece limitar o campo de atuação desses organismos. De fato, quando há prática de preços abusivos por qualquer fornecedor, a sistemática geral do Código leva à aplicação de sanções administrativas.

No caso de preços submetidos a controle estatal (situação na qual se enquadram, induvidosamente, as tarifas), todavia, o procedimento é outro. A prestadora do serviço, neste caso, não poderá ser autuada se estiver praticando preços dentro dos limites autorizados pelo Poder Público, mas apenas se estiver em desacordo com os ditames aplicáveis. Esta é a regra contida no art. 41 do CDC. Confira-se: "Art. 41. No caso de fornecimento de produtos ou de serviços sujeitos ao regime de controle ou de tabelamento de preços, os fornecedores deverão respeitar os limites oficiais sob pena de, não o fazendo, responderem pela restituição da quantia recebida em excesso, monetariamente atualizada, podendo o consumidor exigir, à sua escolha, o desfazimento do negócio, sem prejuízo de outras sanções cabíveis".

Assim, se forem respeitados os limites da política tarifária aplicável, as prestadoras de serviços públicos não podem ser sancionadas pelos organismos oficiais de proteção dos consumidores mesmo que, para estes, tal política reflita prejuízo para os direitos dos usuários. Em tal hipótese, a postura dos organismos oficiais de proteção dos consumidores haverá de se voltar para a atuação do próprio poder concedente. Neste mister, poderão solicitar administrativamente a revisão dos atos questionados ou, se forem dotados de capacitação jurídica para tanto (o que varia em função da forma de constituição de cada organismo), poderão até mesmo buscar amparo na esfera judicial.

"Parágrafo único. Nos casos de descumprimento, total ou parcial, das obrigações referidas neste artigo, serão as pessoas jurídicas compelidas a cumpri-las e a reparar os danos causados, na forma prevista neste Código."

Capítulo IV

AS TARIFAS
E OS DIREITOS DAS CONCESSIONÁRIAS
DE SERVIÇO PÚBLICO

1. Introdução. 2. O papel da tarifa na preservação do equilíbrio econô-
mico-financeiro da concessão: 2.1 O vago conceito de "equilíbrio eco-
nômico-financeiro" e o direito à sua manutenção: 2.1.1 A conformação
do direito à manutenção do equilíbrio econômico-financeiro das con-
cessões – 2.1.2 O equilíbrio econômico-financeiro – 2.2 A alteração da
tarifa como instrumento natural de reequilíbrio econômico-financeiro
do contrato – 2.3 Situações em que o aumento da tarifa não é capaz de
reequilibrar a equação econômico-financeira do contrato. 3. Mecanis-
mos de alteração das tarifas. 4. Reajuste: 4.1 A previsão de reajuste tari-
fário nas concessões – 4.2 A periodicidade do reajuste – 4.3 A aplicação
dos reajustes – 4.4 A fixação de índices ou fórmulas de reajuste – 4.5 A
mudança de índices ou fórmulas de reajuste. 5. Revisão: 5.1 Hipóteses
gerais de aplicação da revisão tarifária: 5.1.1 A álea ordinária das con-
cessões: 5.1.1.1 O risco assumido em decorrência do regime jurídico da
concessão: (a) O risco pela variação de demanda – (b) O risco inerente
à competição – 5.1.2 Álea extraordinária: 5.1.2.1 A revisão para reduzir
tarifas: (a) A hipótese de revisão para compensar o ganho de produti-
vidade – 5.2 A regulamentação e a procedimentalização da revisão de
tarifas. 6. Decisão judicial para aplicação de reajuste ou revisão de ta-
rifas. 7. A tarifa como garantia de crédito ao concessionário.

1. Introdução

Se o regime tarifário se mostra de fundamental importância em relação aos direitos dos usuários, não seria exagero afirmar que a tarifa,
para as concessionárias de serviços públicos, representa a própria razão

162   TARIFA NAS CONCESSÕES

que as leva a atuar.[1] Essa afirmação sustenta-se na própria lógica que informa o instituto da concessão de serviço público.

Na concessão o Estado delega o direito de prestar o serviço público a particulares. Com isso, o particular assume a responsabilidade por prestar, por sua conta e risco, o serviço delegado. Os investimentos necessários à construção de infra-estrutura de suporte ao serviço,[2] a contratação de um corpo de funcionários, a aquisição e a manutenção de equipamentos – enfim, tudo que seja relacionado à prestação do serviço público delegado –, deixam de ser responsabilidade direta do Poder Público concedente e passam a ser encargo da empresa concessionária.

O estímulo que leva empresas privadas a assumirem referido ônus é a exploração econômica do serviço. Para o particular a prestação de serviço público não deixa de ser um negócio, um empreendimento econômico; e, como tal, é realizado com o intuito de obtenção de lucro. O mais importante mecanismo para a obtenção deste retorno econômico buscado pela iniciativa privada no campo dos serviços públicos é a possibilidade de cobrança de tarifas dos usuários. A existência de outras fontes de receitas, tais como as provenientes de receitas alternativas, complementares, acessórias ou de projetos associados (art. 11 da Lei 8.987/1995), não reduz a importância da receita tarifária como principal fonte de retorno econômico oferecida aos particulares concessionários de serviços públicos.

Desta forma, discorrer a respeito dos direitos das empresas concessionárias de serviços públicos em matéria de regime tarifário representa, sem dúvida, esmiuçar boa parte das expectativas desses operadores em relação ao contrato de concessão como um todo. Para enfrentar de modo sistematizado este desafio, percorreremos o seguinte roteiro:

1. Como resume Pedro Escribano Testaut, "as tarifas são, nem mais, nem menos, a fonte principal, e às vezes única, de receitas das companhias gestoras de serviços públicos. Com elas devem ser cobertos quatro custos diferentes: gastos de exploração, amortização de investimentos, normal benefício industrial (isto é, justa remuneração ou taxa de retorno do investimento realizado) e impostos.". No original, "las tarifas son, ni más ni menos, la fuente principal y a veces única de ingresos de las compañías gestoras de servicios públicos. Con ellas deben cubrirse cuatro costes diferenciados: gastos de exploración, amortización de las inversiones, normal beneficio industrial (esto es, justa remuneración o tasa de retorno de la inversión realizada) e impuestos" ("Las tarifas en el transporte urbano y transporte por carretera", in Gaspar Ariño Ortiz (org.), *Precios y Tarifas en Sectores Regulados*, p. 123).
2. É o que ocorre na maioria das vezes. Mas em alguns casos – vale registrar – o serviço pode ser delegado com a infra-estrutura construída, cabendo ao concessionário apenas cuidar de sua manutenção ou ampliação.

DIREITOS DAS CONCESSIONÁRIAS DE SERVIÇO PÚBLICO   163

Em primeiro lugar será demonstrado qual o papel das tarifas na preservação do equilíbrio econômico-financeiro do contrato de concessão. Vale dizer, de que forma a tarifa é responsável pela existência de um pacto de natureza contratual entre concessionária e poder concedente. Neste ponto buscaremos também mostrar as limitações porventura existentes em relação ao emprego isolado das tarifas como elemento para equilibrar a equação econômico-financeira da concessão.

Feita esta aproximação inicial com o tema do equilíbrio econômico-financeiro do contrato de concessão – que é o principal reflexo das tarifas no plexo de direitos das concessionárias –, passaremos a investigar os mecanismos existentes de atualização de tarifas. Após uma visão genérica do assunto, em que serão expostos os mecanismos tradicionais de atualização tarifária, serão vistas, isoladamente, as principais características desses instrumentos, de acordo com as diretrizes vigentes no Direito Brasileiro.

Por fim, será analisada a hipótese de a receita tarifária ser empregada, pela concessionária, como instrumento de garantia para obtenção de financiamentos vinculados a investimentos na concessão. Por conseqüência, também neste ponto será analisada a possibilidade de tal receita vir a ser objeto de penhora (resultado a que se chegaria em caso de execução da garantia).

Passaremos, então, à análise dos tópicos acima apontados.

2. *O papel da tarifa na preservação do equilíbrio econômico-financeiro da concessão*

Como a tarifa constitui, em regra, a principal fonte de remuneração das concessionárias de serviço público, não é difícil demonstrar a grande relevância que este elemento tem na manutenção do equilíbrio econômico-financeiro do contrato de concessão. Deveras, se a tarifa representa o principal benefício extraído pela concessionária, a preservação da proporcionalidade entre as despesas e receitas previstas originalmente no contrato está, obviamente, atrelada a este fator.

Mas este não é o único aspecto da questão a ser considerado. Muito embora a tarifa venha a ser, inegavelmente, o fator de maior importância na preservação do equilíbrio econômico-financeiro do contrato, isto não significa dizer que apenas ela seja capaz de restaurar esta equação em hipóteses de desequilíbrio. Tampouco que seja esta uma ferramenta sempre apta a alcançar o objetivo de restabelecer o equilíbrio econômi-

164   TARIFA NAS CONCESSÕES

co-financeiro rompido. A tarifa representa um instrumento normalmente apto para restabelecer o equilíbrio que se tenha perdido; porém, não é o único, nem é de eficácia plena em todas as hipóteses.

Neste tópico buscaremos realçar os aspectos que servem para dar uma noção geral a respeito do papel que a tarifa encarna na manutenção do equilíbrio econômico-financeiro dos contratos de concessão. O primeiro ponto a ser observado, visando a este objetivo, será definir com maior precisão o direito à manutenção do equilíbrio econômico-financeiro nos contratos de concessão. Vejamos, então, como compreender melhor este vago conceito.

2.1 O vago conceito de "equilíbrio econômico-financeiro" e o direito à sua manutenção

A garantia da manutenção do equilíbrio econômico-financeiro das concessões reflete o mais importante instrumento propiciador de segurança jurídica ao particular que celebra um contrato de concessão de serviço público. A exigência, normalmente presente nas concessões, de que se faça um investimento inicial de vulto para amortização ao longo de extenso período de exploração econômica do serviço concedido é balizada pela garantia de que, durante o período de exploração, a equação econômico-financeira originalmente firmada será mantida durante toda a execução do contrato.

Devido à sua importância, mostra-se necessário traçar com maior precisão o perfil desta garantia. Para tanto, seu conteúdo será decomposto em duas partes. A primeira diz respeito à explicação da origem e do atual conteúdo do direito que é outorgado aos particulares concessionários de serviços públicos. Buscar-se-á expor a conformação do direito à manutenção do equilíbrio econômico-financeiro nos contratos de concessão. Depois será analisado isoladamente o que designa o equilíbrio econômico-financeiro em si. Isto é, discorreremos acerca do objeto sobre o qual se estabelece tão importante garantia.

2.1.1 A conformação do direito à manutenção do equilíbrio econômico-financeiro das concessões

Como uma compensação às prerrogativas extraordinárias conferidas à Administração nos chamados contratos administrativos,[3] assegu-

---

3. Tais contratos ganharam o qualificativo de "administrativos" justamente pela presença das prerrogativas especiais em favor da Administração Pública.

DIREITOS DAS CONCESSIONÁRIAS DE SERVIÇO PÚBLICO   165

ra-se aos particulares contratados o direito à manutenção do equilíbrio econômico-financeiro originalmente pactuado.[4]

É uma garantia aplicável à categoria dos contratos administrativos como um todo; e, desta forma, também se estende aos contratos de concessão de serviço público.

Seu principal fundamento e justificativa estão na contraposição às prerrogativas excepcionais conferidas ao Poder Público em suas relações contratuais que envolvem a persecução de especiais interesses públicos, como é o caso, notadamente, das concessões de serviços públicos. A prerrogativa estatal que mais diretamente está relacionada com esta garantia é a possibilidade de alterar unilateralmente as cláusulas originalmente pactuadas. Como é dada ao Poder Público a prerrogativa de impor novas obrigações, no mais das vezes correspondendo a novos ônus ao seu contratado, a este é assegurado, como garantia mínima, que a relação inicialmente estabelecida entre as perspectivas de custos e receita seja preservada mesmo após a alteração unilateralmente procedida pela Administração.

A garantia também foi estendida para hipóteses em que, para os contratos normais, se dava aplicação à teoria da imprevisão: as situações imprevistas que trouxessem ônus excessivo para uma das partes. Em casos tais, para os contratos administrativos (concessões incluídas), a teoria da imprevisão foi encampada pela garantia da manutenção do equilíbrio econômico-financeiro do contrato. As alterações nas condições normais de execução do contrato que fossem processadas por atos governamentais não afetos diretamente à alteração do contrato – os denominados "fatos do príncipe" –, do mesmo modo, também passaram a dar azo à aplicação da garantia do equilíbrio econômico-financeiro dos contratos administrativos.

Em suma, sob a égide dessa garantia própria aos contratos administrativos em geral e, em específico, às concessões de serviço público, os contratados passaram a fazer jus a um reequilíbrio do contrato sempre que este fosse afetado por: (a) alterações unilaterais do contrato promovidas pela Administração Pública; (b) fatos imprevistos (eventos da Natureza, econômicos etc.); e (c) atos governamentais alheios ao próprio contrato (fato do príncipe).

A Constituição brasileira de 1967/1969 trazia dispositivo expresso que praticamente levava o Poder Público a assegurar o retorno do in-

_____

4. Carlos Ari Sundfeld, *Licitação e Contrato Administrativo – De Acordo com as Leis 8.666/1993 e 8.883/1994*, 2ª ed., pp. 236 e ss.

166 TARIFA NAS CONCESSÕES

vestimento do concessionário.[5] Celso Antônio Bandeira de Mello, ao comentar o tema, chegava a afirmar que o texto constitucional então vigente havia assegurado o direito à manutenção da margem de lucro do concessionário. Confira-se: "Ora, desde que o texto constitucional exige a adoção de tarifas que assegurem a *justa remuneração* do capital, impõe a *garantia do equilíbrio econômico e financeiro e requer a revisão periódica das tarifas*, está visto que sempre que ocorrer o desequilíbrio na equação patrimonial – mesmo que derivado de oscilações de preços no mercado, insuficiência do número de usuários ou de providências governamentais desempenhadas em nome de sua supremacia geral e sem relação com a posição jurídica de contratante que haja a assumido – o poder concedente deverá restabelecer o equilíbrio através da revisão de tarifas, de modo não só a restaurar-lhe os termos de igualdade mas ainda com o fito de assegurar a *justa retribuição* do capital. Em outras palavras, a Lei Magna impõe indiretamente a adoção, nas concessões, do regime de serviço pelo custo, dando a garantia de u'a margem fixa de lucro".[6]

A Constituição atual não é tão detalhista ao tratar do tema. A respeito das tarifas de serviço público, apenas remete a matéria à legislação infraconstitucional.[7] Todavia, assegura, para os contratados da Administração Pública em geral, a manutenção das condições da proposta (o que, vale dizer, é tomado como reconhecimento constitucional da garantia do equilíbrio econômico-financeiro do contrato). É o que se extrai do art. 37, XXI, da CF: "Art. 37. (...) XXI – ressalvados os casos especificados na legislação, as obras, serviços, compras e alienações serão contratados mediante processo de licitação pública que assegure igualdade de condições a todos os concorrentes, *com cláusulas que estabeleçam obrigações de pagamento, mantidas as condições efetivas da proposta, nos termos da lei*, o qual somente permitirá as exigências de qualificação técnica e econômica indispensáveis à garantia do cumprimento das obrigações" (grifamos).

5. Confira-se o dispositivo constitucional que tratava da matéria: "Art. 167. A lei disporá sobre o regime das empresas concessionárias de serviços públicos federais, estaduais e municipais, estabelecendo: (...) II – tarifas que permitam a justa remuneração do capital, o melhoramento e a expansão dos serviços e assegurem o equilíbrio econômico e financeiro do contrato; (...)".

6. Celso Antônio Bandeira de Mello, *Prestação de Serviços Públicos e Administração Indireta*, 2ª ed., 3ª tir., pp. 47-48.

7. Art. 175, parágrafo único, III.

DIREITOS DAS CONCESSIONÁRIAS DE SERVIÇO PÚBLICO 167

Em face deste novo ambiente constitucional – que, de um lado, remete à disciplina legislativa o perfil da política tarifária e, de outro, assegura ao contratado a manutenção das efetivas condições de sua proposta –, surgiu a necessidade de reavaliar a extensão do direito à manutenção do equilíbrio econômico-financeiro no âmbito das concessões de serviços públicos.

A Lei 8.987/1995, que disciplinou o art. 175 da CF, numa primeira leitura parece ter limitado a aplicação do direito à manutenção do equilíbrio econômico-financeiro às hipóteses em que o poder concedente processasse uma alteração unilateral no contrato. É o que se depreende da leitura isolada do § 4º do art. 9º e do art. 10 da citada lei. Confira-se:

"Art. 9º. (...).

"§ 4º. Em havendo alteração unilateral do contrato que afete o seu inicial equilíbrio econômico-financeiro, o poder concedente deverá restabelecê-lo, concomitantemente à alteração."

"Art. 10. Sempre que forem atendidas as condições do contrato, considera-se mantido seu equilíbrio econômico-financeiro."

Os dispositivos acima transcritos, de fato, referem-se basicamente à alteração do contrato como hipótese motivadora do reequilíbrio. Tal interpretação, fosse tomada como definitiva, representaria uma grande diminuição daquilo que, no Direito Brasileiro, foi tradicionalmente compreendido como espectro de incidência da citada garantia. Ademais, poderia ser considerada até mesmo uma mitigação indevida do preceito constitucional que assegura a observância das condições efetivas da proposta (art. 37, XXI – o qual, de acordo com a interpretação corrente, inclui condições contratuais e também as exteriores).[8]

8. Esta é opinião de Celso Antônio Bandeira de Mello:
"Anote-se que o art. 10 da Lei 8.987 estabelece que sempre que forem atendidas as condições do contrato considera-se mantido seu equilíbrio econômico-financeiro. A dicção deste artigo há de ser recebida *cum grano salis*, para que não seja havido como desenganadamente inconstitucional.
"O que dele validamente se poderá extrair é o propósito de firmar com ênfase, ainda que mediante linguagem imprópria, que a garantia do equilíbrio econômico-financeiro baliza-se fundamentalmente pelo teor do contrato. Donde, de fora parte as proteções específicas já aludidas – as quais, de resto, apóiam-se quase que integralmente na própria lei retora dos termos do *contrato* –, não pode o concessionário esperar eximir-se da álea própria de qualquer empreendimento negocial sob genérica e abstrata invocação de um equilíbrio econômico-financeiro desvinculado do teor contratual. Ou seja: dito artigo terá pretendido encarecer que a expressão 'equilíbrio econômico-financeiro' não traz consigo uma imunização do concessionário a eventuais prejuízos ou mesmo ao malogro de seu empreendimento pessoal quando, nos

168   TARIFA NAS CONCESSÕES

A Lei 8.987/1995, porém, tem outros dispositivos que permitem uma interpretação da garantia do equilíbrio econômico-financeiro compatível com a Constituição. Deveras, nos §§ 2º e 3º do já citado art. 9º a lei prevê hipóteses genéricas de revisão do contrato para recomposição do seu equilíbrio econômico-financeiro e também assegura a recomposição para alterações tributárias que afetem a delegação do serviço (numa típica aplicação do "fato do príncipe"). Vejam-se os dispositivos citados:

"Art. 9º. (...).

"(...).

"§ 2º. Os contratos poderão prever mecanismos de revisão das tarifas, a fim de manter-se o equilíbrio econômico-financeiro.

"§ 3º. Ressalvados os impostos sobre a renda, a criação, alteração ou extinção de quaisquer tributos ou encargos legais, após a apresentação da proposta, quando comprovado seu impacto, implicará a revisão da tarifa, para mais ou para menos, conforme o caso."

Assim, muito embora o contrato de concessão possa vir a prever mais riscos para o concessionário que os admitidos no regime constitucional anterior, uma vez que não há mais garantia (constitucional ou legal) à justa remuneração do investimento, é certo que as possíveis causas de reequilíbrio do contrato permanecem abrangendo: (a) alterações unilaterais do contrato promovidas pela Administração Pública; (b) fatos imprevistos; e (c) atos governamentais alheios ao próprio contrato (fato do príncipe).[9]

Para que tais fatos dêem ensejo à recomposição do equilíbrio econômico-financeiro do contrato é necessário, por óbvio, que ele venha a ser afetado. Daí surge mais uma questão, que é a de precisar o conceito de equilíbrio econômico-financeiro. Seria possível estabelecer esta equação com precisão em termos abstratos? Há uma fórmula para encontrar referido equilíbrio? Este é o assunto a ser tratado no próximo item.

termos dantes mencionados, venha a sofrer vicissitudes próprias da vida negocial. Aliás, é inerente às particularidades do instituto da concessão de serviço público uma proteção ao equilíbrio econômico-financeiro menos completa que a existente na generalidade dos contratos administrativos" (*Curso de Direito Administrativo*, 25ª ed., p. 731).

9. Confiram-se, neste sentido: Celso Antônio Bandeira de Mello, *Curso de Direito Administrativo*, 25ª ed., p. 724; Maria Sylvia Zanella Di Pietro, *Parcerias na Administração Pública: Concessão, Permissão, Franquia, Terceirização e outras Formas*, 4ª ed., p. 104; Benedicto Porto Neto, *Concessão de Serviço Público no Regime da Lei 8.987/1995 – Conceitos e Princípios*, pp. 109-110.

DIREITOS DAS CONCESSIONÁRIAS DE SERVIÇO PÚBLICO 169

2.1.2 O equilíbrio econômico-financeiro

Qual seria, precisamente, o objeto da garantia que se oferece ao concessionário quando se lhe assegura a manutenção do equilíbrio econômico-financeiro dos contratos de concessão? Nem nos mais complexos e profundos trabalhos acadêmicos é possível encontrar elementos ou fórmulas que indiquem precisamente o conteúdo do mencionado equilíbrio. A explicação dada quase sempre é a de que o equilíbrio reflete a relação entre receitas e custos tomada no momento da celebração do contrato.[10] Os contratos de concessão, instrumentos práticos de formalização da relação jurídica que vincula a empresa concessionária ao poder concedente, também são carentes de uma descrição precisa de tal equilíbrio.

Muito invocado, reconhecidamente importante para a perfeita execução do contrato de concessão, o equilíbrio econômico-financeiro é um elemento desprovido de formalização prévia. Não há quem indique, de pronto, os valores e elementos que fazem parte de tal relação.

Essa característica não decorre de qualquer imprecisão ou falha dos aplicadores e teóricos do instituto da concessão (ou dos contratos administrativos de um modo geral). A indeterminação faz parte do conceito de equilíbrio econômico-financeiro dos contratos administrativos. Ele não pode ser preso a fórmulas estanques, preconcebidas em análises abstratas, mesmo se feitas para aplicação a uma dada categoria de contratos.

Não é qualquer nova obrigação imposta aos concessionários ou mesmo a introdução de ônus (tributários ou não) trazidos por via legislativa que refletem, necessariamente, no chamado equilíbrio econômico-financeiro dos contratos. É perfeitamente possível que novas obrigações ou ônus sejam impostos sem que afetem o equilíbrio econômico original dos contratos. Isto pode ocorrer em virtude da natureza essencialmente dinâmica da execução dos contratos. Elevação de custos num dado elemento contratual pode vir a ser compensada pela redução de outros

10. Com outras palavras, este também é o conceito externado por Celso Antônio Bandeira de Mello em estudo monográfico a respeito da prestação de serviços públicos. Veja-se: "(...) já se viu que no ato de concessão é formulado um termo de equilíbrio entre os encargos do concessionário e a retribuição que lhe assistirá. Por conseguinte, o concedente terá que respeitar esta igualdade, de tal modo que, ao acréscimo de encargos ou mutação de condições de funcionamento do serviço que se reflitam sobre a equação patrimonial, hão de corresponder as compensações pecuniárias restauradoras do equilíbrio inicial" (*Prestação de Serviços Públicos e Administração Indireta*, 2ª ed., 3ª tir., p. 43).

170 TARIFA NAS CONCESSÕES

encargos, ou mesmo pelo ganho provindo de melhorias nas técnicas de gerenciamento e operação do contrato em execução.

Não há como eliminar a flexibilidade da aplicação do conceito de equilíbrio econômico-financeiro.[11] No plano abstrato sua aplicação só pode ser descrita em termos genéricos, vagos, indeterminados: *a relação entre encargos e receita deve ser preservada*. A definição em termos precisos só pode ocorrer em face de situações concretas, bem definidas: *o aumento no custo deste insumo não acarreta reequilíbrio porque o custo com mão-de-obra caiu em virtude da automação*; ou, de outra forma: *o aumento significativo e inusitado do preço dos combustíveis derivados de petróleo afetou demasiadamente os custos de prestação do serviço, fazendo com que as receitas com sua exploração sejam insuficientes para suportá-los, o que exige uma recomposição das tarifas*. Diante de uma situação de fato, e só assim, será possível aferir se o equilíbrio original foi mantido, ou não.

Mudanças relevantes cujos custos, porém, sejam absorvíveis em face das peculiaridades e da dinâmica contratual não significam a quebra do equilíbrio econômico-financeiro da concessão. Esta somente se caracterizará nas hipóteses em que for demonstrada a ruptura com o padrão contratual estabelecido inicialmente. Trata-se, portanto, de conceito vago, a ser precisado necessariamente diante de situações concretas em que o problema seja posto.

A origem da garantia do equilíbrio econômico-financeiro dos contratos de concessão, de reconhecida inspiração na teoria da imprevisão, também serve para justificar a tessitura vaga deste conceito. Ambas (a garantia do equilíbrio e a teoria da imprevisão) servem de aplicativo no campo contratual do princípio da eqüidade,[12] pois buscam evitar que uma das partes sofra com onerosidade excessiva, incompatível com o

11. Nesta linha apontam Vedel e Delvolvé: "Entretanto, dado o caráter aleatório da concessão, não se pode fazer do equilíbrio financeiro uma equação na qual todos seus termos sejam absolutamente fixos". No original: "Cependant, étant donné le caractère aléatoire de la concession, on ne peut pas faire de l'équlibre financier une équation dont tous les termes seraient absolument fixes" (*Droit Administratif*, 12ª ed., vol. 2, p. 778).

12. Sobre os fundamentos jurídicos da teoria da imprevisão, v. Orlando Gomes, *Contratos*, 12ª ed., 3ª tir., p. 42. O autor considera a eqüidade juntamente com outros princípios gerais do Direito, como o da boa-fé e o da proibição do abuso de direito, algumas das razões que justificam a opção do legislador por adotar a solução. Seriam, pois, finalidades da norma. Tecnicamente, a alteração do contrato nas situações que ensejam a aplicação da teoria da imprevisão decorre da busca pela prevalência da "vontade contratual".

DIREITOS DAS CONCESSIONÁRIAS DE SERVIÇO PÚBLICO 171

intuito dos contratantes no momento da celebração do contrato.[13] Com tal escopo, não se pode exigir da regra que determina a manutenção do equilíbrio econômico nos contratos administrativos uma conceituação precisa e bem determinada. Sua aplicação, ao contrário, reclama o oposto. Necessita de flexibilidade para viabilizar sua exclusão em situações em que, de fato, não ocorra prejuízo intolerável para o contratado e também, por outro lado, que se admita seu enquadramento em situações inusitadas que realmente desequilibrem o pacto original.

Portanto, há de se reconhecer que a noção de equilíbrio econômico-financeiro é, por origem (uma vez que se inspira na teoria da imprevisão) e funcionalidade, conceito vago, impreciso, indeterminado. Ele é útil justamente porque é flexível e comporta ponderações na sua aplicação. A tentativa de prendê-lo numa fórmula rígida é inviável e seria também ineficiente (caso alguém conseguisse fazê-lo).

2.2 A alteração da tarifa como instrumento natural de reequilíbrio econômico-financeiro do contrato

A tarifa é o instrumento usualmente empregado para recomposição do equilíbrio econômico-financeiro de uma concessão.

Novas obrigações criadas de forma unilateral pelo poder concedente; fatos da Natureza ou da Economia que onerem por demais a execução do contrato; medidas governamentais que, do mesmo modo, interfiram na forma original de execução do contrato, onerando-o excessivamente – todos esses eventos, quando causam um efetivo impacto na equação originalmente firmada na concessão, conduzem geralmente à utilização da tarifa como elemento apto a recompor o equilíbrio inicial que tenha sido momentaneamente perdido.

A constatação de um aumento desproporcional de encargos para a empresa concessionária, nesta linha, enseja a alteração no valor da tarifa, tornando-a mais alta, de modo a compensar o gasto maior. No caso de desequilíbrio do contrato de concessão que favoreça a concessionária (o que efetivamente pode ocorrer, dando ensejo, do mesmo modo, à necessária recomposição da equação original), a compensação dar-se-ia por meio da redução da tarifa.

---

13. Para Georges Vedel e Pierre Delvolvé o equilíbrio financeiro é, antes de tudo, "a expressão da vontade das partes". Confira-se: "L'équilibre financier est d'abord l'expression de la *volonté des parties*" (*Droit Administratif*, 12ª ed., vol. 2, p. 778).

A utilização da tarifa como mecanismo de reequilíbrio da equação econômico-financeira da concessão é facilmente justificada. De um lado, quando ocorre perda para a concessionária, a tarifa representa o mecanismo mais direto e imediato de compensação. O aumento da tarifa busca atingir um efetivo e imediato aumento na receita dessa concessionária, recompondo, assim, o prejuízo por esta experimentado. Do outro, quando a equação está em desequilíbrio em benefício da concessionária, sua restauração se dá com a redução da tarifa. Neste caso a diminuição do valor da tarifa cumpre duplo objetivo: torna o serviço mais acessível aos usuários (o que atende ao princípio da modicidade das tarifas) e reduz as vantagens da concessionária, proporcionando o reequilíbrio da equação econômico-financeira original.

Esta vocação das tarifas está refletida na Lei 8.987/1995 de forma marcante. De modo mais genérico, quando prevê a revisão de tarifas como forma de manter o equilíbrio econômico-financeiro do contrato (art. 9º, § 2º, art. 18, VIII, e art. 23, IV). Noutras passagens parece até considerar a alteração da tarifa como único mecanismo de recomposição do equilíbrio contratual. É o que se vê no § 3º do art. 9º, o qual, para o desequilíbrio proporcionado pela mudança do regime tributário, prevê como conseqüência necessária a "revisão da tarifa, para mais ou para menos, conforme o caso".

É importante salientar, por fim, que, apesar de a tarifa se prestar naturalmente à recomposição do equilíbrio econômico-financeiro, não constitui a única forma de fazê-lo. Dependendo do interesse público envolvido, é possível que o poder concedente opte por outras medidas que atinjam o mesmo fim da alteração tarifária – ou seja, que também sirvam para reequilibrar a equação econômica do contrato. É possível que, por exemplo, ao invés de aumentar tarifas (medida que em alguns casos pode trazer reflexos indesejados ao interesse público), o poder concedente resolva recompor o equilíbrio perdido por meio de pagamento de indenização à concessionária; ou, ainda, de outra forma, busque desonerá-la de alguns encargos, possibilitando, assim, o retorno à situação de equilíbrio.

Em dados casos a alteração tarifária mostra-se inadequada para a recomposição do equilíbrio econômico-financeiro do contrato. Nestes casos, por óbvio, o poder concedente só poderá lançar mão desses outros instrumentos de recomposição. Estas situações constituem o objeto do próximo item.

DIREITOS DAS CONCESSIONÁRIAS DE SERVIÇO PÚBLICO   173

2.3 Situações em que o aumento da tarifa não é capaz de reequilibrar a equação econômico-financeira do contrato

A Administração Pública, como foi visto, pode optar por restabelecer o equilíbrio econômico-financeiro da concessão por intermédio da alteração do valor das tarifas ou lançar mão de outros instrumentos. Esta é uma das importantes decisões que devem ser tomadas no âmbito de aplicação da política tarifária de cada serviço público objeto de concessão.

Situações de fato, todavia, podem limitar esta discricionariedade administrativa, tornando inviável o aumento tarifário como mecanismo de restabelecimento do equilíbrio contratual afetado. Isto ocorrerá sempre que ao aumento da tarifa não corresponda um proporcional aumento de receita da concessionária. Seriam situações em que, devido à condição sócio-econômica dos usuários do serviço, a elevação do valor das tarifas traria uma queda na demanda pelo serviço e, conseqüentemente, a receita geral da empresa concessionária não seria beneficiada. O aumento potencial da receita, que em tese seria proporcionado com o aumento da tarifa, de fato não ocorreria. A situação econômica em que se insere a prestação daquela espécie de serviço público não comporta um aumento de tarifa como elemento apto a aumentar a receita da prestadora de serviço.

Georges Vedel e Pierre Delvolvé deram exemplo de como este problema pode vir a ocorrer. Na hipótese por eles tratada, o Poder Público teria imposto maiores ônus a uma empresa prestadora do serviço de transporte coletivo. Para compensá-la, os autores vislumbraram duas medidas. Uma mais simples e direta, que seria o pagamento de indenização por parte da autoridade administrativa à empresa concessionária. A outra, que demandaria a comprovação de uma situação de fato, seria a imposição de um aumento tarifário. Neste caso, a eficácia da medida estaria vinculada a uma condição: a de que este aumento não provocasse uma diminuição na utilização do serviço feita pelos usuários. Havendo diminuição de demanda, o reequilíbrio da equação econômico-financeira da concessão passaria a depender diretamente do pagamento de uma indenização.[14]

Em tais casos o aumento da tarifa não significa, por certo, retomar o equilíbrio econômico-financeiro do contrato. Isto porque tal aumento não representaria vantagem à parte prejudicada com o desequilíbrio. Para que haja retomada da equação original é necessário que, *de fato*,

14. Georges Vedel e Pierre Delvolvé, *Droit Administratif*, 12ª ed., vol. 2, pp. 779-780.

174 TARIFA NAS CONCESSÕES

seja restabelecido o equilíbrio econômico-financeiro original. Mudanças normativas (como seria o aumento das tarifas) que não produzam o efeito prático do reequilíbrio necessário são, por óbvio, insuficientes para assegurar o respeito à equação econômico-financeira do contrato. Esta só será respeitada quando, efetivamente, o desequilíbrio seja sanado (o que, diante da inviabilidade da alteração tarifária, poderia ocorrer com o pagamento de indenização pelo poder concedente).

3. Mecanismos de alteração das tarifas

Para que o equilíbrio econômico-financeiro da concessão seja preservado ao longo da execução do contrato é necessário que o nível de remuneração da concessionária seja mantido em parâmetros tais que correspondam à amortização de seus investimentos e mais à justa remuneração prevista contratualmente (sua margem de lucro). No item anterior foi demonstrado o relevante papel que a tarifa assume neste contexto, basicamente por constituir a fonte principal de remuneração das concessionárias.

A manutenção desse equilíbrio, por óbvio, não significa congelar o valor das tarifas durante todo o período de execução dos contratos.[15] Ao

15. Todavia, já houve época em que a alteração no valor das tarifas fixadas no contrato de concessão era objeto de grandes questionamentos. O debate surgiu, fundamentalmente, com a abolição da cláusula-ouro das concessões brasileiras. Extinto este instrumento que assegurava o retorno do investimento privado, relutou-se em aceitar outros instrumentos que viessem a indexar a tarifa. A tendência, no primeiro momento após a queda da cláusula-ouro, foi a de celebrar contratos de concessão com valores previstos para vigorar durante todo o longo período de concessão. O debate foi relatado por Francisco Campos no ambiente de discussão da então Constituição de 1946. O publicista, na oportunidade, criticou duramente a equivocada tendência de estabelecer tarifas imutáveis, demonstrando que tal procedimento seria, no final, lesivo aos próprios usuários e ao interesse público. Confira-se: "O primeiro dêsses falsos pressupostos é a estabilidade dos preços de tôdas as utilidades públicas, e como os preços de um grupo de utilidades variam em função dos preços de outros grupos de utilidades, assim, a regra é a variação de todos os preços e, em última análise, o equilíbrio instável do sistema econômico. Não há, portanto, estabilidade nos preços, nem é possível prever, dentro de um determinado período, as suas variações prováveis. Se assim é, a fixação de preços a vigorar em um período mais ou menos longo de tempo envolve, evidentemente, um elemento de risco. Ao serem fixados, portanto, no seu cálculo influi êsse elemento de risco para elevá-los, sendo os preços constantes dos contratos destinados não sòmente a remunerar os serviços, como a cobrir a companhia contra a eventualidade da alta dos preços das outras utilidades e, por conseguinte, das utilidades da sua própria produção. O consumidor de utilidades públicas paga, pois, não sòmente o valor dos serviços, mas também o seguro contra

DIREITOS DAS CONCESSIONÁRIAS DE SERVIÇO PÚBLICO 175

contrário, para que haja equilíbrio financeiro ao longo de toda concessão mostra-se necessário prever mecanismos de alteração das tarifas que façam com que seu valor real seja preservado e que permaneça compatível com o montante das despesas exigidas.

Há dois mecanismos básicos de alteração do valor das tarifas. Um deles apresenta feição ordinária, por assim dizer. Consiste num mecanismo contratualmente estabelecido para preservar o valor real da tarifa em função da variação monetária produzida ao longo da execução do contrato. Normalmente este mecanismo é aplicado automaticamente, por meio da previsão de índices de reajustes, os quais, aplicados ao valor original da tarifa, são capazes de atualizá-lo monetariamente. O outro tipo de alteração destina-se a recompor o equilíbrio do contrato em situações excepcionais, nas quais, devido à ocorrência de fatos imprevisíveis, o equilíbrio econômico-financeiro do contrato se mostre abalado. A alteração ordinária costuma ser denominada de *reajuste*, enquanto a alteração decorrente de fato excepcional é classificada como hipótese de *revisão* tarifária.[16]

A Lei 8.987/1995, em seu art. 9º, § 2º, menciona apenas a revisão como sendo um instrumento de alteração das tarifas para fins de manutenção do equilíbrio econômico-financeiro do contrato. Na mesma lei, todavia, é possível encontrar expressa menção às duas formas básicas de alteração – a revisão e o reajuste. É o que se vê nos arts. 18, VIII, e 23,

o risco da elevação de preços. Como, porém, o contrato se destina a uma longa duração, durante a maior parte do seu prazo o consumidor pagará o seguro sem que se realize necessariamente o risco, de maneira que, na generalidade dos casos, o suplemento de preço destinado a assegurar a companhia contra o risco da elevação dos preços constitui para ela um lucro líquido ou absoluto. Aí está a explicação do fato de serem sempre elevadas as tarifas fixadas de modo rígido e invariável no regime de controle contratual. Contra êste sistema, que vigora, igualmente, na Inglaterra, aí se têm levantado as mais vivas críticas, estando hoje na previsão geral que se abandonará dentro em muito breve aquêle regime irracional, anacrônico e obsoleto de fixação dos preços de utilidades públicas por todo o longo período de duração dos contratos" ("Fixação das tarifas dos serviços públicos concedidos", in *Direito Administrativo*, vol. I, pp. 131-132).

16. Essa dualidade não é peculiar ao Direito Brasileiro, como é possível perceber do relato de Vedel e Delvolvé: "As cláusulas tarifárias comportam normalmente cláusulas de variação (automática) ou de revisão (implicando uma nova negociação), às quais a Administração concedente não se pode opor sem assumir sua responsabilidade". Confira-se o texto original: "Les clauses tarifaires comportent souvent des clauses de variation (automatique) ou de révision (impliquant une nouvelle négociation), auxquelles l'Administration concédante ne peut s'opposer sans engager sa responsabilité" (*Droit Administratif*, 12ª ed., vol. 2, pp. 777-778).

IV, que tratam da inclusão de temas obrigatórios no edital de licitação e no contrato de concessão. Em ambos os dispositivos se prevê a fixação de mecanismos de *reajuste* e *revisão* de tarifas.[17]

Há de se concluir, diante deste quadro normativo, da tradição doutrinária e da própria prática encontrada nos contratos de concessão celebrados após a edição da Lei 8.987/1995, que existem duas fórmulas de alteração tarifária: o *reajuste*, aplicável como forma de atualização monetária da tarifa, e a *revisão*, cabível quando a tarifa tiver de ser alterada para adequar a equação econômico-financeira do contrato a situação excepcional que a tenha afetado.[18]

Vejamos, agora, um a um, estes mecanismos de alteração das tarifas.

4. Reajuste

Conforme já referido no item anterior, o reajuste tarifário é a forma de alteração do valor nominal da tarifa promovida com o intuito de preservar seu valor real em face da variação monetária ocorrida ao longo de determinado período de tempo. Mais que alterar concretamente o valor tarifário, o reajuste se propõe, na verdade, a preservar o referido valor, atualizando-o monetariamente durante o período de duração da concessão.

Neste tópico buscaremos enfrentar questões envolvendo a aplicação desse instrumento de atualização tarifária. Em primeiro lugar, pas-

17. A dicotomia também está presente na legislação geral dos contratos administrativos (Lei 8.666/1993) e na chamada legislação setorial, que disciplina serviços públicos isoladamente. Como se vê, por exemplo, na Lei Geral de Telecomunicações (Lei 9.472/1997, arts. 103, § 1º, e 108).

18. Confira-se o posicionamento de Celso Antônio Bandeira de Mello a respeito da interpretação desse tema, à luz do texto legislativo brasileiro:

"Como se vê, ora a lei fala em revisão de tarifas, ora em 'reajuste' e 'revisão'. Terá se servido destas expressões inconseqüentemente, tomando-as como sinônimas, usando uma como reforço da outra, ou haverá, a sabendas, se servido ora de uma, ora de ambas, pretendendo irrogar a cada qual um significado preciso?

"Estamos em que o *reajuste* configura hipótese em que a tarifa *substancialmente não muda*; altera-se, apenas, o preço que a exprime. Como persistem os mesmos fatores inicialmente levados em conta, a tarifa é apenas *atualizada*, a fim de acompanhar a variação normal do preço dos insumos, sem que se lhe agreguem acréscimos, pois não há elementos novos interferentes com ela.

"Já, a *revisão* das tarifas é uma *reconsideração ou reavaliação do próprio valor original* tomado em conta como *adequado* para enfrentar equilibradamente os encargos" (*Curso de Direito Administrativo*, 25ª ed., p. 724).

DIREITOS DAS CONCESSIONÁRIAS DE SERVIÇO PÚBLICO 177

saremos a analisar o caráter obrigatório ou facultativo desta regra nas concessões de serviços públicos de acordo com o Direito Brasileiro. Após, veremos a periodicidade em que o reajuste deve ou pode ocorrer. Examinaremos também a forma por intermédio da qual este tipo de mudança tarifária pode ser implementada, isto é, se deve ser automática (com aplicabilidade direta dos índices previstos contratualmente) ou se depende de decisão administrativa para tanto. Por fim, verificaremos a viabilidade de alteração nas fórmulas e índices de reajuste durante a execução do contrato de concessão e seus eventuais condicionamentos.

4.1 A previsão de reajuste tarifário nas concessões

A regra de reajuste não é peculiaridade das concessões. Os contratos administrativos em geral, por expressa disposição de lei, devem conter cláusulas estabelecendo índices e fórmulas para o reajuste dos valores a serem pagos pela Administração aos seus contratados.[19] Nas concessões, conforme já anotado em tópicos anteriores, também há previsão expressa em lei exigindo a disciplina contratual da matéria. É o que dispõem os artigos da Lei 8.987/1995 que estabelecem os requisitos necessários do edital de licitação e do contrato de concessão. Confira-se:

"Art. 18. O edital de licitação será elaborado pelo poder concedente, observados, no que couber, os critérios e as normas gerais da legislação própria sobre licitações e contratos e conterá, especialmente: (...) VIII – os critérios de reajuste e revisão da tarifa; (...)" (grifamos).

"Art. 23. São cláusulas essenciais do contrato de concessão as relativas: (...) IV – ao preço do serviço e aos critérios e procedimentos para o reajuste e a revisão das tarifas; (...)" (grifamos).

19. A Lei 8.666/1993 estabelece a obrigatoriedade de fixação de critérios de reajuste tanto ao disciplinar o conteúdo mínimo do edital quanto do próprio contrato a ser celebrado. Confiram-se os artigos que versaram sobre a matéria: "Art. 40. O edital conterá no preâmbulo o número de ordem em série anual, o nome da repartição interessada e de seu setor, a modalidade, o regime de execução e o tipo da licitação, a menção de que será regida por esta Lei, o local, dia e hora para recebimento da documentação e proposta, bem como para início da abertura dos envelopes, e indicará, obrigatoriamente, o seguinte: (...) XI – critério de reajuste, que deverá retratar a variação efetiva do custo de produção, admitida a adoção de índices específicos ou setoriais, desde a data prevista para apresentação da proposta, ou do orçamento a que essa proposta se referir, até a data do adimplemento de cada parcela; (...)"; "Art. 55. São cláusulas necessárias em todo contrato as que estabeleçam: (...) III – o preço e as condições de pagamento, os critérios, data-base e periodicidade do reajustamento de preços, os critérios de atualização monetária entre a data do adimplemento das obrigações e do efetivo pagamento; (...)".

TARIFA NAS CONCESSÕES

Ao contrário do que ocorre nos contratos administrativos em geral, em que as regras sobre remuneração do contratado constituem cláusulas verdadeiramente contratuais e só admitem alteração mediante acordo de vontades,[20] nas concessões o tema do reajuste (como a matéria tarifária em geral[21]) envolve o que se pode chamar de *cláusula regulamentar*. Ou seja, nas concessões a regra de reajuste pode vir a ser modificada unilateralmente pelo poder concedente, desde que, como já anotado, seja assegurado o equilíbrio econômico-financeiro do contrato.

Todavia, mesmo fazendo parte do amplo rol de temas sujeitos à disciplina regulamentar do Poder Público, o reajuste constitui matéria obrigatória nos contratos de concessão. A legislação expressamente exige seu tratamento tanto no edital quanto no próprio contrato, não sendo facultada a omissão quanto a esse aspecto.

É fácil identificar a razão que levou o legislador a impor tal regra aos contratos de concessão. Como se trata de um modelo de relação jurídica por meio do qual normalmente o particular assume investimentos imediatos e de grande vulto, em troca do direito de exploração econômica de um serviço público por prazo longo, mostra-se necessária a existência de regras jurídicas que assegurem o pleno retorno do investimento durante o período de vigência do contrato. Uma dessas regras é a que assegura a manutenção do valor real da remuneração do concessionário (tarifa).

Pela lógica econômica assumida pela legislação, somente conferindo segurança quanto à manutenção do valor real a que terá direito como remuneração – o que, em parte, estaria assegurado com a regra de reajuste – seria possível contar com interessados em assumir um contrato com as características do de concessão.

Percebe-se, deste modo, que o *reajuste* não se mostra como mera opção, posta à disposição do poder concedente. É, na verdade, um requisito necessário à outorga de uma concessão. Faz parte do núcleo mínimo que a lei fixou para este específico modelo contratual. Seria, portanto, ilegal celebrar um contrato de concessão que fosse firmado sem cláusula de reajuste ou que, após sua assinatura, viesse a excluir referida cláusula.

Considerando seu caráter obrigatório nos contratos de concessão, passaremos, agora, a verificar alguns dos importantes temas referentes à aplicação do instituto.

---

20. Arts. 58, § 1º, e 65, II, "c", da Lei 8.666/1993.

21. V. capítulo I, em que são enumerados os elementos conceituais da tarifa de serviço público, entre os quais se encontra seu caráter regulamentar.

DIREITOS DAS CONCESSIONÁRIAS DE SERVIÇO PÚBLICO 179

4.2 A periodicidade do reajuste

A regra de alteração tarifária mediante aplicação de índices de reajuste, como já se viu, é de incidência periódica. Trata-se de evento programado, a ser implementado de acordo com previsão contratual. A Lei Geral de Concessões (Lei 8.987/1995) não fixou o prazo em que se deve aplicar a referida regra. Esse é um tema a ser decidido no âmbito da legislação específica de cada serviço, ou até mesmo no procedimento que antecede a celebração do contrato de concessão (quando da divulgação do edital). Há, porém, parâmetros mínimos que devem ser observados para a instituição desta periodicidade.

De um lado, não é possível prever um prazo tão largo que o objetivo da própria regra legal – que é a manutenção do valor real das tarifas ao longo do contrato – acabe por ser desatendido. Assim, a previsão de reajuste a ser aplicável somente após o transcurso de longos períodos (de 10 anos, por exemplo) poderia ser entendida como contrária ao próprio dever de fixar um reajuste periódico. Não é possível, em suma, que a regra do reajuste seja mitigada por meio da previsão de um prazo por demais longo para sua incidência.

De outro lado, a legislação brasileira, a partir da instituição do chamado *Plano Real*, encarta regra restritiva quanto ao período mínimo admitido para a realização de reajustes. De acordo com a Lei do Plano Real, somente após um ano são admitidos reajustes nos valores fixados contratualmente, inclusive no que diz respeito a contratos dos quais o Poder Público faça parte.[22]

Há, portanto, um prazo mínimo para a estipulação da data de reajuste (um ano), fixado expressamente na lei que instituiu o Plano Real, e um período máximo (a ser verificado caso a caso), que, superado, acabaria por desvirtuar a própria aplicação do reajuste, na medida em que esta alteração deixaria de ser capaz de manter o valor do real da tarifa durante todo período de execução do contrato.

22. Confiram-se os dispositivos da lei que instituiu o Plano Real (Lei 10.192/2001) que tratam especificamente desta matéria:
"Art. 3º. Os contratos em que seja parte órgão ou entidade da Administração Pública direta ou indireta da União, dos Estados, do Distrito Federal e dos Municípios serão reajustados ou corrigidos monetariamente de acordo com as disposições desta Lei, e, no que com ela não conflitarem, da Lei n. 8.666, de 21 de junho de 1993.
"§ 1º. A periodicidade anual nos contratos de que trata o *caput* deste artigo será contada a partir da data-limite para apresentação da proposta ou do orçamento a que essa se referir."

180 TARIFA NAS CONCESSÕES

A empresa concessionária de serviço público tem o direito subjetivo de exigir a aplicação do reajuste quando ultrapassado o prazo previsto contratualmente. Este é, sem dúvida, um dos relevantes aspectos que compõem a estrutura do equilíbrio econômico-financeiro do contrato, pois se trata de cláusula prevista justamente para manter o valor real da remuneração recebida pela empresa. O atraso na implementação do reajuste, portanto, implica impacto no equilíbrio econômico originalmente estabelecido.

Em virtude disto, ganha relevância a investigação sobre a forma como o reajuste deve ser aplicado, a pessoa competente para fazê-lo e também sobre as repercussões jurídicas que o descumprimento desta regra pode vir a acarretar. Este é o tema do próximo tópico.

4.3 A aplicação dos reajustes

Muito embora seja um direito contratualmente estabelecido em favor das empresas concessionárias, a aplicação de índices ou fórmulas de reajuste não ocorre de forma automática pelas empresas.[23]

Existe regra no Direito Brasileiro que condiciona a aplicação efetiva do reajuste à expedição de ato próprio do poder concedente – a *homologação*. É o que se depreende do art. 29, V, da Lei 8.987/1995. Confira-se: "Art. 29. Incumbe ao poder concedente: (...) V – *homologar reajustes* e proceder à revisão das tarifas na forma desta Lei, das normas pertinentes e do contrato; (...)" (grifamos). Assim, mesmo que a data para a aplicação do reajuste seja certa e o índice para reajustar a tarifa seja divulgado por instituições independentes, torna-se necessária a aprovação formal do poder concedente para que a alteração tarifária, de fato, venha a ocorrer.

A necessidade de homologação do poder concedente para que seja aplicado o reajuste confere a esta autoridade a prerrogativa de avaliar a propriedade da alteração – que fora prevista antecipadamente no contrato – em face das circunstâncias de fato notadas no momento em que sua aplicação deve ocorrer.

---

23. A Lei de Parcerias Público-Privadas – Lei 11.079/2004 –, em seu art. 5º, § 1º, rompeu esse paradigma ao estabelecer que os reajustes previstos nesses contratos incidem automaticamente, independentemente de homologação. Para não conceder o reajuste, a Administração, nesses contratos especiais, será obrigada a publicar na Imprensa Oficial as razões, fundamentadas na lei ou no contrato, para a rejeição da atualização.

DIREITOS DAS CONCESSIONÁRIAS DE SERVIÇO PÚBLICO   181

Nesta avaliação teria cabimento, por exemplo, averiguar eventual impacto provocado por peculiaridades do setor diretamente envolvido nos custos suportados pela concessionária de serviço. Deveras, mesmo havendo um índice preestabelecido para reajustar o valor das tarifas, é possível que, concretamente, este índice se distancie da realidade daquele específico setor, naquele determinado período de tempo. Assim, percebendo eventual discrepância entre o índice fixado e a real oscilação dos custos suportados pela prestação do serviço, é possível que o poder concedente rejeite a pura e simples aplicação do índice, formulando verdadeira revisão tarifária, a fim de atualizar a tarifa com base em critérios que verdadeiramente preservem o equilíbrio econômico-financeiro da avença.

Alguns contratos de concessão trazem em seu corpo regra que, de certo modo, institucionaliza essa análise de natureza fática a cada reajuste. Exemplo disto é a previsão de "fórmula" para aplicação do reajuste que seja baseada em dados econômicos do setor específico ou da Economia em geral, mas que também sofra influência da análise subjetiva dos custos incorridos pela concessionária. Nestes casos é comum a introdução de um *fator de produtividade* a incidir sobre os dados econômicos absolutos, de modo a fazer aumentar ou diminuir o valor do reajuste, de acordo com a real situação dos custos suportados pela concessionária naquele período (é possível conceber a existência de fatores de produtividade *positivos* – que implicariam uma redução do índice absoluto do reajuste a ser aplicado – ou *negativos* – que agiriam na fórmula de modo a aumentar o reajuste).

De certo modo, nestes casos, o reajuste deixa de ser puramente a aplicação de um fator de atualização monetária da tarifa, sofrendo influência de fatores concretos da situação de cada concessionária. Neste sentido, seria possível afirmar que, paralelamente ao sistema ordinário de reajuste, é inserida regra de cunho *revisional*, baseada na aferição da realidade que influencia a execução do contrato.

É possível, ainda, que, no momento da homologação de reajuste, o poder concedente pondere acerca da conveniência e oportunidade de adotar alguma medida para reformular a política tarifária até então aplicável. Nesta linha, se a Administração constatar a impropriedade de aumentar o valor da tarifa, muito embora reconheça a necessidade de reajuste da remuneração da empresa concessionária, pode vir a tomar outra decisão que não seja aquela prevista ordinariamente no contrato (que seria homologar o reajuste). Para preservar o equilíbrio econômico-financeiro da avença, de um lado, e, de outro, atender à decisão política

182 TARIFA NAS CONCESSÕES

de não aumentar tarifas para os usuários, é possível que o poder concedente deixe de homologar o reajuste tarifário, conferindo, como medida de compensação à concessionária, outra fonte de receita. Assim, o poder concedente que decidisse não homologar um reajuste poderia, em contrapartida, autorizar a exploração de um projeto associado, ou mesmo pagar diretamente à concessionária, com recursos orçamentários, o valor correspondente à sua perda com a manutenção da tarifa.

Em resumo, vale salientar que a aplicação do reajuste previsto no contrato não é feita automaticamente pela concessionária, dependendo de homologação do poder concedente. Apesar disto, o reajuste é um direito conferido à concessionária, e que apresenta indiscutível impacto no equilíbrio econômico-financeiro do contrato. Sendo assim, caso o poder concedente atrase ou simplesmente decida não aplicar o índice de reajuste previsto contratualmente, haverá, por conseqüência, a necessidade de *revisão* do contrato, de modo a que seu equilíbrio econômico-financeiro original (que seria mantido com sua atualização periódica) seja preservado.

4.4 A fixação de índices ou fórmulas de reajuste

Outra importante questão a ser analisada quanto ao tema dos reajustes tarifários diz respeito aos critérios para fixação dos seus respectivos índices ou fórmulas de aplicação. O reajuste, como já foi indicado, envolve a alteração *nominal* da tarifa a fim de que seja preservado seu valor *real*. Consiste, basicamente, num mecanismo de atualização da remuneração devida pela prestação do serviço. É um instrumento, portanto, concebido para preservar a equação econômico-financeira do contrato ao longo do período de sua execução, em face do gradual processo de desvalorização monetária.

Esta regra de atualização, por expressa determinação da legislação aplicável,[24] deve ser previamente estabelecida no edital de licitação e no contrato de concessão. Há, portanto, necessidade de se estabelecer um índice ou mesmo uma fórmula aritmética (que reúna diversas variáveis) a fim de balizar os reajustes periódicos das tarifas.

---

24. Confiram-se, neste sentido, os arts. 18, VIII, e 23, IV, da Lei 8.987/1995, já transcritos acima. Na mesma linha segue a Lei Geral de Telecomunicações (Lei 9.472/1997), em seu art. 108. Confira-se mais este exemplo: "Art. 108. Os mecanismos para reajuste e revisão das tarifas serão previstos nos contratos de concessão, observando-se, no que couber, a legislação específica".

DIREITOS DAS CONCESSIONÁRIAS DE SERVIÇO PÚBLICO 183

Como deve ser feita a escolha de um índice ou fórmula de reajuste? Existe uma fórmula ou índice-padrão a ser aplicado? A escolha do índice ou fórmula de reajuste é matéria a ser disciplinada pelo próprio poder concedente, avaliando as peculiaridades do serviço objeto da concessão. Torna-se necessário, contudo, que a escolha recaia sobre critérios que reflitam a variação monetária dos insumos que tenham efetivo impacto nos custos de prestação do serviço; vale dizer, que tenham influência comprovada no equilíbrio econômico-financeiro do respectivo contrato de concessão.

Uma possível solução para assegurar a atualização monetária da tarifa é instituir reajuste baseado em índices que medem a variação de preços (ou seja, índices de medição da inflação), levando em conta o mercado de um modo geral. Seria a opção por proteger o valor da tarifa da perda monetária acarretada pela inflação medida no país. O poder concedente, neste caso, fixa no contrato de concessão o instituto responsável pela elaboração e divulgação do índice. Neste momento também é possível exercer uma opção quanto à conveniência, ou não, da escolha de determinado índice. Alguns índices – como o Índice de Preços ao Consumidor/IPC, divulgado pelo IBGE – levam em consideração o preço de determinados produtos que fazem parte das necessidades básicas dos consumidores em geral. Outros – como o Índice Geral de Preços, Disponibilidade Interna/IGP-DI, divulgado pela Fundação Getúlio Vargas – levam em conta itens que repercutam na composição dos preços praticados pelos agentes atuantes no mercado (inclusive a variação cambial). Dependendo da situação a ser disciplinada, será mais conveniente fixar índices com uma característica ou outra, seja para assegurar a real manutenção do equilíbrio econômico-financeiro, seja para inibir aumentos significativos dos valores cobrados dos usuários. Como boa parte das decisões que envolvem política tarifária, a escolha de um índice é claro exemplo de discricionariedade administrativa na fixação de uma política pública.

Além da escolha de um índice, por assim dizer, autônomo (já que é fixado por entidade independente em relação ao poder concedente), é possível que se determine contratualmente a observância de um índice próprio para aquela relação jurídica. Ao invés de vincular o reajuste das tarifas de dado serviço público à variação geral de preços aferida por instituição de pesquisa econômica, o próprio poder concedente estabeleceria um índice a ser observado em relação ao contrato de concessão especificamente firmado. Por esta outra linha, é necessário prever, também contratualmente, os itens que farão parte desta aferição de variação de preços. Assim, por exemplo, o contrato haveria de estabelecer que o índice setorial "x", a ser empregado para fixar o valor do reajuste das tarifas, levaria em consideração a variação dos valores do salário dos empregados da empresa concessionária, dos insumos necessários à prestação de serviços (peças automotivas, pneus, combustíveis – no caso de transporte coletivo, por exemplo) – e assim por diante.

Buscando o mesmo objetivo da construção de um índice setorial – qual seja, o de reajustar as tarifas de um serviço de forma mais próxima da real variação econômica que o afeta –, também é possível notar em alguns contratos a adoção de verdadeiras fórmulas aritméticas, que levam em conta diversos fatores para a determinação de um porcentual de reajuste de tarifas. Neste modelo, índices gerais de inflação são sopesados em relação a projeções de ganho de produtividade[25] e redução de custos em função de economia de escala, entre outros.

Há de ressaltar, por fim, que a busca extremada de aproximar os índices de reajuste da realidade concreta decorrente da execução do contrato de concessão pode vir a desvirtuar este instrumento. Deveras, como já foi apontado no início deste capítulo, *reajuste* e *revisão* são instrumentos de alteração tarifária que não se confundem. O reajuste destina-se à manutenção do valor real da tarifa em face da oscilação monetária que ocorra no decorrer da execução do contrato. A revisão, por sua vez, está atrelada à necessidade de mudança decorrente do desequilíbrio extraordinário da equação econômico-financeira do contrato. Deriva, portanto, de distorções entre o valor tarifário e as condições efetivas de execução do contrato.

Pois bem. Com a tentativa de aproximar ao máximo o índice de reajuste da realidade decorrente da execução do contrato, é possível constatar a instalação de verdadeiros procedimentos periódicos de revisão contratual,[26] mal-denominados de reajustes tarifários. São mecanismos

---

25. Há casos em que o ganho de produtividade, mais que um dado de fato a ser considerado, constitui uma meta introduzida no contrato de concessão. O ganho de produtividade, em tais hipóteses, é estabelecido rigidamente na fórmula de reajuste, sendo um elemento objetivo que incidirá negativamente sobre (ou seja, fará reduzir) o índice de correção. Sendo assim, a concessionária se vê obrigada a atingir aquela meta de produtividade, sob pena de amargar prejuízo econômico decorrente de um reajuste menor. Assim ocorreu, por exemplo, nos contratos de telefonia fixa. A Cláusula 11.1 destes contratos, que disciplina a fórmula do reajuste das tarifas, contempla uma variável correspondente à parte do ganho de produtividade que deverá ser transferida aos usuários (é o elemento "k" contido na fórmula, denominado "fator de transferência").

26. A revisão periódica, como será analisado com mais detalhe no próximo tópico, é perfeitamente possível e até recomendável em alguns casos. Ela está prevista,

DIREITOS DAS CONCESSIONÁRIAS DE SERVIÇO PÚBLICO 185

por intermédio dos quais a cada período determinado (em alguns casos, até anuais) são feitas avaliações concretas acerca dos custos envolvidos na prestação do serviço público concedido, com o objetivo final de estabelecer o novo valor da tarifa, de modo a preservar o equilíbrio econômico inicial.[27] Em casos tais, percebe-se, não se trata de mera atualização monetária do valor da tarifa – procedimento que, propriamente, caracterizaria um reajuste –, mas, sim, de uma reavaliação do equilíbrio econômico-financeiro do contrato, em que a alteração tarifária se dá em função dos custos efetivos de prestação do serviço. Procedimento com estas características, portanto, seria mais bem definido como uma revisão periódica do valor da tarifa.

4.5 A mudança de índices ou fórmulas de reajuste

Antes de passarmos à análise da outra forma de alteração das tarifas – a revisão –, é conveniente, ainda, abordar um último tema em relação aos índices ou fórmulas de reajuste. Diz respeito à possibilidade de alteração de tais cláusulas ao longo da execução do contrato.

O mecanismo de reajuste de tarifas – seja qual for o escolhido pelo poder concedente – deve fazer parte do contrato de concessão. Já foi salientado que esta é uma cláusula necessária dos contratos de concessão, conforme previsão expressa em lei (arts. 18, VIII, e 23, IV, da Lei 8.987/1995). Também ficou demonstrado que o modo de realização do reajuste das tarifas integra o núcleo do equilíbrio econômico-financeiro do contrato. Neste contexto, surge a importante questão de saber se tal cláusula – a que impõe o mecanismo de reajuste – é, ou não, passível de alteração unilateral pelo poder concedente, no curso do contrato de concessão.

A dúvida tem origem noutra discussão, que envolve a natureza (contratual ou não) das tarifas nas concessões de serviço público.[28] Como foi

por exemplo, nos contratos de concessão de energia elétrica. O que neste ponto se critica não é a existência em si de um mecanismo periódico de revisão, mas a confusão conceitual existente entre este mecanismo e o que, tecnicamente, é conhecido como *reajuste*.

27. É o que ocorre em determinados modelos de concessão de transporte coletivo municipal de passageiros. Foi difundido no setor um sistema periódico de alteração de tarifas que não é propriamente baseado em índices ou fórmulas de reajuste, mas, sim, num verdadeiro mecanismo de revisão contratual, uma vez que as alterações são processadas com base na análise concreta de *planilhas* apresentadas pelas empresas concessionárias do serviço.

28. O assunto já foi abordado no capítulo inicial deste trabalho, destinado aos elementos conceituais das tarifas.

186 TARIFA NAS CONCESSÕES

visto, não é pelo fato de a tarifa refletir a remuneração da concessionária que haverá de ser considerada um elemento contratual da concessão. Nas concessões, a tarifa, além de compor a remuneração do concessionário, representa o valor devido pelos usuários para a obtenção do serviço público. A tarifa, portanto, não se restringe à relação "poder concedente/ concessionária"; vai além, afetando diretamente outra relação jurídica: a firmada entre concessionária e usuário.

Para o poder concedente a tarifa é muito mais um elemento a ser regulado (item de natureza regulamentar, portanto) que uma obrigação contratualmente assumida. Em verdade, quem assume o ônus contratual de pagar a tarifa é o usuário do serviço, não o poder concedente. Assim, conclui-se que a tarifa integra o extenso plexo de itens regulamentares que fazem parte da relação de concessão. A natureza contratual desta relação jurídica (a concessão) está adstrita, portanto, à manutenção do equilíbrio econômico-financeiro que é possível extrair da somatória dos aspectos regulamentares fixados originalmente (inclusive no que toca à política tarifária).

Por ter natureza regulamentar, a cláusula que estabelece o valor da tarifa, bem como seu mecanismo de reajuste, pode vir a sofrer alteração ao longo da execução do contrato, inclusive de maneira unilateral. Ao alterá-la unilateralmente, todavia, o poder concedente é obrigado a respeitar o equilíbrio econômico-financeiro originalmente pactuado; assim como também está obrigado em relação a qualquer alteração unilateral que venha a realizar.[29]

É possível vislumbrar duas hipóteses mais genéricas de alteração do mecanismo de reajustamento tarifário. Num caso, o poder concedente poderia instituir uma alteração na cláusula de reajuste em função de sua eventual inadequação em relação à realidade dos custos incorridos na prestação do serviço concedido. Ao longo do contrato, por intermédio de constatação empírica, chega-se à conclusão de que o índice ou fórmula previsto originalmente não reflete a variação monetária compatível com o setor, produzindo (para mais ou para menos) uma distorção no equilíbrio econômico-financeiro original. Seria possível fundamentar a alteração do mecanismo original de reajuste de tarifas, portanto, para restaurar o equilíbrio econômico-financeiro original.

29. Neste sentido determina o § 4º do art. 9º da Lei 8.987/1995. Confira-se: "Em havendo alteração unilateral do contrato que afete o seu inicial equilíbrio econômico-financeiro, o poder concedente deverá restabelecê-lo, concomitantemente à alteração".

DIREITOS DAS CONCESSIONÁRIAS DE SERVIÇO PÚBLICO 187

A alteração do mecanismo de reajuste tarifário também pode residir noutro fundamento que não apenas a busca do reequilíbrio econômico-financeiro do contrato. Seria o caso, nesta outra linha, de alteração no modo de reajustar a tarifa com o intento de produzir uma efetiva mudança na política tarifária em curso. Buscando reduzir gradativamente o valor das tarifas para os usuários, por exemplo, o poder concedente vem a instituir uma modificação no índice ou fórmula de reajuste. A mudança, neste exemplo, certamente produziria um prejuízo à concessionária se fosse tomada isoladamente, motivo pelo qual teria sua validade condicionada à adoção concomitante de outras medidas que viessem a compensar esta perda e, conseqüentemente, preservassem o equilíbrio econômico-financeiro do contrato (nos termos do art. 9º, § 4º, da Lei 8.987/1995).

Feitas essas considerações, é chegado o momento de aprofundar a análise das alterações tarifárias ocorridas em virtude de *revisão*. Será este o tema do próximo tópico.

5. Revisão

A revisão, como já foi apontado em tópico anterior, representa mais um mecanismo de alteração do valor da tarifa. Ao contrário do reajuste, não se trata de mera atualização monetária, mas de verdadeira recomposição da relação contratual. Com a revisão, em virtude de determinado ato ou fato jurídico de comprovado impacto nos aspectos econômicos decorrentes da execução do contrato de concessão, o valor da tarifa é alterado.

Dependendo desse impacto, a revisão pode acarretar aumento ou diminuição da tarifa. Eventos que impliquem ônus excessivo à execução do contrato, causando prejuízo à prestadora do serviço, demandam um aumento da carga tarifária. Ao contrário, se houver comprovação de diminuição de custos, com a conseqüente comprovação do aumento da rentabilidade da prestadora, a alteração tarifária haverá de ser feita em favor dos usuários, reduzindo-se seu valor.

O fundamento desta modalidade de alteração tarifária, a exemplo do que ocorre com o mero reajuste, é a preservação do equilíbrio econômico-financeiro do contrato.

As principais questões envolvendo o tema da revisão das tarifas são derivadas do aparente paradoxo entre esse mecanismo de preservação do equilíbrio econômico (a revisão) e um dos elementos conceituais do pró-

188   TARIFA NAS CONCESSÕES

prio instituto das concessões: a assunção do risco do empreendimento pela empresa concessionária. Deveras, seria de se questionar a existência de risco efetivo no empreendimento se a qualquer sinal de prejuízo da concessionária lhe fosse assegurado o direito a uma recomposição contratual, de modo a preservar sua margem de lucro. De outro lado, também parece violar a essência da exploração econômica (e sob risco) de uma atividade, a supressão de qualquer aumento de lucratividade por intermédio de redução tarifária.

Assim, a aplicabilidade da revisão, para preservar a essência do conceito de exploração econômica, sob risco, do serviço objeto de concessão, não pode estar vinculada simplesmente à variação de custos e receitas na prestação do serviço. Se qualquer variação ensejasse a revisão, não seria possível caracterizar a existência de risco no empreendimento. Por isto, apenas oscilações significativas que venham a ser provocadas por fatores imprevistos são consideradas causas suficientes para provocar a alteração tarifária, mediante revisão.

O presente tópico tem por objetivo investigar quais as condições de incidência desta regra de alteração contratual. Isto é, buscará definir os requisitos de aplicação da regra de revisão tarifária. Três assuntos serão abordados, para tanto. Em primeiro lugar, serão relembradas (a menção já foi feita no item referente ao equilíbrio econômico-financeiro das concessões) as hipóteses gerais de aplicação desse instrumento. Em seguida, serão verificados os mecanismos de identificação das referidas hipóteses; ou seja, será estudada a caracterização das situações representativas da chamada *álea extraordinária*. Por fim, será analisado o modo como a regulamentação e a procedimentalização podem ser aplicadas à cláusula de revisão tarifária.

5.1   Hipóteses gerais de aplicação da revisão tarifária

A caracterização geral das hipóteses que ensejam a aplicação da revisão tarifária não pode, conforme anotado acima, transformar esse instrumento de preservação do equilíbrio econômico-financeiro do contrato em fator que elimine por completo os riscos inerentes à exploração econômica do serviço público objeto da concessão.

É necessário, portanto, antes mesmo de definir as situações que ensejariam a revisão da tarifa, caracterizar aquelas hipóteses em que a existência de prejuízo está inserida na margem de risco assumida pela empresa concessionária do serviço.

DIREITOS DAS CONCESSIONÁRIAS DE SERVIÇO PÚBLICO   189

5.1.1 *A álea ordinária das concessões*

A parcela de risco assumida pela concessionária de serviço público é normalmente designada como a álea ordinária do contrato. Corresponde ao risco que o particular aceitou assumir ao firmar o contrato de concessão.

Basicamente, o concessionário assume duas categorias de risco. A primeira envolve os riscos pela gestão de sua empresa. Ou seja, são os riscos oriundos de eventuais falhas ou ineficiência na administração dos recursos (humanos, equipamentos, infra-estrutura) utilizados na execução do serviço público delegado. Outra espécie de risco é de natureza externa, por assim dizer, mas está claramente imputado à "administração" da empresa concessionária. Seria o caso, por exemplo, do risco inerente à demanda pela utilização do serviço. Em determinados modelos de concessão é possível atribuir ao próprio concessionário o ônus pela oscilação na demanda de usuários do serviço público concedido. Eventual frustração na expectativa inicial de demanda, neste caso, seria assumida pelo próprio explorador do serviço, como risco inerente à concessão que lhe foi outorgada.

Celso Antônio Bandeira de Mello bem resume a idéia geral que envolve os riscos assumidos pelas concessionárias de serviço público: "Os riscos que o concessionário deve suportar sozinho abrangem, além dos prejuízos que lhe resultem por atuar canhestramente, com ineficiência ou imperícia, aqueloutros derivados de eventual estimativa inexata quanto à captação ou manutenção da clientela de possíveis usuários, bem como, no caso de fontes alternativas de receita, os que advenham de uma frustrada expectativa no que concerne aos proveitos extraíveis de tais negócios. É dizer: não lhe caberia alimentar a pretensão de eximir-se aos riscos que todo empresário corre ao arrojar-se em empreendimentos econômicos, pois seu amparo não pode ir além do resguardo, já de si peculiar, conferido pelas proteções anteriores mencionadas e cuja existência só é justificável por estar em causa vínculo no qual se substancia um interesse público".[30]

Como se vê, é de fácil compreensão a distinção entre álea ordinária e extraordinária; ou, melhor, entre os riscos assumidos pela concessionária e aqueles que não o são. Aplicar concretamente estes conceitos, todavia, enseja substanciais dificuldades.

---

30. Celso Antônio Bandeira de Mello, *Curso de Direito Administrativo*, 25ª ed., p. 730.

190 TARIFA NAS CONCESSÕES

A principal delas é de ordem prática. Refere-se à dificuldade material de identificar as reais causas de prejuízos econômicos sofridos pelas empresas concessionárias de serviços públicos. Assim, mesmo reconhecendo-se que, em tese, os prejuízos derivados de má gestão empresarial ou de fatores induvidosamente assumidos pelas empresas não são aptos a provocar revisão tarifária, do ponto de vista concreto pode se mostrar difícil imputar um real prejuízo a estes fatores e não a outros, alheios ao risco assumido na concessão. Por exemplo, um determinado prejuízo pode ser imputado ao aumento nos insumos necessários à prestação do serviço ou a falha na administração da empresa, restando de fato uma dúvida quanto à sua origem efetiva.

Assim, apesar do reconhecimento dessa distinção básica entre riscos assumidos pela concessionária e riscos extraordinários, é necessário apontar a dificuldade na aplicação concreta de tais conceitos.

5.1.1.1 O risco assumido em decorrência
do regime jurídico da concessão

Como foi visto, além da pura e simples falha na gestão da empresa, outros riscos podem ser atribuídos à concessionária por força do próprio regime jurídico aplicável à prestação do serviço público (legislação específica, contrato de concessão e regulamentos). São fatores que, por força deste regime jurídico, também passam a integrar a chamada álea ordinária dos contratos de concessão, não ensejando, por conseqüência, revisão de tarifas no caso de sua ocorrência.

É possível que, devido à opção política do legislador ou da Administração Pública responsável, determinados aspectos da prestação do serviço sejam considerados, expressamente, como elementos de risco assumidos pelo concessionário. O particular, por vontade própria, ao celebrar o contrato de concessão, terá consentido na assunção de tal ônus, não podendo dele se eximir com base em noções genéricas e abstratas a respeito da chamada álea extraordinária (que seria passível de recomposição contratual, mediante revisão de tarifa).[31]

A transferência de riscos excessivos, que se mostre incompatível com o retorno econômico propiciado pela prestação do serviço, será causa natural da ausência de interessados na outorga. Somente uma previsão

---

31. É para disciplinar esse tipo de variável que a Lei de PPPs determina que os contratos por ela regidos tragam cláusula estipulando "a repartição de riscos entre as partes, inclusive os referentes a caso fortuito, força maior, fato do príncipe e álea econômica extraordinária" (art. 5º, III, da Lei 11.079/2004).

DIREITOS DAS CONCESSIONÁRIAS DE SERVIÇO PÚBLICO 191

razoável de transferência de riscos, que seja adequada à realidade econômica da atividade a ser explorada, permitirá a assunção do serviço por exploradores privados.

Esta constatação é óbvia. Decorre da própria natureza consensual da relação que vincula o concessionário ao poder concedente, ou seja, da natureza bilateral que exprime o surgimento da relação jurídica complexa que é a concessão de serviço público. Deveras, ninguém é obrigado ou coagido a celebrar um contrato de concessão. Somente se houver interesse econômico na prestação do serviço, um particular se disporá a assumir o ônus de prestá-lo. A transferência excessiva de risco ao concessionário, que exponha o empreendimento e seu gestor a eventual bancarrota, mostra-se, desta forma, incompatível com o regime de concessão. De um lado, porque tal medida seria prejudicial até mesmo ao interesse público, pois representaria uma possível ameaça à continuidade do serviço público (uma vez que, na ocorrência do evento lesivo, a concessionária virtualmente sucumbiria), e, de outro, porque, com formulação como esta, fatalmente não apareceriam interessados na outorga.

De qualquer modo, ao celebrar um contrato de concessão, o particular assume os riscos nele previstos, bem como aqueles que, à época, estavam prescritos na regulamentação aplicável. A interpretação dessas regras (contratuais e regulamentares) mostra-se, portanto, de fundamental importância para delimitar o risco que, por força do regime específico da concessão, o particular passa a assumir.[32]

Vejamos alguns temas que podem exemplificar as variações em relação aos riscos suportados pelos concessionários de serviço público.

(a) O risco pela variação de demanda – Dependendo do regime jurídico previsto para a concessão, o risco pela variação da demanda em relação ao serviço delegado pode ser atribuído ao próprio concessionário ou ao poder concedente. Esta é uma definição de política regulatória a ser tomada pelo Poder Público.

---

32. Com este enfoque, segundo o qual cabe ao contrato definir os riscos assumidos pelo concessionário, ganha sentido jurídico o disposto no art. 10 da Lei 8.987/1995, segundo o qual o equilíbrio econômico-financeiro estaria preservado sempre que cumpridas as condições contratuais. Tal regra, por esta linha, significaria simplesmente que os riscos assumidos contratualmente não poderiam ser alegados como causa de revisão por desequilíbrio econômico-financeiro do contrato. Ou seja, mesmo havendo desequilíbrio, este não ensejaria a revisão contratual se sua causa fosse tida como contratualmente assumida pelo concessionário. Neste sentido é a ponderação de Celso Antônio Bandeira de Mello, já transcrita acima (*Curso de Direito Administrativo*, 25ª ed., pp. 730-731).

192 TARIFA NAS CONCESSÕES

Quando o objetivo regulatório é o de estabelecer uma profunda intervenção no serviço delegado – preservando-se um rígido determinismo quanto à forma e ao modo de prestação do serviço –, é possível que o regime jurídico da concessão exclua eventuais variações de demanda da margem de risco assumida pelo concessionário.

Seria o caso, por exemplo, de uma concessão para exploração do serviço de transporte coletivo municipal de passageiros em que o poder concedente estabelecesse, como cláusulas contratuais, as linhas a serem exploradas, a frota a ser posta à disposição da população, o horário de passagem dos veículos e a previsão da média de usuários em cada uma dessas linhas.[33] O concessionário, neste exemplo, ao assumir o contrato, levaria em consideração as estimativas fixadas pela Administração, mas sobre elas não assumiria responsabilidade. Por esta razão, a quebra desta expectativa deixa de ser um elemento de risco do concessionário, passando a ser considerada um fator alheio à sua influência empresarial. A variação de demanda, portanto, seria assumida pelo Poder Público, como um risco alheio à álea econômica do concessionário, e haveria de ser considerada razão suficiente para revisão tarifária.

De outro lado, conforme o interesse público a ser buscado, também seria possível estabelecer para um serviço delegado um modelo de regulamentação em que este mesmo risco (a variação de demanda de usuários) fosse transferido para o concessionário. Com esta opção, o Poder Público consideraria oportuno que o particular, responsável pela prestação do serviço, também estimasse o volume de clientes que poderia alcançar, assumindo este risco no momento em que oferecesse uma proposta para receber a outorga do serviço (dependendo do critério de julgamento da licitação, o volume estimado da demanda pode repercutir na tarifa ofertada ou no preço a ser pago pelo recebimento da concessão).

É óbvio que, nestas outras condições, se houver frustração das expectativas, será esta uma contingência assumida pelo próprio concessionário. Não haveria o menor cabimento em transferir eventuais prejuízos com uma queda de demanda para os usuários, na forma de aumento de tarifa, via revisão. Neste outro contexto, a variação de demanda, devido a uma modelagem da própria concessão, passa a ser álea ordinária do concessionário, ou seja, um risco contratualmente assumido.

---

33. O serviço de transporte urbano de passageiros é um exemplo de marcada intervenção estatal, mesmo após o recente processo de privatização e flexibilização experimentado em todo o mundo (v., sobre o tema, Pedro Escribano Testaut, "Las tarifas en el transporte urbano y transporte por carretera", in Gaspar Ariño Ortiz (org.), *Precios y Tarifas en Sectores Regulados*, p. 124).

DIREITOS DAS CONCESSIONÁRIAS DE SERVIÇO PÚBLICO   193

(b) O risco inerente à competição – Como se sabe, uma das características que marca o serviço público durante sua história diz respeito à sua exploração em regime de monopólio. Ao longo dos tempos, seja em decorrência das características inerentes à atividade econômica em si, seja por imposição normativa, a idéia de serviço público costumou ser atrelada à noção de um explorador em regime de monopólio. Este prestador de serviço público em regime de monopólio tanto podia ser um agente estatal como pessoa da iniciativa privada. Nestes casos, quando o particular recebia a outorga para prestar serviço público em nome próprio, geralmente estava atrelada a essa outorga a garantia de que a exploração se daria em regime de monopólio.

O monopólio, portanto, fazia-se presente no regime jurídico tradicional da exploração dos serviços públicos. Constituía condição por vezes inerente à realidade fática (econômica), e, por isso, inafastável, do serviço público delegado. De qualquer modo, ao integrar o regime jurídico do serviço delegado, passava a ser uma importante característica do serviço e, como tal, integrava o equilíbrio econômico-financeiro da relação jurídica celebrada. Uma violação a esta regra, ou mesmo sua alteração por decisão do poder concedente, representaria situação de impacto na equação econômico-financeira da concessão, ensejando possível revisão tarifária.

Duas situações podem ensejar a revisão decorrente da introdução de concorrência sem prévia estipulação contratual ou regulamentar.

Numa hipótese, há garantia de exclusividade na prestação do serviço público, mas, por falha da fiscalização a ser exercida pelo poder concedente, novos operadores acabam prestando clandestinamente o serviço. Seria o caso, por exemplo, de localidade em que o serviço de transporte coletivo tivesse sido delegado sob o regime de monopólio e, apesar disso, a Municipalidade tolerasse a atuação de transporte clandestino de passageiros. O monopólio assegurado contratualmente, nesta hipótese, estaria de fato desrespeitado, causando potencial desequilíbrio na equação econômico-financeira original e, conseqüentemente, possibilidade de revisão tarifária ou, mesmo, de direito a indenização em favor da empresa concessionária do serviço.

A outra hipótese de desequilíbrio seria acarretada por uma quebra institucional, por assim dizer, do monopólio. Seria o caso em que o poder concedente resolvesse, deliberadamente, mudar a regulamentação aplicável e, com isso, pôr fim a um estado de coisas que garantia à concessionária a exploração do serviço em regime de monopólio. Referida mudança não pode ser questionada quanto ao seu mérito, uma vez que

194 TARIFA NAS CONCESSÕES

decorre do ordinário poder regulamentar atribuído à entidade titular do serviço. Todavia, as inegáveis conseqüências econômicas decorrentes da introdução de novos competidores num setor antes monopolizado devem ser computadas na avaliação sobre o equilíbrio econômico da avença. As previsões econômicas originais, todas concebidas para valer em ambiente monopolístico, passam a não ter os mesmos efeitos. O concessionário, neste caso, também poderá pleitear o reequilíbrio da equação, mediante revisão tarifária ou, mesmo, uma indenização em virtude do prejuízo efetivamente demonstrado que vier a suportar pela introdução da medida.

De outro lado, também é possível que a outorga original da concessão já contemple a previsão de prestação do serviço público num regime de competição (v. os exemplos das concessões para exploração de linhas aéreas e as atuais concessões para prestação de serviços de telefonia fixa). Nestes casos, a competição será uma regra previamente estabelecida. A previsão de lucratividade do empreendimento, os custos, enfim, o equilíbrio econômico-financeiro, de uma maneira geral, será fixado com base nesta realidade preestabelecida, segundo a qual a exploração do serviço não será feita num ambiente de exclusividade.

Em situações tais, não só a presença de competição será insuficiente para caracterizar a aplicação da regra da revisão tarifária, como outros fatores que, em tese, acarretariam plausíveis pleitos revisionais podem deixar de ser pertinentes, em função do modelo concorrencial. A variação de demanda é um exemplo disto. Num ambiente de competição, o risco pela oscilação no número de usuários é decorrência própria do regime, não tendo cabimento alegar este fator isoladamente para obter revisão tarifária. Deveras, num ambiente de competição não são assegurados usuários ou consumidores cativos. Esta passa a ser uma variável importante do empreendimento, naturalmente reservada à álea assumida pelas empresas competidoras deste mercado.

5.1.2 Álea extraordinária

O risco que não for absorvido pela empresa concessionária – isto é, as variações econômicas passíveis de ocorrência em virtude da exploração do serviço concedido que, por definição contratual ou regulamentar, não tenham sido assumidas pela própria concessionária – constitui a chamada *álea extraordinária*. Os prejuízos daí decorrentes, desde que causem efetivo desequilíbrio da equação econômico-financeira do contrato, ensejam a revisão tarifária.

DIREITOS DAS CONCESSIONÁRIAS DE SERVIÇO PÚBLICO   195

Para resumir, sob o rótulo de "álea extraordinária" são identificadas as diversas hipóteses em que prejuízos econômicos experimentados pelo concessionário, ao longo da exploração do serviço, são passíveis de ressarcimento. Em especial, a álea extraordinária que provoque desequilíbrio na equação econômico-financeira do contrato é causa da revisão tarifária. As tarifas, como forma de compensação a prejuízo decorrente de risco não assumido pelo concessionário, sofrem aumento mediante o procedimento de revisão.

Muito embora no Direito Brasileiro apresentem a mesma conseqüência – qual seja, a possibilidade de revisão tarifária ou de outra forma de compensação do equilíbrio econômico-financeiro afetado –, as hipóteses caracterizadoras de álea extraordinária são objeto de constantes tentativas de classificação por parte da doutrina.[34]

Esta busca de sistematização inspira-se, notadamente, na observação da experiência francesa. No Direito Francês, dependendo da causa motivadora do desequilíbrio econômico-financeiro, variam as conseqüências jurídicas imputadas. O ressarcimento integral do concessionário (que normalmente é feito por intermédio de revisão tarifária, mas não exclusivamente – convém sempre lembrar) é assegurado nas hipóteses em que o desequilíbrio decorre de alteração unilateral do contrato, promovida pelo poder concedente. Nestes casos, o total do prejuízo efetivamente provocado deve ser ressarcido ao concessionário ou compensado com outra medida que o desonere, na mesma proporção do prejuízo sofrido, como ocorre na hipótese de instituição de uma revisão tarifária. Também estariam abarcados nesta categoria de eventos os prejuízos decorrentes de medidas estatais promovidas fora do âmbito contratual, ou seja, atos governamentais que, indiretamente, acabem por influir no equilíbrio econômico da avença. Seriam hipóteses em que o equilíbrio contratual estaria afetado pela ocorrência do "fato do príncipe" e que, por tal razão, mereceriam também pleno ressarcimento. A este conjunto de eventos se denomina de *álea administrativa*.

Além desses, há eventos que produzem um risco compartilhado entre Administração e concessionário. Constituem o que se chama de *álea econômica*. Podem ser produzidos por eventos econômicos propriamente ditos ou fatos naturais, que acarretem impacto significativo na onerosidade da execução do contrato de concessão. Tais ocorrências – no Direito Francês, vale salientar – acarretam ao concessionário um direito

---

34. Marçal Justen Filho, *Teoria Geral das Concessões de Serviço Público*, p. 387.

196 TARIFA NAS CONCESSÕES

de ressarcimento apenas parcial, pois se entende que parcela desse risco é por ele mesmo assumida.[35]

No Brasil, como já foi ressaltado, as situações de desequilíbrio que não tenham sido classificadas como *álea ordinária* do contrato de concessão – isto é, aquelas que não tenham sido assumidas pelo concessionário como risco oriundo do empreendimento recebido – merecem tratamento uniforme do Direito. Desta forma, todas as situações que representem *álea extraordinária* (ou seja, eventos que encarnam um risco não assumido com a assinatura do contrato) ensejam, sem distinção, a retomada integral do reequilíbrio econômico-financeiro do contrato, inclusive por intermédio de revisão tarifária.

Apesar desta característica, há uma tendência de classificar as hipóteses em que o desequilíbrio econômico-financeiro do contrato enseja a revisão tarifária . Normalmente, conforme já apontado em tópico anterior,[36] são três as categorias de eventos mencionadas. Há situações em que a revisão é devida em virtude de alterações unilaterais no contrato de concessão, ou na regulamentação aplicável ao serviço, promovidas pela Administração Pública. Noutras hipóteses, atos estatais alheios à relação de concessão criam ônus excessivo para a execução do contrato e, por esta razão, justificam a revisão da tarifa. São hipóteses denominadas de "fato do príncipe". E, ainda, é possível que a revisão se justifique mediante a ocorrência de fatores imprevistos ou alheios à ação das partes, mas que afetam a plena execução do contrato, por onerá-la extraordinariamente, como eventos naturais (geadas, enchentes, terremotos etc.) ou econômicos (variação cambial, elevação de juros, crise energética etc.). Em todas essas hipóteses – desde que comprovado o desequilíbrio na equação econômico-financeira original e também, simultaneamente, que a regulamentação aplicável à concessão (contrato e normas regulamentares) não tenha transferido o risco do evento para o próprio concessionário – há fundamento para alteração tarifária, mediante o procedimento de revisão.

5.1.2.1 A revisão para reduzir tarifas

A perspectiva mais conhecida e analisada da revisão tarifária é aquela que a toma como um meio para o aumento das tarifas. Ou seja,

35. Sobre o tema, conferir a fiel descrição feita pelo professor Celso Antônio Bandeira de Mello em seu *Curso de Direito Administrativo* (25ª ed., pp. 726 e ss.).

36. Item 2, em que se tratou, em termos gerais, do tema do equilíbrio econômico-financeiro do contrato.

DIREITOS DAS CONCESSIONÁRIAS DE SERVIÇO PÚBLICO 197

a revisão é normalmente associada a uma fórmula para compensar perdas sofridas pelo concessionário em virtude do desequilíbrio da equação econômico-financeira original. Esta, todavia, é uma visão apenas parcial deste instrumento de alteração tarifária. A revisão conceitualmente se destina a recompor o equilíbrio econômico-financeiro que tenha sido afetado. Portanto, tanto ela pode incidir para aumentar o valor da tarifa, nas hipóteses em que o concessionário estiver experimentando perdas econômicas em virtude da execução do contrato, como também pode provocar a redução das tarifas, naqueles casos em que o desequilíbrio na equação econômica original esteja provocando benefícios indevidos ao concessionário.

A possibilidade de revisão para diminuir a tarifa está mencionada expressamente na Lei de Concessões (Lei 8.987/1995), que, ao disciplinar a alteração de tarifas em virtude de mudança no regime tributário aplicável à concessão, deixou bem marcada a hipótese de redução de seu valor. Confira-se o texto legislativo mencionado:

"Art. 9º. (...).

"(...).

"§ 3º. Ressalvados os impostos sobre a renda, a criação, a alteração ou extinção de quaisquer tributos ou encargos legais, após a apresentação da proposta, quando comprovado seu impacto, *implicará a revisão da tarifa, para mais ou para menos, conforme o caso*" (grifamos).

Não é só a alteração no regime tributário que pode ensejar a diminuição de tarifas, mediante revisão. Qualquer outra alteração provocada pelo Poder Público, seja no âmbito específico da relação contratual (alteração unilateral do contrato), seja uma forma genérica de intervenção estatal (o chamado "fato do príncipe"), desde que proporcione um desequilíbrio na equação econômica em favor do concessionário, pode acarretar uma revisão de tarifas para reduzir seu valor. O mesmo pode ocorrer em virtude de fatores naturais ou econômicos que venham a desonerar, de modo relevante, o concessionário; a revisão, neste caso, se daria como uma espécie de aplicação da teoria da imprevisão em favor do poder concedente e dos usuários.

Em situações tais, em que se mostra presente, em favor do concessionário, um descompasso entre a realidade econômica resultante da aplicação do contrato de concessão e os termos contratualmente fixados, a revisão pode se processar por iniciativa direta e autônoma do poder

198 TARIFA NAS CONCESSÕES

concedente, mediante provocação de usuários[37] ou, ainda, de organismos legitimados a fiscalizar a execução desses contratos administrativos (como Ministério Público e Tribunal de Contas).

(a) A hipótese de revisão para compensar o ganho de produtividade – Questão interessante decorre do desequilíbrio que tenha sido acarretado por ganhos de produtividade alcançados ao longo da execução do contrato de concessão. São situações em que a previsão original dos custos para o concessionário – que serviu de parâmetro para o estabelecimento da equação econômico-financeira do contrato – fica muito aquém dos custos efetivos, que são reduzidos em função da adoção de técnicas ou procedimentos que melhoram a *performance* na prestação do serviço concedido. Em hipóteses tais, o desequilíbrio acarretado deve, ou não, ser objeto de revisão? Noutras palavras, o concessionário deve absorver esses ganhos como parte da lucratividade do empreendimento assumido, ou tal circunstância deve ser encarada como álea extraordinária (que favoreceu o concessionário) e, como tal, deve dar ensejo a uma revisão da tarifa (para reduzi-la)?

A solução para essa questão encerra uma espécie de dilema, em face dos objetivos gerais que são buscados por intermédio da adoção do instituto da concessão de serviço público. Se, em tais casos, o ganho de produtividade der lugar à revisão da tarifa, de modo a que o ganho obtido seja integralmente transferido à sociedade, na forma de redução da tarifas, pode se ter como resultado o desestímulo ao ganho de eficiência na prestação do serviço. Isto implicaria o abandono de uma das principais razões para se adotar a fórmula da concessão dos serviços públicos.[38] De

---

37. Tratamos do tema relativo ao controle do valor das tarifas por parte dos usuários no Capítulo III deste estudo.

38. Segundo Gaspar Ariño Ortiz, o regime tarifário dos chamados "serviços econômicos de interesse geral" deveria estimular o ganho de produtividade dos prestadores. Confira-se: "As tarifas não devem constituir uma garantia de recuperação de custos, quaisquer que sejam, senão que estes devem supor um objetivo a ser atingido pelos operadores, de modo que, na medida em que consigam reduzi-los e ser mais eficientes, aumentem seus benefícios, sem que possam ver estes arbitrariamente reduzidos pelo regulador. Agora, para isso, é necessário pactuar com uma margem de tempo suficiente, que permita ao empresário introduzir reformas e inovações geradoras de eficiência. A tarifa resulta, assim, um contrato com duração de quatro a cinco anos, ao longo dos quais concessionário e Administração pactuam um *price cap* que introduza uma redução progressiva dos preços dos serviços, de acordo com a fórmula *IPC-X* (índice de preços ao consumidor menos um fator de eficiência, variável segundo os setores)". Em Espanhol: "Las tarifas no deben constituir una garantía de recuperación de costes, cualesquiera que sean, sino que éstos deben

DIREITOS DAS CONCESSIONÁRIAS DE SERVIÇO PÚBLICO 199

outro lado, se o ganho de produtividade for absorvido de maneira absoluta pelo concessionário, é possível que, em dadas situações, a margem de lucro obtida pelo prestador de serviços se torne abusiva (em função da diferença entre os custos do serviço e o valor da tarifa, que leva em conta outra realidade na fixação dos custos a compensar), o que acarretaria uma situação intolerável mesmo para a exploração de atividade econômica, quanto mais para a prestação de serviços públicos.

A Lei 8.987/1995, que prevê as normas gerais em matéria de concessão de serviço público, não cuidou especificamente deste tema, dando margem a seu tratamento individualizado na legislação específica a cada serviço. Diante deste quadro, alguns autores defendem que o tratamento da matéria há de ser o fixado nos próprios contratos de concessão. É o caso da professora Dinorá Musetti Grotti, que sobre o assunto comenta:

"Ainda no que tange à remuneração, questiona-se quem deve beneficiar-se das vantagens decorrentes da eficiência empresarial na prestação dos serviços e do desenvolvimento tecnológico.

"A Lei 8.987/1995 não enfrentou essa indagação. Parece haver liberdade para as partes, concessionária e poder concedente, adotarem a solução que reputarem mais adequada, mediante contrato, por tratar-se de cláusula econômica da concessão."[39]

Leis específicas buscaram ao menos referir o problema. Para o setor elétrico a legislação parece ter indicado fórmula geral por meio da qual os ganhos de produtividade ou aqueles decorrentes do sucesso no mercado competitivo devem ser apropriados pelo concessionário.[40] Seriam, por-

suponer un objetivo a batir por los operadores, de modo que, en la medida que consigan reducirlos y ser más eficientes, aumenten sus beneficios, sin que puedan verse éstos arbitrariamente reducidos por el regulador. Ahora bien, para ello, es necesario pactar con un margen de tiempo suficiente, que permita al empresario introducir reformas e innovaciones generadoras de eficiencia. La tarifa resulta así un contrato con duración de cuatro a cinco años, a lo largo de los cuales concesionario y Administración pactan un *price cap* (tope global) que entrañe una reducción progresiva de los precios de los servicios, de acuerdo con la fórmula *IPC-X* (índice de precios al consumo menos un factor de eficiencia, variable según los sectores)" ("Sobre la naturaleza de la tarifa y su posible revisión judicial", in Gaspar Ariño Ortiz (org.), *Precios y Tarifas en Sectores Regulados*, p. XV).

39. Dinorá Musetti Grotti, *O Serviço Público e a Constituição Brasileira de 1988*, p. 248.

40. Lei 9.427/1996: "Art. 14. O regime econômico e financeiro da concessão de serviço público de energia elétrica, conforme estabelecido no respectivo contrato, compreende: (...) IV – apropriação de ganhos de eficiência empresarial e da competitividade; (...)".

200 TARIFA NAS CONCESSÕES

tanto, estímulos para que os agentes desse mercado buscassem o melhor desempenho possível. No setor de telecomunicações o tema foi tratado com maior detalhe. Os chamados ganhos de produtividade derivados da eficiência empresarial, ou seja, aqueles derivados da melhoria do desempenho das prestadoras, pela lei do setor, devem ser compartilhados entre os usuários e as empresas. A fórmula, por expressa definição legal, deve constar dos contratos. No caso de ganhos de produtividade – por assim dizer – aleatórios, por não terem sido obtidos graças aos esforços diretos das empresas prestadoras, o benefício há de ser repassado integralmente aos usuários, mediante revisão que reduza o valor das tarifas.[41]

O grande problema, todavia, está nas situações em que não haja previsão legal ou contratual sobre o assunto. Nestes casos é necessário aplicar as regras gerais em matéria de revisão tarifária à específica problemática envolvendo os ganhos de produtividade. Foi o que buscou fazer o professor Benedicto Porto Neto, numa das primeiras tentativas doutrinárias de enfrentamento dessa questão. Para Porto Neto, os ganhos decorrentes de eficiência empresarial, caso não haja previsão contratual disciplinando a matéria, devem ser absorvidos integralmente pelo concessionário. Seria esta a aplicação correta do instituto da concessão que remete ao concessionário os riscos da gestão empresarial (incluindo, por óbvio, também as possibilidades de aumento de lucratividade). Nas hipóteses em que o ganho de produtividade derive de fatores alheios à gestão empresarial do concessionário, seria o caso de se proceder à revisão redutora das tarifas. Nestas hipóteses o autor inclui os ganhos derivados de avanços tecnológicos adotados pelo concessionário, mas não desenvolvidos por ele. Tais situações deveriam ser objeto de revisão, descontados apenas os investimentos na aquisição da nova tecnologia por parte do concessionário.[42]

A esta explicação temos apenas a acrescer que mesmo nas hipóteses de ganhos derivados de exclusiva eficiência empresarial a absorção desses ganhos deve ser limitada em função da margem de lucro do

41. Lei 9.472/1997 – Lei Geral de Telecomunicações, art. 108:
"§ 2º. Serão compartilhados com os usuários, nos termos regulados pela Agência, os ganhos econômicos decorrentes da modernização, expansão ou racionalização dos serviços, bem como de novas receitas alternativas.

"§ 3º. Serão transferidos integralmente aos usuários os ganhos econômicos que não decorram diretamente da eficiência empresarial, em casos como os de diminuição de tributos ou encargos legais e de novas regras sobre os serviços."

42. Benedicto Porto Neto, *Concessão de Serviço Público no Regime da Lei 8.987/1995 – Conceitos e Princípios*, pp. 116-117.

DIREITOS DAS CONCESSIONÁRIAS DE SERVIÇO PÚBLICO   201

concessionário. Em qualquer caso, por mais que os benefícios sejam creditados à gestão empresarial desempenhada pelo concessionário, não se pode admitir que a prestação de serviços públicos dê ensejo a margens de lucro consideradas abusivas.

Em cada caso, levando-se em conta os critérios de aferição próprios do direito econômico e da equação econômico-financeira do contrato, há de ser coibida a situação em que o concessionário, mediante a cobrança das tarifas nos valores homologados pelo poder concedente, possa obter lucros abusivos.

5.2 A regulamentação e a procedimentalização da revisão de tarifas

A noção de revisão tarifária, conforme exposto acima, está atrelada à idéia de adequação dos termos contratuais a uma nova situação fática, que tenha surgido de maneira imprevisível e proporcionado relevante impacto no equilíbrio econômico-financeiro da relação jurídica. A imprevisibilidade, portanto, é vista como uma marca inerente e indispensável das hipóteses capazes de provocar a revisão tarifária. Este, aliás, é um dos elementos que diferenciam este instituto – a *revisão* – do seu congênere – o *reajuste* –, na medida em que o último impõe uma alteração das tarifas com base em índice ou fórmula preestabelecida, com incidência (periodicidade) também prevista contratualmente.

A imprevisibilidade que deve marcar as situações provocadoras de revisão, todavia, não impõe a conclusão de que esta matéria dispense regulamentação ou disciplina jurídica prévia, inclusive no que diz respeito ao procedimento a ser adotado quando da aplicação dessa fórmula de alteração contratual. Assim, sem que seja abandonada a essência do conceito de revisão (que remete à imprevisibilidade do fato causador da alteração), é perfeitamente possível que o contrato ou a regulamentação esclareça se determinado evento, de imprevisível ocorrência, acarretará, ou não, a revisão de tarifas. Seria o caso, por exemplo, de se deixar claro em contrato que a redução significativa no índice pluviométrico histórico, que acarrete medidas governamentais para controlar o abastecimento de água, será considerada causa de revisão das tarifas cobradas pela prestação do serviço de água e esgoto. Na mesma linha, é possível apontar previamente, como causa de um desequilíbrio "imprevisível", a variação cambial acima de determinado índice. Também é possível fixar que, na ocorrência de eventos imprevisíveis da Natureza, como enchentes ou terremotos, causadores de danos à infra-estrutura de suporte a um dado serviço, haverá revisão; e assim por diante.

202 TARIFA NAS CONCESSÕES

Disciplinar a matéria, esclarecendo se determinado evento integra, ou não, o risco assumido pelo concessionário, de modo algum afeta sua previsibilidade. Afirmar que a variação do Dólar acima de dada proporção impõe revisão tarifária não faz deste evento (a variação cambial) um elemento certo ou previsível. Esta definição não implica a existência de um grau de previsibilidade a respeito da ocorrência do evento ou do momento em que isto pode vir a ocorrer. A imprevisibilidade que marca a chamada álea extraordinária, portanto, não se altera com a prévia menção de algumas dessas hipóteses no contrato ou na regulamentação aplicável.

Além da regulamentação das hipóteses provocadoras de revisão, torna-se cada vez mais freqüente a criação de procedimentos para a aplicação desse instrumento de alteração das tarifas. Trata-se, mais uma vez, da adoção de instrumento que busca tornar mais seguras e passíveis de controle as complexas questões envolvendo a gestão de um contrato de concessão.

Proceder à revisão de tarifas significa alterar o verdadeiro cerne da equação econômico-financeira. Assunto desta relevância envolve legítimos interesses não só da concessionária, mas também da sociedade como um todo; por isso, deve ser encontrado um mecanismo para o efetivo acompanhamento e fiscalização dessas medidas.

É neste contexto que a lei exige, de forma expressa, a existência de um procedimento para disciplinar a adoção de revisão de tarifas.[43] Não é a mera exigência de um rito burocrático para a produção de determinado ato administrativo (o de revisão das tarifas). A existência de procedimento atende a uma necessidade jurídica de cunho substancial. É necessário assegurar, de um lado, a garantia de que o concessionário de serviço público encontre mecanismos eficientes de análise e decisão quanto aos seus pleitos referentes à preservação do equilíbrio econômico-financeiro (concretizado normalmente por meio de pedido de revisão da tarifa), bem como de que não tenha esse equilíbrio alterado por tentativa de revisão das tarifas (para menos) perpetrada pelo poder concedente. De outro lado, a criação de procedimento prévio para a tomada de decisão quanto à revisão de tarifas cria a possibilidade de que usuários, seus representantes ou, mesmo, as entidades de controle e fiscalização da Administração Pública (como Tribunais de Contas e Ministério Público)

---

43. É o que dispõe o art. 23 da Lei 8.987/1995: "Art. 23. São cláusulas essenciais do contrato de concessão as relativas: (...) IV – ao preço do serviço e aos critérios e *procedimentos para o reajuste e a revisão das tarifas*" (grifamos).

DIREITOS DAS CONCESSIONÁRIAS DE SERVIÇO PÚBLICO 203

tenham acesso aos elementos informadores da decisão e, com isso, possam aferir a legitimidade da medida.[44]

Há de se anotar, ainda, a existência de sistemas jurídicos que impõem "revisões periódicas" das tarifas.[45] São cláusulas contratuais que, no intuito de preservar a efetiva manutenção do equilíbrio econômico-financeiro, estabelecem períodos nos quais será necessária a aferição da equação econômica do contrato e, conseqüentemente, a revisão no valor das tarifas, caso a apuração obtida assim determine. Quer-se, com isso, criar um mecanismo de verificação do equilíbrio econômico do contrato, desvinculando este procedimento da iniciativa das partes que são mais diretamente envolvidas (poder concedente e concessionário). Como já foi salientado anteriormente (item 4.3, supra), em alguns setores esta fórmula tem sido adotada de forma extremada, chegando até a substituir o mecanismo ordinário de alteração dos contratos, que é o reajuste.

44. Confira-se o exemplo da regulamentação adotada no setor de telecomunicações, em que se buscou disciplinar tanto a formulação do pleito por parte da empresa concessionária como a iniciativa de revisão por parte do poder concedente (no caso, da ANATEL). Este foi o procedimento criado nos contratos de telefonia fixa:
"Cláusula 12.5. O procedimento de revisão de tarifas poderá ser iniciado por requerimento da Concessionária ou por determinação da ANATEL.
"§ 1º. Quando o procedimento de revisão das tarifas for iniciado pela Concessionária deverão ser obedecidos os seguintes requisitos: I – ser acompanhado de relatório técnico ou laudo pericial que demonstre cabalmente o impacto da ocorrência na formação das tarifas ou na estimativa de receita da Concessionária; II – ser acompanhada de todos os documentos necessários à demonstração do cabimento do pleito; III – a Concessionária deverá indicar a sua pretensão de revisão tarifária, informando os impactos e as eventuais alternativas de balanceamento das tarifas; e IV – todos os custos com diligências e estudos necessários à plena instrução do pedido correrão por conta da Concessionária.
"§ 2º. O procedimento de revisão das tarifas iniciado pela ANATEL deverá ser objeto de comunicação à Concessionária consignando prazo para sua manifestação, acompanhada de cópia dos laudos e estudos realizados para caracterizar a situação ensejadora de revisão.
"§ 3º. O procedimento de revisão das tarifas será concluído em prazo não superior a 120 (cento e vinte) dias, ressalvada a hipótese em que seja necessária a prorrogação deste para complementação da instrução.
"§ 4º. O requerimento deverá ser aprovado pela ANATEL, devendo a Concessionária providenciar a ampla divulgação dos novos valores máximos das tarifas revistas, nos termos em que reza o presente Contrato" (Modelo de Contrato de Concessão para a Prestação do Serviço Telefônico Fixo Comutado na Modalidade Local).
45. É o que ocorre no setor elétrico, no qual, além do reajuste anual e das hipóteses de revisões extraordinárias (passíveis de ocorrer a qualquer tempo), também é prevista uma revisão periódica, a incidir a cada qüinqüênio.

204 TARIFA NAS CONCESSÕES

Em resumo, é possível concluir, a respeito do tema analisado no presente tópico, que, apesar de, conceitualmente, a revisão estar vinculada à idéia de recomposição de equilíbrio abalado em virtude de fatores imprevisíveis, é comum, e até mesmo desejável, que a regulamentação estabeleça parâmetros para definir se determinadas situações devem, ou não, ensejar a recomposição.

Desta forma, busca-se deixar mais claros a margem de risco assumida pelo concessionário e, conseqüentemente, os fatores que, apesar da assunção do negócio em seu nome próprio, estão alheios à margem de risco, constituindo a chamada álea extraordinária. Além disso, mecanismos procedimentais vêm sendo introduzidos na regulamentação de diversos setores, de modo a ampliar a previsibilidade da decisão estatal e as possibilidades de controle.

6. Decisão judicial para aplicação de reajuste ou revisão de tarifas

Como afirmado no início do presente capítulo, receber tarifas constitui um dos mais importantes direitos – senão o mais importante – conferidos ao concessionário de serviço público. Para que tal direito seja efetivamente exercido, no entanto, não basta a formal autorização para que o concessionário cobre determinado valor pelo serviço prestado. Faz-se necessário que este valor reflita a equação econômico-financeira originalmente firmada no contrato, de modo a que a cobrança pelo serviço seja suficiente para abarcar os custos relativos à prestação do serviço bem como a legítima perspectiva de lucro do empreendedor privado. Ao longo da execução dos contratos de concessão, os mecanismos de atualização do valor da tarifa (reajuste e revisão) constituem, portanto, instrumentos fundamentais para assegurar o efetivo exercício deste direito por parte dos concessionários.

Numa situação de dúvida ou impasse, em que o poder concedente se recuse a proceder a um aumento de tarifa, mediante reajuste ou revisão, o recurso ao Judiciário acaba constituindo a alternativa mais provável para o concessionário fazer valer sua pretensão. Pelo regime jurídico das concessões de serviço público, não restaria ao concessionário sequer a alternativa de, enquanto não fossem efetuadas as medidas de recomposição do valor cobrado, cessar a prestação do serviço, uma vez que a legislação veda expressamente, para esses casos, a aplicação do princípio da exceção do contrato não cumprido.[46]

46. Lei 8.987/1995:
"Art. 39. O contrato de concessão poderá ser rescindido por iniciativa da concessionária, no caso de descumprimento das normas contratuais pelo poder concedente, mediante ação judicial especialmente intentada para esse fim.

DIREITOS DAS CONCESSIONÁRIAS DE SERVIÇO PÚBLICO

Não haveria maiores ponderações a fazer diante do assunto, fosse apenas um problema de efetivação de direitos que estivesse em causa. Deveras, nas relações ordinárias entre o Poder Público e particulares e mesmo nas relações entre particulares, o caminho natural para a solução de conflito de interesses é o Judiciário. Acontece que a presente temática faz surgir um outro aspecto de fundamental importância no debate jurídico: o princípio da separação de Poderes.

Deveras, ao se falar de controle judicial envolvendo a revisão ou reajuste de tarifas se está cogitando de uma decisão judicial que incidirá diretamente sobre uma competência administrativa normalmente tida como discricionária: a competência para estabelecer política tarifária. Sendo assim, põe-se a questão de saber se, diante da violação a direito legal e contratualmente estabelecido em favor do concessionário, o Judiciário deve determinar a revisão ou reajuste tarifário ou se, por ser esta uma competência de índole discricionária, caberia à Administração exercê-la com exclusividade, sem interferência do Judiciário.

A questão, em termos genéricos, não é nova. Ao contrário, é possível perfeitamente classificá-la como uma das mais tradicionais no campo de estudo do direito administrativo. Até que ponto o Poder Judiciário pode determinar a atuação da Administração Pública?

A postura mais aceita diante do problema é aquela segundo a qual a competência jurisdicional deve se ater apenas ao restrito *controle de legalidade* das atividades administrativas, não podendo, com isso, implicar uma substituição da atuação administrativa pela judicial. Assim, ao Judiciário caberia, basicamente, desconstituir as ações administrativas que violassem a lei. No caso de omissão da Administração Pública, caberia ao Poder Judiciário determinar a produção do ato, sem praticá-lo diretamente. Mais: o conteúdo no ato, em caso de competência discricionária, não poderia ser estabelecido judicialmente, sob pena de violação do citado princípio da separação de Poderes.

Os atos de reajuste e revisão – principalmente o primeiro – podem ser vistos, numa análise mais superficial, como objeto de competência rigorosamente vinculada. Como o contrato de concessão estabelece uma equação econômico-financeira e o poder concedente tem o dever de preservá-la ao longo de toda a execução do contrato, seria de se supor que, para cumprir o referido dever, a única alternativa plausível (daí o caráter

---

"Parágrafo único. Na hipótese prevista no *caput* deste artigo, os serviços prestados pela concessionária não poderão ser interrompidos ou paralisados, até a decisão judicial transitada em julgado."

206 TARIFA NAS CONCESSÕES

vinculado da competência) venha a ser a alteração da tarifa (mediante reajuste ou revisão). Aumentando a tarifa, o equilíbrio seria novamente estabelecido e o dever assumido pelo poder concedente, perante o concessionário, estaria cumprido. No caso de revisão, para determinar o montante do aumento ainda seria necessária uma demonstração fática em que se comprovasse o prejuízo suportado e o valor correspondente de aumento que seria preciso obter para compensá-lo. No caso de aplicação de reajuste, nem isso. O próprio contrato teria a fórmula para assegurar a manutenção do valor real da tarifa. Bastaria ao Judiciário determinar a aplicação do índice ou fórmula pactuado, para que o dever assumido pelo poder concedente viesse a ser efetivamente observado.

Em ambos os casos, portanto, o descumprimento do dever do poder concedente de determinar a alteração tarifária poderia ser suprido por decisão judicial que, em regra, apenas determinaria a aplicação das normas legais e contratuais que impõem à Administração o dever de preservação do equilíbrio econômico-financeiro via revisão ou reajuste.

Ocorre que, conforme já salientado em tópicos anteriores, o contrato de concessão confere ao concessionário basicamente o direito de ver preservada a equação econômico-financeira originalmente estabelecida. Não há, com isso, *necessariamente* uma garantia de que o valor da tarifa será reajustado ou revisado. Isto ocorre porque o valor da tarifa, apesar de ser parte integrante e muito significativa deste equilíbrio, não representa o único fator determinante da equação. Sendo assim, desde que o poder concedente consiga manter o equilíbrio econômico original (agregando receitas alternativas, conferindo subsídio ao serviço, reduzindo determinadas exigências, por exemplo), é possível que o valor da tarifa seja preservado ao longo do tempo, ou que venha até mesmo a ser reduzido. Essa possibilidade decorre da natureza regulamentar da tarifa e da competência legal e constitucionalmente atribuída à Administração de, por seu intermédio, desenvolver uma dada política pública. A gestão dos valores tarifários, neste sentido, representa uma competência discricionária, cujo principal limite jurídico é a manutenção do equilíbrio econômico-financeiro do contrato.

Visto o problema por este outro prisma, a decisão judicial que viesse a determinar um aumento tarifário (via revisão ou mesmo no ordinário procedimento de reajuste) estaria tolhendo parte de competência administrativa típica, concernente à fixação de uma política pública no estabelecimento de tarifas. Ao ser obrigada a homologar um aumento, a Administração deixaria de ter à sua disposição outras opções legítimas para preservar o equilíbrio econômico-financeiro do contrato (direito

DIREITOS DAS CONCESSIONÁRIAS DE SERVIÇO PÚBLICO   207

que efetivamente foi assegurado ao concessionário), tais como a criação de receitas alternativas ou até o pagamento de valores oriundos do orçamento, a título de subsídio ao serviço.

Deveras, o regime de concessão não traz como regra imutável uma determinada estrutura tarifária. Isto é, ao assumir um dado serviço público sob o regime de concessão, normalmente por um longo período de tempo, o particular não recebe do Poder Público a garantia jurídica de que o mesmo sistema tarifário será mantido ao longo de toda a execução do contrato. Além dos mecanismos normais referentes à mera alteração do valor da tarifa – quais sejam, os já citados instrumentos do reajuste e da revisão –, é possível que o próprio sistema de tarifação passe por transformações. O direito assegurado legal e contratualmente ao concessionário diz respeito – frise-se mais uma vez – à manutenção do equilíbrio econômico-financeiro. Daí a conclusão de que este tema tem natureza regulamentar, e não contratual, pois é passível de alteração unilateral por parte do poder concedente. A possibilidade de instituir este tipo de alteração, portanto, desde que obedecidos os requisitos procedimentais e substanciais (preservação do equilíbrio econômico-financeiro do contrato) fixados em lei, não comporta supressão por parte de uma decisão vinculativa do Judiciário.

Esta última ponderação, muito embora apresente verdadeiro confronto entre as prerrogativas judiciais de controle dos atos administrativos e as competências típicas e exclusivas da função administrativa, não pode ser vista como uma barreira absoluta à atuação judicial nesta matéria.

Diante de uma situação concreta em que a aplicação das cláusulas contratuais e da regulamentação, envolvendo um dado serviço, indique a necessidade de aumento de tarifa, a fim de preservar o equilíbrio econômico-financeiro do contrato, é necessário que, nas hipóteses de descumprimento destas regras por parte do poder concedente, o concessionário tenha como recorrer eficazmente ao Judiciário para fazer valer um direito que lhe foi legitimamente conferido. Não seria possível conceber que, diante da omissão do administrador em homologar um reajuste ou determinar uma revisão tarifária, não existisse mecanismo hábil para que o Judiciário impusesse o cumprimento do ordenamento jurídico.

Nesses casos cabe ao Judiciário determinar a aplicação do Direito vigente. Se as normas em vigor (neste conjunto incluídas as regulamentares, produzidas e modificáveis unilateralmente pela Administração) determinarem a fórmula do aumento da tarifa como mecanismo de preservação do equilíbrio econômico-financeiro, caberá ao juiz determinar

208 TARIFA NAS CONCESSÕES

seu cumprimento imediato. É possível, inclusive, que tal medida venha a ser adotada por meio de decisão liminar, desde que seus pressupostos, obviamente, estejam atendidos no caso concreto.

Para que decisões judiciais com este conteúdo não impliquem usurpação de competência própria da Administração, é necessário realizar uma ponderação quanto à sua extensão. Determinar a aplicação de um reajuste ou de revisão de tarifas, diante de um dado perfil regulatório, não pode ser compreendido como uma decisão que impeça à Administração (poder concedente) vir a alterá-lo unilateralmente em momento posterior. A decisão judicial que determine um aumento de tarifa pode ser cumprida, portanto, de modo direto, aumentando-se a tarifa, pura e simplesmente; ou indiretamente, com o emprego de competência regulamentar para alterar o regime tarifário ou de remuneração do concessionário (concedendo-lhe uma verba compensatória oriunda do orçamento público ou novas fontes de receita). Neste último caso, por óbvio, há necessidade de demonstração de que a medida alternativa proposta atende à determinação judicial, produzindo o reequilíbrio da equação econômico-financeira anteriormente desrespeitada.

Entendemos ser este o mecanismo correto de composição entre as competências judiciais e administrativas envolvendo a alteração de tarifas para atender a pretensões de concessionários de serviços públicos.

7. A tarifa como garantia de crédito ao concessionário

As tarifas constituem importante instrumento de garantia para operações de crédito realizadas em favor do concessionário de serviço público. Ao receber a outorga para prestar serviço público em nome próprio, por sua conta e risco, um dos principais ativos do concessionário passa a ser a perspectiva de auferir renda mediante a cobrança de tarifas ao longo de todo o prazo de duração do contrato. É absolutamente lógico e razoável, portanto, que tal direito venha a ser empregado como garantia de financiamentos efetuados para viabilizar os investimentos necessários à execução deste tipo de contrato.

Para que não houvesse dúvida quanto à viabilidade jurídica desta operação, a própria Lei de Concessões (Lei 8.987/1995) chegou a expressamente autorizá-la: "Art. 28. Nos contratos de financiamento, as concessionárias poderão oferecer em garantia os direitos emergentes da concessão, até o limite que não comprometa a operacionalização e a continuidade da prestação do serviço".

DIREITOS DAS CONCESSIONÁRIAS DE SERVIÇO PÚBLICO 209

Apesar de não se questionar a possibilidade de emprego das tarifas como objeto de garantia a financiamentos,[47] dúvidas podem existir quanto aos requisitos e limitações para a aplicação deste instrumento. A principal fonte de incerteza está no próprio dispositivo legal acima transcrito, que impõe um condicionamento à adoção da medida, ao restringi-la "até o limite que não comprometa a operacionalização e a continuidade da prestação do serviço".

Diante desta regra, ganha relevância o papel a ser desempenhado pelo poder concedente neste tipo de operação de crédito. Teria ele a competência para aprovar previamente o conteúdo dessas operações? Ou apenas seria cabível o chamado *controle "a posteriori"*? Além disso, é possível indagar se a previsão legal confere uma limitação absoluta a este tipo de endividamento, passível de determinação abstrata e prévia, a partir da mera interpretação da norma. Será o objetivo do presente tópico, pois, proceder a uma análise das repercussões jurídicas provocadas pela ressalva existente na autorização legal para empregar a tarifa como garantia de financiamentos da concessionária.

É óbvia a preocupação do art. 28 da Lei 8.987/1995 ao limitar a dação da tarifa em garantia. O objetivo, expresso na própria norma, é o de que tal comprometimento não venha a afetar a prestação do serviço (sua *continuidade* e *operacionalização*).

Esta regra, todavia, não veio acompanhada de um mecanismo de aplicação. Não se previu, por exemplo, que o poder concedente teria competência para aprovar ou impedir, *previamente*, a realização de operações financeiras por parte do concessionário que tomasse a receita tarifária como garantia. Deste modo, em virtude da ausência de competência legal expressa para o poder concedente avaliar previamente a adoção da medida, a primeira interpretação do dispositivo a se tomar deve considerá-lo como sendo de aplicação direta pelo concessionário,

47. Celso Antônio Bandeira de Mello confirma a existência inquestionável de tal direito, bem como explica seus fundamentos. Confira-se:

"5. Sendo certo, então, que o montante de valor correspondente à percepção tarifária *pertence ao concessionário*, entende-se que possa ele oferecer em garantia de financiamentos o que nesta conformidade auferirá, observados certos condicionantes.

"(...).

"(...). É que tais direitos *estão referidos* à composição da parte induvidosamente contratual da concessão, pois se reportam ao delineamento da equação econômico-financeira, sendo certo e indiscutível, como visto, que esta não pode ser afetada unilateralmente pelo concedente" ("Garantias ofertáveis por concessionário para obtenção de financiamento", *RTDP* 17/56-57).

210   TARIFA NAS CONCESSÕES

cabendo ao poder concedente tão-só fiscalizar (ou seja, verificar posteriormente) sua aplicação.

Referida conclusão é plenamente compatível com as características essenciais da concessão. Deveras, ao outorgar um serviço público a concessionário, o poder concedente resolve atribuir a gestão do serviço a agentes privados, para que estes utilizem técnicas próprias do setor privado. Tanto é assim que faz parte da definição deste instituto a necessidade de que o concessionário assuma a exploração do serviço *em nome próprio* e *por sua conta e risco*.

Questões essenciais à gestão empresarial – como a organização empresarial, a política de recursos humanos da empresa e os vários aspectos de administração financeira do empreendimento (entre os quais se inclui a obtenção de financiamento para arcar com os custos da prestação do serviço) – são assumidas pelo empreendedor privado, cabendo ao poder concedente fiscalizar-lhe a execução.

A fiscalização não é prevista com o intuito de que a Administração Pública controle previamente os caminhos tomados na gestão da empresa concessionária. Fiscaliza-se para assegurar que a empresa – que recebeu como outorga o direito de prestar um serviço público – mantenha condições operacionais e financeiras para dar continuidade à execução do contrato. Tanto é assim que, na hipótese de perda dessas condições, a Lei de Concessões prevê uma sanção ao concessionário: a extinção da outorga por meio da decretação da caducidade.[48] Fossem as decisões empresariais (inclusive as financeiras) homologadas previamente – ou seja, caso houvesse uma espécie de gestão empresarial compartilhada (entre o concessionário e o poder concedente) –, não teria o menor cabimento estipular uma sanção à empresa pela má gestão realizada. O ônus decorrente da gestão empresarial ineficiente haveria de ser, no mínimo, também compartilhado com quem homologou previamente cada medida – isto é, com o Poder Público. Obviamente, não é isso que a lei prevê.

É importante, ainda, salientar: nas situações em que a lei tornou necessária a prévia aprovação do concedente para atos de gestão empre-

---

48. Confira-se, neste sentido, o disposto no art. 38 da Lei 8.987/1995:
"Art. 38. A inexecução total ou parcial do contrato acarretará, a critério do poder concedente, a declaração de caducidade da concessão ou a aplicação das sanções contratuais, respeitadas as disposições deste artigo, do art. 27, e as normas convencionadas entre as partes.
"§ 1º. A caducidade da concessão poderá ser declarada pelo poder concedente quando: (...) IV – a concessionária perder as condições econômicas, técnicas ou operacionais para manter a adequada prestação do serviço concedido; (...)."

DIREITOS DAS CONCESSIONÁRIAS DE SERVIÇO PÚBLICO   211

sarial, isto foi feito de maneira expressa. É o caso da transferência do controle societário. Apesar de ser um ato típico de gestão empresarial, pela repercussão que pode assumir na execução do contrato, a lei exigiu que antes da adoção da medida o tema fosse submetido à avaliação da Administração Pública (art. 27).[49] O mesmo não ocorreu com a possibilidade de dação da tarifa como garantia de financiamento (art. 28). Neste caso, a lei apenas impôs um dever a ser observado pelo concessionário: não comprometer "a operacionalização e a continuidade da prestação do serviço".

Avaliar previamente o montante do comprometimento da receita tarifária que pode ser vinculado à garantia de um financiamento é, portanto, atribuição do concessionário. Cabe à empresa tomar a decisão e cumprir o mandamento legal, que impõe o não-comprometimento da prestação do serviço concedido. Ao poder concedente cabe fiscalizar os impactos desta operação financeira no contrato.[50] De um lado, certificando-se de que o produto do financiamento se destina efetivamente a investimentos na prestação do serviço concedido, uma vez que seria desproposital autorizar o emprego da tarifa para obtenção de recursos para atingir objetivos diversos.[51] Por outro, nas hipóteses em que o concessionário não atenda ao dever legal, o concedente tem competência para atuar impedindo que, concretamente, a operação comprometa a prestação do serviço concedido. Nestes casos, caberá ao poder concedente autuar e sancionar o concessionário, uma vez que houve violação

49. "Art. 27. A transferência de concessão ou do controle societário da concessionária sem prévia anuência do poder concedente implicará a caducidade da concessão."

50. Posicionamento semelhante é adotado pelo professor Marçal Justen Filho: "O concessionário está obrigado a realizar investimentos previstos contratualmente e sua gestão deve ser acompanhada pelo poder concedente. Por isso, todas as operações relevantes, que possam comprometer significativamente o patrimônio ou as expectativas de receita do concessionário, deverão ser previamente comunicadas ao poder concedente. Não se trata, propriamente, de obter a concordância prévia do Estado para prática de tais atos. O objetivo é o acompanhamento pelo poder concedente da evolução dos serviços concedidos e da manutenção da idoneidade do concessionário" (*Teoria Geral das Concessões de Serviço Público*, p. 546).

51. Mais uma vez nos balizam as lições de Celso Antônio Bandeira de Mello: "Sendo esta sua finalidade, há de se concluir, desde logo, que a possibilidade de oferecer direitos efluentes da concessão em garantia só existe quando o financiamento se destine a suprir o concessionário de recursos votados *ao próprio cumprimento do objeto da concessão*" ("Garantias ofertáveis por concessionário para obtenção de financiamento", *RTDP* 17/57).

212 TARIFA NAS CONCESSÕES

ao mandamento contido na parte final do art. 28; sanção, esta, que pode até chegar à decretação de caducidade da concessão (art. 38, § 1º, IV).

Portanto, a lei não impõe um limite de comprometimento da tarifa a ser prefixado pelo poder concedente. Não se pode também, com base apenas numa análise abstrata da lei, afirmar peremptoriamente que este comprometimento deva, necessariamente, propiciar uma sobra de receita suficiente para arcar com determinados custos fixos. Esses são temas próprios da gestão financeira do empreendimento, que competem à esfera de atribuições empresariais do concessionário. Havendo justificativa econômico-financeira para embasar a decisão, é possível que em determinadas situações seja viável até mesmo a utilização da integralidade da receita tarifária para escorar tais financiamentos.[52]

Raciocínio semelhante deve ser empregado no que diz respeito à penhorabilidade das receitas tarifárias. Neste caso também é necessário que concessionário (devedor cujo direito vem a ser penhorado) e poder

52. O professor Bandeira de Mello demonstra esta possibilidade nas hipóteses em que a garantia envolver tarifas a serem auferidas com a expansão do serviço: "Entretanto, quando se tratar de financiamentos destinados à expansão de serviço já existente, que vá se substanciar em um prolongamento dele (como um ramal, uma linha nova ou algo do gênero), nenhuma dificuldade haverá sempre que *a garantia fique cifrada ao volume das tarifas que serão captadas com a expansão projetada.*

"10. Deveras, se os recursos comprometidos são os que procederão de serviço que ainda vai ser implementado, em acréscimo ao que já existe, é óbvio que não interferirão nem com a operacionalização nem com a continuidade dos anteriores. Deveras, o que já existe continua a ser suprido com os meios dantes existentes, os quais persistem à margem de qualquer envolvimento no financiamento. Logo, deste evento nada resultará que possa afetar-lhes a continuidade ou operacionalização. De outro lado, no que atina ao serviço a ser expandido, posto que ainda não existe, não há como pôr-lhe em risco a continuidade, pois só se continua algo que já existe. Quanto à operacionalização dele, também não se proporia dificuldade alguma.

"A questão poderia ser problematizada se ainda inexistisse *serviço implantado*, pois toda e qualquer receita futura necessária à sua prestação procederia dele mesmo, sendo, então, necessária não apenas para custear-lhe a construção e respectivo equipamento, mas também para suportar os dispêndios relativos a seu funcionamento regular. Assim, compreender-se-ia a necessidade de limitar-lhe o comprometimento. Se, todavia, o serviço já existe e, pois, proporciona receita ao concessionário, a expansão projetada, para operacionalizar-se, não dependerá exclusivamente das receitas advindas da expansão projetada. Antes, tal receita será um *plus*, um acréscimo ao que já é auferido pelo concessionário. Assim, da parte final do art. 28 não resulta limitação alguma para empréstimos que sejam garantidos pelo produto da arrecadação a ser captada com o serviço expandido" ("Garantias ofertáveis por concessionário para obtenção de financiamento", *RTDP* 17/58).

DIREITOS DAS CONCESSIONÁRIAS DE SERVIÇO PÚBLICO   213

concedente atentem para a impossibilidade de se comprometer a adequada prestação do serviço. Assim, ao concessionário cabe gerir seus débitos e bens de modo a que não haja a vinculação compulsória das tarifas como garantia (por meio da penhora). Ao poder concedente, mais uma vez, cumpre fiscalizar o desempenho de seu delegatário, de modo a que não haja risco à continuidade do serviço público.

Não existe, todavia, impedimento juridicamente imponível à determinação judicial de penhora dessas receitas tarifárias. Para proteção do serviço público – isto é, como fórmula para assegurar sua continuidade –, a lei prevê mecanismos de fiscalização a serem adotados pelo poder concedente (a intervenção e até mesmo a caducidade). Não existe em leis de direito processual ou substantivo regra que impeça a penhora sobre tais direitos (receita tarifária).

Caso a penhora sobre as receitas tarifárias venha a prejudicar a prestação do serviço público, cabe ao poder concedente tomar as medidas de ingerência que a lei prevê, assumindo provisoriamente o serviço ou determinando a extinção da outorga. Neste último caso, a receita tarifária deixaria de constituir direito do concessionário e, conseqüentemente, estaria desembaraçada para aplicação direta na manutenção ou expansão do serviço.[53] Aos credores do concessionário restaria buscar resguardo noutros direitos eventualmente derivados da extinção precoce da concessão.[54]

---

53. É o que determina o art. 38, § 6º, da Lei 8.987/1995: "Declarada a caducidade, não resultará para o poder concedente qualquer espécie de responsabilidade em relação aos encargos, ônus, obrigações ou compromissos com terceiros ou com empregados da concessionária".

54. Como a indenização que seria devida se houvesse capital ainda não amortizado no momento da decretação da caducidade (art. 38, § 4º, c/c o art. 36, da Lei 8.987/1995).

Capítulo V
SÍNTESE DAS CONCLUSÕES

1. Explicação prévia. 2. O regime tarifário nas concessões de serviços públicos. Elementos conceituais. 3. Política tarifária. 4. As tarifas e os direitos dos usuários de serviço público. 5. As tarifas e os direitos das concessionárias de serviço público.

1. Explicação prévia

Quando se fala na elaboração de uma *tese*, a idéia que logo vem à mente é a de que se deva implementar a construção de um raciocínio lógico, elaborado por intermédio de exposição de determinadas premissas a partir das quais se tornou possível a dedução de uma conclusão. Uma tese, um silogismo, uma conclusão. Assim, numa postura ideal e abstrata, a elaboração de uma tese deveria funcionar.

O presente trabalho, todavia, não apresenta como resultado uma única conclusão. Há silogismos e conclusões a respeito de vários temas relacionados ao regime tarifário nas concessões de serviços públicos: critério de identificação da aplicabilidade de tarifas e taxas; limitações à aplicação de modelos de política tarifária; suspensão do serviço por inadimplemento dos usuários; reequilíbrio econômico-financeiro num ambiente de competição; e assim por diante. Necessário reconhecer que, usado o parâmetro ideal acima referido, o estudo comportaria a apresentação de diversas *teses*. Tal característica, porém, não decorre de qualquer falha metodológica, mas, sim, de uma peculiaridade própria do tema escolhido e da pesquisa desenvolvida no campo do Direito. Explicamos.

É comum, em especial no campo da produção acadêmica de caráter jurídico, a eleição de objeto de estudo cujo escopo seja a pesquisa de

216 TARIFA NAS CONCESSÕES

um dado *instituto*. Com isto se pretende designar a busca das principais normas (regras e princípios) que incidem sobre dado fenômeno jurídico, selecionado como foco da pesquisa. No mais das vezes, em pesquisa com tal perfil, a identificação de cada regra a ser aplicada demanda um delicado esforço de interpretação. Constrói-se, por assim dizer, uma *tese* para se elucidar a regra aplicável a determinada situação. Assim, ao se percorrer o regime jurídico desse instituto, diversas *teses* jurídicas acabam sendo produzidas. Cada uma delas tendo sua própria lógica, derivando de raciocínios e premissas autônomos.

Neste tipo de trabalho, tão importante quanto o exame de cada raciocínio ou tese isoladamente é a verificação da coerência existente entre eles. Ao longo de todo o texto várias conclusões já foram lançadas. Mesmo assim, não será inócuo reunir neste final as principais conclusões a que se chegou, bem como as premissas das quais se partiu. Com isso, facilitam-se a compreensão do trabalho como um todo e a análise crítica quanto à sua coerência. O resumo a seguir desenvolvido buscará este objetivo e seguirá como roteiro a seqüência dos temas tratados em cada um dos capítulos antecedentes.

2. O regime tarifário nas concessões de serviços públicos. Elementos conceituais

2.1 A análise dos elementos conceituais atinentes à tarifa nas concessões de serviços públicos buscou propiciar uma adequada aproximação com o objeto de estudo a ser desenvolvido. Com isso, ao invés de se cunhar uma definição que, por mais abrangente que fosse, findaria sendo redutora de complexidades, tratou-se de analisar diversas questões consideradas fundamentais à identificação e à validade desse instrumento de remuneração dos prestadores de serviços públicos.

2.2 Um primeiro elemento conceitual apontado diz respeito à noção de *serviço público* a ser considerada. Como a tarifa escolhida como objeto de estudo é aquela decorrente da contraprestação de serviços públicos objeto de concessão, a primeira premissa firmada envolveu o critério identificador de tais atividades (os serviços públicos). Desta maneira, demonstrou-se que o elemento mais adequado para identificar uma dada atividade como sendo serviço público é de natureza formal – ou seja, corresponde ao regime jurídico a ela aplicável.

2.3 Ficou demonstrada a compatibilidade do regime tarifário, como forma de remuneração a ser dada pela prestação de serviços públicos, com o texto constitucional. A cobrança de tarifa é expressamente admiti-

SÍNTESE DAS CONCLUSÕES 217

da pela Constituição Federal (art. 175, parágrafo único, III). A referência às taxas como instrumento tributário para remunerar a prestação de serviços públicos (art. 145, II, da CF) não é incompatível com a instituição de tarifas. Cabe ao legislador determinar o regime a ser aplicado, se o tributário ou o de tarifas, devendo obediência, todavia, a alguns condicionamentos impostos pelo ordenamento jurídico brasileiro.

2.4 Não é possível destacar um único critério de identificação, inerente à essência de um serviço público, que seja apto a determinar, peremptoriamente, se deve ser aplicado o regime tarifário ou o das taxas. Em relação a esse tema, o que existe, na verdade, são condicionamentos, que apenas limitam o emprego da opção discricionária a ser exercida pelo legislador. Os condicionamentos são os seguintes:

2.4.1 A tarifa pode ser exigida por entidade estatal ou privada que seja prestadora de serviços públicos. Se for entidade privada, não cabe a instituição de taxas que sejam em seu próprio nome arrecadadas.

2.4.2 Serviços públicos de fruição obrigatória – assim entendidos aqueles que tenham tal característica prevista em lei – não admitem remuneração por tarifa; apenas aqueles serviços de fruição facultativa podem ser remunerados mediante a cobrança de tarifas (também admitindo a adoção do regime tributário). Esta também é a postura da jurisprudência mais tradicional do STF. Todavia, há de se notar que em julgados recentes que abordam a possibilidade de adoção do regime tarifário, inclusive daquela Corte, tal critério não vem sendo aplicado, perdendo espaço para a verificação isolada a respeito da delegabilidade do serviço.

2.4.3 Não há possibilidade de instituição de tarifas com a mera colocação do serviço à disposição do usuário (atributo exclusivo das taxas – art. 145, II, *in fine*, da CF). O débito tarifário só surge com a utilização do serviço.

2.5 Há um debate doutrinário acerca da natureza jurídica da tarifa. A questão gira em torno de saber se a tarifa constituiria um aspecto contratual ou regulamentar da concessão de serviço público.

2.5.1 Foi visto que, muito embora as tarifas façam parte da equação econômico-financeira das concessões, elas podem vir a ser alteradas unilateralmente pelo poder concedente, assumindo, por este prisma, caráter regulamentar, e não contratual.

2.6 A tarifa não precisa, necessariamente, ser suportada de maneira direta pelos usuários dos serviços. Em alguns casos, prestadoras de um dado serviço são remuneradas por outras prestadoras de serviço público.

218 TARIFA NAS CONCESSÕES

2.6.1 Isto ocorre nas situações em que o serviço público sofre um processo de segmentação vertical, dando lugar a uma série de prestadoras que, integradas, tornam possível a prestação de dado serviço ao usuário final. É o que acontece, por exemplo, no serviço de energia elétrica, em que as distribuidoras de energia remuneram, por intermédio de tarifas, empresas transmissoras e produtoras.

2.6.2 Também não se exige que a tarifa seja a única fonte de remuneração da prestadora do serviço público. Há exemplos de serviços em que a remuneração do concessionário não é feita mediante a cobrança de tarifas dos usuários (serviços de radiodifusão), bem como de serviços em que está prevista a complementação da receita tarifária com outras fontes alternativas (art. 11 da Lei 8.987/1995) e até mesmo com subsídio governamental.

2.6.3 Descaracterizaria a essência do regime tarifário, porém, a assunção total dos custos do serviço pelo orçamento estatal. Tal modelo, na legislação brasileira, merece tratamento jurídico distinto daquele previsto para as concessões (e, conseqüentemente, para as tarifas): haveria de ser enquadrado na categoria geral dos contratos administrativos sujeitos à Lei 8.666/1993.

2.7 A tarifa não se confunde com a atividade de controle de preços praticados pela iniciativa privada.

2.7.1 A principal diferença entre o controle das tarifas e o de preços praticados pela iniciativa privada decorre da natureza da atividade sobre a qual cada uma das competências estatais incide. No caso das tarifas, o Estado regula atividade que lhe é própria – os serviços públicos; no controle de preços, a regulação incide sobre o campo reservado à iniciativa privada. Deste ponto principal surgem várias outras conseqüências que diferenciam as atividades quanto ao regime jurídico aplicável.

2.7.2 Quando se fala em controle de preços privados, não há relação contratual entre o Poder Público e o particular. A situação é diversa no controle exercido por intermédio de tarifas, pois neste o Poder Público estabelece uma relação jurídica específica com o particular (concessão ou permissão).

2.7.3 O controle de preços pode produzir como conseqüência o abandono da atividade por parte daqueles agentes econômicos que não tenham mais interesse em atuar sob as condições de controle, pois o particular não é obrigado a desempenhar a atividade (não está sujeito ao dever de continuidade). Situação completamente oposta se dá em maté-

SÍNTESE DAS CONCLUSÕES					219

ria de tarifa, pois o particular tem o dever de prestar o serviço, cobrando o valor autorizado (dever de continuidade).

2.7.4 No controle de preços não há pactuação quanto a índices e mecanismos de reajuste. Como se sabe, o regime jurídico das concessões – do qual deflui o tarifário – determina que o contrato deve trazer índices e fórmulas de atualização do valor da tarifa.

2.7.5 Quando o Estado intervém em atividades econômicas de modo a controlar preços, não está sujeito a relação jurídica que estabeleça uma equação econômico-financeira a ser respeitada. Eventuais prejuízos provocados pela atividade de controle suscitam a aplicação da responsabilidade *extracontratual* do Estado. Por outro lado, o controle de tarifas, previsto nas concessões, assegura a manutenção do equilíbrio econômico-financeiro (responsabilidade *contratual* do Poder Público).

2.7.6 O fundamento para o controle de preços é a repressão ao abuso do poder econômico (art. 173, § 4º, da CF). Nesta seara não se admite a fixação de políticas públicas por meio de planificação. As tarifas, por seu turno, são fixadas para atendimento de uma política pública (art. 175, parágrafo único, III, da CF).

3. Política tarifária

3.1 A tarifa não é um mero elemento comercial da prestação de serviço público. É, antes disso, um fundamental instrumento de implementação de políticas públicas. É importante ter em mente esta característica do regime tarifário para se fazer uma adequada interpretação dos limites e funções que devem ser obedecidos pelo Estado no cumprimento desta atribuição.

3.2 Um ponto importante a destacar como limite jurídico à imposição de uma dada política tarifária está na identificação do instrumento normativo apto a instituí-la. Haveria necessidade de decisão legislativa neste sentido, ou seria possível a implementação de política tarifária por via administrativa?

3.2.1 Esta discussão não visa a questionar a aplicação do princípio da legalidade sobre a atuação da Administração Pública. O foco é descobrir qual o nível de vinculação exigido para sua válida aplicação em matéria tarifária.

3.2.2 Há expressa previsão constitucional determinando que a instituição de política tarifária deve ser objeto de decisão legislativa (art. 175, parágrafo único, III). Assim, a previsão da política a ser implemen-

220 TARIFA NAS CONCESSÕES

tada via regime tarifário deve estar contida no próprio texto legislativo. Quando muito, será possível que o legislador delegue à função administrativa a escolha de uma, entre muitas políticas previamente autorizadas, ou venha a lhe atribuir a fixação de mecanismos específicos para o atendimento de metas políticas definidas na própria lei.

3.2.3 Há inegável relação entre o estabelecimento de uma política tarifária e a disciplina do serviço público em si. Por isso, o titular do serviço público objeto de concessão também é o principal responsável pela instituição de uma política tarifária. A legislação geral existente sobre a matéria (Lei 8.987/1995) não pode suprimir este atributo.

3.2.4 A Lei 8.987/1995, muito embora traga capítulo específico com o nome de "Política Tarifária", não invadiu essa esfera de competência, própria aos entes titulares dos serviços públicos. As normas constantes desse capítulo dizem respeito, basicamente, aos parâmetros gerais que devem ser obedecidos no relacionamento "poder concedente/concessionário" em matéria de regime tarifário.

3.2.5 O impacto que tais normas exercem na fixação de uma política tarifária apresenta preponderantemente caráter autorizativo; ou seja, as normas da Lei 8.987/1995 servem de fundamento legal para a aplicação de alguns instrumentos de política tarifária pelo poder concedente, independentemente de previsão legal específica do titular do serviço. Tais diretrizes foram impostas validamente pelo legislador nacional, pois não se fundam em competência para legislar sobre cada um dos serviços públicos (competência, esta, que varia em função da titularidade), e sim na competência geral para disciplinar contratações públicas e editar normas de direito econômico (como aquelas de proteção à ordem econômica e consumidores).

3.2.6 Uma das principais diretrizes em matéria de política tarifária, introduzida pela Lei 8.987/1995, é a previsão do princípio da modicidade das tarifas. Para atingir este grande objetivo, instituído pela Lei Geral de Concessões, o titular de serviço público pode aplicar diversos instrumentos de política tarifária. Para tornar módica a tarifa cobrada de determinado grupo de usuários, por exemplo, é possível fixar, como política pública, o sistema de subsídios cruzados.

3.2.7 A Lei Geral de Concessões também estabelece, como instrumento de aplicação de um regime tarifário, variáveis referentes ao mecanismo de fixação do valor da tarifa. As opções diferem em função do grau de participação do mercado (assim compreendido o universo de interessados que participem de uma licitação para obtenção da outorga

SÍNTESE DAS CONCLUSÕES 221

de uma concessão de serviço público) na definição do valor inicial das tarifas. A partir da definição de que o valor da tarifa deve constar do instrumento contratual (art. 23, IV), a lei oferece a possibilidade de fixá-lo com base na proposta vencedora da licitação (art. 9º) ou em decisão do próprio poder concedente (art. 15, II, IV, VI e VII).

3.2.8 Por fim, a Lei 8.987/1995 fixou como princípio da política tarifária a isonomia de tratamento entre os usuários, admitindo, porém, a diferenciação entre usuários motivada por características técnicas e por custos específicos provenientes do atendimento aos distintos segmentos (art. 13). Há de se interpretar, contudo, que estas não são as únicas hipóteses de tratamento diferenciado que podem prosperar. Lei específica pode instituir outras categorias de tratamento diferenciado (como o estabelecimento de gratuidade ou desconto para segmentos de usuários), desde que a diferenciação estabelecida guarde nexo lógico com o fim de interesse público perseguido.

3.3 Os objetivos que podem ser buscados por meio de uma política tarifária são vários e indefinidos. É tema mais afeto à Ciência Política e à Sociologia que propriamente ao Direito. Daí a opção por investigar os principais *instrumentos* jurídicos que podem ser empregados para implementar as mais variadas políticas em matéria tarifária.

3.3.1 Uma das mais importantes e evidentes maneiras de implementar uma política pública em matéria tarifária consiste na prática de subsídios cruzados. O subsídio cruzado entre tarifas implica a transferência de recursos obtidos num determinado segmento de usuários para outro, a fim de que o segmento beneficiado possa pagar valores mais baixos.

3.3.2 A prática de subsídio cruzado entre segmentos de usuários é, na maioria das situações, um efeito buscado pela regulamentação. Pretende-se, por intermédio deste instrumento, assegurar o acesso do maior número de pessoas ao serviço público. O subsídio cruzado, nesta linha, é empregado como mecanismo para viabilizar o atendimento da política pública que visa à universalização do serviço, isto é, que busca torná-lo acessível ao maior número possível de usuários. Para tanto, a categoria de usuários de custo menor acaba suportando um ônus financeiro maior que o necessário, para que, com a sobra de recursos proporcionada, seja possível financiar a prestação do serviço a tarifas módicas para outras categorias de usuários.

3.3.3 Em alguns setores, devido à introdução da concorrência como ambiente econômico da prestação do serviço público, a prática de sub-

222 TARIFA NAS CONCESSÕES

sídios cruzados foi vedada. A razão da proibição está na necessidade de criar condições isonômicas entre os diversos competidores. Tal objetivo seria afetado pela prática de subsídio cruzado, uma vez que é justamente nos segmentos mais rentáveis (fontes dos subsídios) que se alocam os mercados mais propícios à competição.

3.3.4 Nos serviços públicos em que o uso indiscriminado pode comprometer a continuidade de sua fruição (energia elétrica e abastecimento de água, por exemplo) a tarifa pode ser empregada como mecanismo de racionalização do consumo. Por intermédio de um aumento generalizado de tarifas, da criação de níveis tarifários em função da variação de consumo ou de metas que visem à sua redução é possível instituir uma política tarifária que tenha por escopo a redução do consumo de dado serviço e que, com isso, busque preservar sua continuidade.

3.3.5 O regime tarifário de vários serviços públicos se tem notabilizado por uma maior flexibilidade em relação ao tradicional sistema de regulação das tarifas.

3.3.6 A forma mais contundente de flexibilização está na adoção do modelo da "liberdade tarifária". Neste sistema o poder concedente admite que o próprio concessionário estabeleça o valor da remuneração que vai ser cobrada do usuário, passando a exercer, em relação à matéria, basicamente uma função fiscalizadora. Nestes casos, a característica que preserva o caráter público do regime remuneratório é a possibilidade de retomada, a qualquer tempo, da gestão das tarifas por parte do poder concedente.

3.3.7 Forma mais branda de conferir alguma participação ao concessionário na fixação de tarifas está na adoção de uma "tarifa-teto" (*price cap*). Nestes casos, o poder concedente estabelece um valor máximo a ser cobrado pela prestação do serviço, mas este valor não é absoluto, pois se admite que o concessionário pratique valores mais baixos.

3.3.8 Uma derradeira forma de flexibilização do regime tarifário que pode ser mencionada diz respeito à instituição de controle geral sobre um conjunto de itens tarifários (cesta tarifária), ao invés do normal acompanhamento individualizado de cada elemento. O concessionário, neste modelo, ganha a liberdade de balancear a proporção que cada item terá em relação ao todo ("cesta"). Administra, desta forma, os itens sobre os quais serão cobrados valores mais altos, tendo, porém, que necessariamente compensar esta opção por intermédio da redução dos valores dos demais itens.

SÍNTESE DAS CONCLUSÕES 223

3.4 A criação de políticas tarifárias, apesar de importar o exercício de competência discricionária, não está imune ao controle judicial.

3.4.1 Um importante mecanismo de controle da juridicidade da política tarifária está justamente em aferir se sua inclusão no ordenamento jurídico se deu por intermédio do veículo adequado; ou seja, consiste em saber se existe fundamentação legal para que se institua determinada política pública por meio do regime tarifário.

3.4.2 Também servem de baliza jurídica, no que toca à criação de políticas tarifárias – cuja base deve ser legislativa, conforme já apontado –, os princípios de nível constitucional. Eles funcionam como diretrizes para a verificação da validade da criação destas políticas, mesmo no momento em que são definidas em lei.

3.4.3 Por fim, num nível mais concreto, a apreciação da aplicação da política geral, traçada em lei, no momento de adotar dado regime tarifário demanda uma verificação de pertinência. Isto é, cabe ao Judiciário aferir se a política geral, contida em lei, foi atendida no momento da criação do regime tarifário nos regulamentos ou, mesmo, no contrato de concessão.

4. As tarifas e os direitos dos usuários de serviço público

4.1 O regime tarifário representa um dos temas mais relevantes em matéria de direitos dos usuários de serviços públicos. Constituem fontes normativas desses direitos dos usuários a Lei Geral de Concessões, as leis setoriais de regência dos serviços públicos e a legislação própria de proteção aos consumidores em geral.

4.2 Um dos temas de maior relevância envolvendo o direito dos usuários de serviços públicos e o regime tarifário está na discussão em torno da possibilidade de interrupção do serviço em virtude de inadimplemento do usuário.

4.2.1 A legislação infraconstitucional – tanto a geral (art. 6º, § 3º, II, da Lei 8.987/1995) quanto a própria a determinados serviços públicos de prestação continuada (energia elétrica: art. 17, § 1º, da Lei 9.427/1996; e telecomunicações: art. 3º, VII, da Lei 9.472/1997) – admite a interrupção do serviço motivada por inadimplemento do usuário.

4.2.2 Há o reconhecimento de que por intermédio da referida legislação se buscou autorizar a interrupção de serviços públicos por falta de pagamento de tarifas. A questão que ganha relevo nos debates doutrinários e jurisprudenciais busca saber se tais regras são *válidas*, ou seja,

224 TARIFA NAS CONCESSÕES

se tais regras são condizentes com os princípios e normas existentes no sistema *constitucional* brasileiro.

4.2.3 Os argumentos mais recorrentes e relevantes contra a validade da legislação autorizativa da interrupção do serviço por falta de pagamento invocam os princípios da continuidade do serviço público e da dignidade da pessoa humana e, ainda, a proibição da autotutela para exigir o cumprimento de obrigações (preservando a exclusividade da função jurisdicional na resolução de litígios). Nenhum deles, porém, é suficiente para inquinar com inconstitucionalidade a legislação referida.

4.2.4 A continuidade do serviço público é preservada sempre que o Poder Público (ou a empresa concessionária ou permissionária) o oferece nas condições estabelecidas na regulamentação. Não há que se falar em violação ao dever de continuidade se entre essas condições figurar o pagamento de tarifa e o fornecimento for interrompido em função do inadimplemento do usuário.

4.2.5 Os serviços públicos em geral – e mais notadamente aqueles oferecidos por intermédio de prestações continuadas, como os de energia elétrica, saneamento básico e telefonia – são tidos como essenciais à população. Pela grande importância que representam para os indivíduos que deles se beneficiam, são considerados indispensáveis à moderna vida em sociedade. A partir desta premissa, afirma-se que a interrupção no oferecimento de tais serviços constituiria violação ao princípio da dignidade da pessoa humana. Acontece que a mesma Constituição que estabelece como um dos seus fundamentos a dignidade da pessoa humana também autoriza, expressamente, a cobrança pela prestação de serviços públicos. Neste contexto, há de concluir pela insuficiência deste princípio como fundamento único e autônomo para determinar a inconstitucionalidade de uma lei. A análise de validade das leis há de ser feita com rigor e detalhamento, observando-se outros princípios e regras constitucionais que incidam sobre a matéria em análise de maneira mais imediata que o amplo princípio da dignidade da pessoa humana.

4.2.6 Outro argumento levantado seria o de que, ao admitir o corte por falta de pagamento, a legislação estaria autorizando verdadeira usurpação de competência jurisdicional, na medida em que, com isso, estaria sendo reconhecido à entidade particular o poder de dirimir os próprios conflitos envolvendo os débitos oriundos de tarifas. A tese não procede, porque ao se admitir a interrupção da prestação do serviço público por causa do inadimplemento do usuário não se está reconhecendo mais que a aplicabilidade, no âmbito da relação contratual firmada entre

SÍNTESE DAS CONCLUSÕES 225

essas partes (prestadora e usuário), da cláusula da "exceção do contrato não cumprido". A cláusula, numa perspectiva exclusivamente jurídica, produz efeitos somente em relação às obrigações futuras da concessionária, na medida em que suspende sua exigibilidade enquanto houver inadimplência do usuário. Juridicamente, frise-se, o débito já existente não é afetado. Caso queira cobrar os débitos dos usuários, mesmo com o serviço interrompido, a prestadora será obrigada a lançar mão dos meios ordinariamente conhecidos (judiciais ou extrajudiciais). Portanto, a admissão de corte na prestação de serviço público por falta de pagamento do usuário não é questão de autotutela, de outorga de poder jurisdicional ou de admissão de justiça privada.

4.3 Após o reconhecimento da legitimidade da autorização legislativa para o corte de serviços públicos por inadimplemento, o ponto mais importante passa a ser a identificação dos limites para o emprego desta medida.

4.3.1 Em princípio, a lei confere à empresa prestadora do serviço público o direito de interromper a prestação de serviço em caso de inadimplemento do usuário. Esse direito, porém, pode vir a ser condicionado em função do atendimento a *interesses da coletividade* (art. 6º, § 3º, II, *in fine*, da Lei 8.987/1995). É competência do Poder Público – e não da empresa concessionária – definir como o interesse da coletividade deve ser considerado em relação à matéria.

4.3.2 As condições de observância dos interesses da coletividade para a aplicação da medida de interrupção da prestação do serviço público por falta de pagamento podem ser especificadas: (a) por legislação própria ao serviço público objeto de delegação; (b) por intermédio do contrato de concessão (ou de permissão, conforme o caso); (c) por meio de regulamentação sobre a forma de prestação do serviço público; (d) por decisões individualizadas, motivadas por circunstâncias excepcionais.

4.3.3 Cabe o exame judicial do tratamento dado pelo Poder Público (por meio de lei específica ou medidas administrativas) à ressalva contida no art. 6º, § 3º, II, da Lei 8.987/1995. Ou seja, o Poder Judiciário é competente para examinar se houve a devida consideração ao interesse da coletividade no tratamento normativo dado pela Administração no que se refere à autorização para interromper a prestação de serviços públicos em função de inadimplemento de usuários.

4.3.4 Não se reconhece como legítima, todavia, qualquer intervenção relacionada à fixação de políticas públicas em matéria de proteção

226 TARIFA NAS CONCESSÕES

dos interesses coletivos postos em questão. Esta última é competência de índole puramente administrativa, que não pode se sujeitar a exame com base em critérios jurídicos. Assim, a eleição de dada fórmula para considerar o interesse da coletividade poderá ser rejeitada pelo Judiciário se – e somente se – for dado um argumento jurídico para descaracterizá-la como condizente com tais interesses coletivos. A opção do administrador, todavia, não poderá ser substituída por outra (considerada melhor, mais conveniente) oferecida pelo Judiciário. Nesta última hipótese haveria usurpação de competência administrativa pelo Judiciário, o que violaria o princípio constitucional da separação dos Poderes.

4.3.5 Outra regra que condiciona o exercício de tal medida (a interrupção na prestação do serviço público) apresenta natureza predominantemente *formal*. Trata-se da imposição de um procedimento prévio à implementação do corte na prestação dos serviços públicos. Este requisito procedimental decorre da determinação de prévio aviso ao usuário como condição de validade do corte por falta de pagamento. O objetivo da referida exigência legal é assegurar ao usuário o exercício do direito à ampla defesa e ao contraditório.

4.4 A inclusão de nomes em cadastro de proteção ao crédito, desde que obedecidas as limitações constantes da legislação de defesa do consumidor, não implicará violação a direito do usuário.

4.4.1 As prestadoras de serviços públicos em geral, que guardam nitidamente a característica da essencialidade, reconhecida em sua própria regulamentação, não podem recusar a oferta de seus serviços a pessoas que tenham seus nomes inscritos em cadastro de inadimplentes por força de dívida contraída com outros serviços (que não os seus respectivos).

4.4.2 Nas atividades sujeitas a regime jurídico de natureza híbrida, com aspectos próprios aos serviços públicos e, simultaneamente, às atividades econômicas, que não tenham características absolutas de essencialidade, a regulamentação pode vir a aceitar que as prestadoras utilizem cadastros de proteção ao crédito como maneira de condicionar ou recusar a oferta do serviço.

4.5 A instituição de valores mínimos de cobrança não pode ser considerada, por si só, prática abusiva ou arbitrária, que seja intrinsecamente lesiva aos direitos dos usuários. É perfeitamente possível que a adoção de tal sistema – cuja implementação não é competência da prestadora, mas, sim, do titular do serviço público – tenha por objetivo a instituição de uma política pública que vise ao benefício da coletividade (conferindo maior higidez ao sistema, propiciando tarifas menores para usuários

SÍNTESE DAS CONCLUSÕES 227

em geral – e assim por diante). Não tem respaldo jurídico, portanto, a impugnação da tarifação baseada em valor mínimo com o genérico argumento de que ela seria, por si só, abusiva.

4.5.1 Não procede a impugnação segundo a qual o sistema de cobrança de valores mínimos não seria condizente com o regime tarifário, por exigir a contraprestação em virtude da simples colocação do serviço à disposição do usuário (característica peculiar ao sistema tributário, das taxas).

4.5.2 A cobrança de valor mínimo de tarifa não se confunde com a cobrança de taxa pelo serviço apenas posto à disposição do contribuinte. No primeiro caso, relativo à cobrança de tarifa mínima, já existe uma relação estabelecida entre quem paga (usuário) e quem presta o serviço público. O serviço não está meramente à disposição do usuário. O serviço, tecnicamente, está sendo prestado a ele. É prestado na medida em que toda uma estrutura de rede (seja ela de telefonia, água e esgoto, energia elétrica ou gás) é mantida para possibilitar que o usuário, quando quiser, possa fazer uso efetivo do serviço. A situação é diferente daquela admitida para a cobrança de taxa. Nesta não há necessidade de adesão do contribuinte ao sistema de prestação de serviços públicos. Ele não precisa, noutras palavras, celebrar um contrato de prestação de serviços, ou seja, não precisa se tornar um usuário, para que venha a ser enquadrado como sujeito passivo da taxa. A mera existência do serviço, posto à disposição do cidadão, é razão suficiente para a incidência da taxa.

4.6 Ao se falar de controle sobre tarifas, se está tratando de controle sobre atos estatais, atos administrativos, ou, quando menos, atos produzidos com a chancela da Administração (isto é, de atos que foram pela Administração homologados). A tarifa, antes de ser a remuneração paga pelo usuário à prestadora do serviço, representa o valor que o Poder Público aprova para que ocorra esta remuneração.

4.6.1 A fixação de tarifas para remuneração de serviços públicos, como qualquer outra competência de índole administrativa, sujeita-se a controle judicial. O Judiciário, sempre que invocado, pode e deve examinar se o exercício de tal competência, mesmo que discricionária, obedeceu aos limites impostos pela lei.

4.6.2 Uma forma de controle jurídico sobre o valor das tarifas que venha a ser homologado pelo Poder Público envolve a aferição de obediência ao equilíbrio econômico-financeiro original do contrato. Assim, com base em demonstração de que a fixação de novos valores tarifários não obedece ao equilíbrio do contrato economicamente pactuado, os

228 TARIFA NAS CONCESSÕES

usuários – ou entidade que os represente – podem questionar judicialmente a legitimidade do aumento de tarifas.

4.6.3 Outra forma de controle jurídico das tarifas envolve a confrontação de conceitos jurídicos indeterminados empregados pela legislação
como diretrizes a serem observadas pelo poder concedente no momento
da fixação das tarifas. Aplicam-se ao caso, notadamente, os conceitos de
modicidade e de *abusividade*. Tarifa que não seja considerada módica ou
que represente cobrança abusiva há de ser rechaçada judicialmente.

4.6.4 O exame da legalidade das tarifas em face dos direitos dos
usuários também pode ser exercido pelos Tribunais de Contas. Qualquer
usuário que se sinta lesado pela fixação de tarifas abusivas em favor
de prestadoras de serviços públicos pode invocar a atuação do Tribunal
de Contas competente, uma vez que, além de atentar contra os direitos
dos usuários, a medida impugnada também afetaria o próprio patrimônio
público.

4.6.5 Os organismos oficiais de defesa do consumidor têm evidente
interesse no acompanhamento e fiscalização dos valores cobrados dos
usuários de serviços públicos. Esse controle pode ser exercido sobre
eventual descumprimento de normas contratuais e regulamentares pelos
prestadores do serviço, mas também pode recair na fixação de valores
estabelecidos pelo Estado. Se forem respeitados os limites da política
tarifária aplicável, as prestadoras de serviços públicos não podem ser
sancionadas pelos organismos oficiais de proteção aos consumidores,
mesmo que para estes tal política reflita prejuízo para os direitos dos
usuários. Em tal hipótese, a postura dos organismos oficiais de proteção
dos consumidores haverá de se voltar para a atuação do próprio poder
concedente (art. 41 do CDC).

5. As tarifas e os direitos das concessionárias de serviço público

5.1 O mais importante mecanismo para a obtenção do retorno econômico buscado pela iniciativa privada no campo dos serviços públicos
é a possibilidade de cobrança de tarifas dos usuários.

5.2 Uma das principais garantias oferecidas aos concessionários em
relação ao regime tarifário é a da manutenção do equilíbrio econômico-
financeiro original do contrato.

5.2.1 As possíveis causas de reequilíbrio do contrato abrangem:
(a) alterações unilaterais do contrato, promovidas pela Administração
Pública; (b) fatos imprevistos; e (c) atos governamentais alheios ao próprio contrato (fato do príncipe).

SÍNTESE DAS CONCLUSÕES 229

5.2.2 A definição de equilíbrio econômico-financeiro das concessões é de enunciação simples: reflete a relação entre receitas e custos tomada no momento da celebração do contrato. O direito ao equilíbrio econômico-financeiro da concessão representa, por origem (uma vez que se inspira na teoria da imprevisão) e funcionalidade, um conceito vago, impreciso, indeterminado. Ele é útil justamente porque é flexível e comporta ponderações na sua aplicação.

5.2.3 A tarifa é o instrumento usualmente empregado para recomposição do equilíbrio econômico-financeiro de uma concessão. Mas não é o único. Dependendo do interesse público envolvido, é possível que o poder concedente opte por outras medidas que atinjam o mesmo fim da alteração tarifária, ou seja, que também sirvam para reequilibrar a equação econômica do contrato.

5.2.4 Ao invés de aumentar tarifas (medida que em alguns casos pode trazer reflexos indesejados ao interesse público), o poder concedente pode recompor o equilíbrio perdido por meio de pagamento de indenização à concessionária; ou, ainda, de outra forma, pode desonerá-la de alguns encargos, possibilitando, assim, o retorno à situação de equilíbrio.

5.2.5 Situações de fato podem tornar inviável o aumento tarifário como mecanismo de restabelecimento do equilíbrio contratual afetado. Isto ocorrerá sempre que ao aumento da tarifa não corresponda um proporcional aumento de receita da concessionária.

5.3 Há duas fórmulas de alteração tarifária: o *reajuste*, aplicável como forma de atualização monetária da tarifa, e a *revisão*, cabível quando a tarifa tiver de ser alterada para adequar a equação econômico-financeira do contrato a situação excepcional que a tenha afetado.

5.3.1 A previsão de *reajuste* não se mostra como mera opção, posta à disposição do poder concedente. É, na verdade, requisito necessário à outorga de uma concessão. Faz parte do núcleo mínimo que a lei fixou para este específico modelo contratual (arts. 18, VIII, e 23, IV, da Lei 8.987/1995). Seria, portanto, ilegal celebrar um contrato de concessão sem cláusula de reajuste ou no qual, após sua assinatura, viesse a ser excluída a referida cláusula.

5.3.2 A empresa concessionária de serviço público tem o direito subjetivo de exigir a aplicação do reajuste a partir do momento em que se ultrapasse o prazo previsto contratualmente. O atraso na implementação do reajuste, portanto, implica impacto no equilíbrio econômico originalmente estabelecido.

230 TARIFA NAS CONCESSÕES

5.3.3 A aplicação do reajuste previsto no contrato não é feita automaticamente pela concessionária, dependendo de homologação do poder concedente. Caso o poder concedente atrase ou simplesmente decida não aplicar o índice de reajuste previsto contratualmente, haverá, por conseqüência, a necessidade de *revisão* do contrato, de modo a que seu equilíbrio econômico-financeiro original (que seria mantido com sua atualização periódica) seja preservado.

5.3.4 A escolha do índice ou fórmula de reajuste é matéria a ser disciplinada pelo próprio poder concedente, avaliando as peculiaridades do serviço objeto da concessão. Torna-se necessário, contudo, que a escolha recaia sobre critérios que reflitam a variação monetária dos insumos que tenham efetivo impacto nos custos de prestação do serviço – vale dizer, que tenham influência comprovada no equilíbrio econômico-financeiro do respectivo contrato de concessão.

5.3.5 Por ter natureza regulamentar, a cláusula que estabelece o valor da tarifa, bem como seu mecanismo de reajuste, pode vir a sofrer alteração ao longo da execução do contrato, inclusive de maneira unilateral. Ao alterá-la unilateralmente, todavia, o poder concedente é obrigado a respeitar o equilíbrio econômico-financeiro originalmente pactuado.

5.4 A revisão, apesar de também constituir um instrumento de alteração tarifária, não se confunde com o reajuste. Ao contrário do reajuste, não se trata de mera atualização monetária, mas de verdadeira recomposição da relação contratual. Com a revisão, em virtude de determinado ato ou fato jurídico de comprovado impacto nos aspectos econômicos decorrentes da execução do contrato de concessão, o valor da tarifa é alterado.

5.4.1 A aplicabilidade da revisão, para preservar a essência do conceito de exploração econômica, sob risco, do serviço objeto de concessão, não pode estar vinculada simplesmente à variação de custos e receitas na prestação do serviço. Se qualquer variação ensejasse a revisão, não seria possível caracterizar a existência de risco no empreendimento. Por isto, apenas oscilações significativas que venham a ser provocadas por fatores imprevistos são consideradas causas suficientes para provocar a alteração tarifária, mediante revisão.

5.4.2 A parcela de risco assumida pela concessionária de serviço público é, normalmente, designada como a *álea ordinária* do contrato. Corresponde ao risco que o particular aceitou assumir ao firmar o contrato de concessão e que, por esta razão, não daria ensejo a revisão tarifária na hipótese de ocorrência de prejuízo.

SÍNTESE DAS CONCLUSÕES 231

5.4.3 É possível que, devido à opção política do legislador ou da Administração Pública responsável, determinados aspectos da prestação do serviço sejam considerados elementos de risco assumidos pela concessionária. A *variação pela demanda* e a existência de *concorrência* na prestação do serviço são exemplos de elementos de risco que, de acordo com a opção política assumida pelo Poder Público, podem ser transferidos à concessionária.

5.4.4 Todas as situações que representem *álea extraordinária* (ou seja, eventos que encarnam um risco não assumido com a assinatura do contrato) ensejam, sem distinção, a retomada integral do reequilíbrio econômico-financeiro do contrato, por intermédio de revisão tarifária.

5.4.5 A revisão pode incidir para aumentar o valor da tarifa, nas hipóteses em que a concessionária estiver experimentando perdas econômicas em virtude da execução do contrato, como também pode provocar a redução das tarifas, naqueles casos em que o desequilíbrio na equação econômica original esteja provocando benefícios indevidos à concessionária.

5.4.6 O ganho de produtividade da concessionária que lhe proporcione acréscimo em sua margem de lucro pode ensejar revisão para redução de tarifas. Isto pode ocorrer nas situações em que a regulamentação aplicável preveja expressamente uma fórmula de compensação dos usuários por estes ganhos ou, na ausência desta, sempre que a margem de lucro, em virtude dos ganhos de produtividade, passar a um patamar considerado abusivo.

5.4.7 Apesar de, conceitualmente, a revisão estar vinculada à idéia de recomposição de equilíbrio abalado em virtude de fatores imprevisíveis, é comum, e até mesmo desejável, que a regulamentação estabeleça parâmetros para definir se determinadas situações devem, ou não, ensejar a recomposição. Desta forma, busca-se deixar mais clara a margem de risco assumida pela concessionária – e, conseqüentemente, os fatores que, apesar da assunção do negócio em seu nome próprio, estão alheios à margem de risco, constituindo a chamada álea extraordinária. Além disso, mecanismos procedimentais vêm sendo introduzidos na regulamentação de diversos setores, de modo a ampliar a previsibilidade da decisão estatal e as possibilidades de controle.

5.5 O controle judicial envolvendo a revisão ou reajuste de tarifas incide diretamente sobre uma competência administrativa normalmente tida como discricionária: a competência para estabelecer política tarifária.

232 TARIFA NAS CONCESSÕES

5.5.1 Fixada a política tarifária, no entanto, a aplicação das regras inerentes ao reajuste e à revisão de tarifas conduz ao exercício de competência aparentemente vinculada. Como o contrato de concessão estabelece uma equação econômico-financeira e o poder concedente tem o dever de preservá-la ao longo de toda a execução do contrato, seria de se supor que, para cumprir o referido dever, a única alternativa plausível (daí o caráter aparentemente vinculado da competência) venha a ser a alteração da tarifa (mediante reajuste ou revisão).

5.5.2 A vinculação não é absoluta porque, diante de situações de desequilíbrio na equação econômico-financeira, além da alteração tarifária, a Administração dispõe de outros mecanismos para proceder à sua recomposição (como o oferecimento de subsídios orçamentários ou de fontes alternativas de receita).

5.5.3 Apesar da possibilidade de adoção de soluções diversas em face do desequilíbrio da equação econômico-financeira original, é necessário reconhecer que, diante de uma situação concreta em que a aplicação das cláusulas contratuais e da regulamentação envolvendo dado serviço indique a necessidade de aumento de tarifa, a concessionária deve ter como recorrer eficazmente ao Judiciário para fazer valer um direito que lhe foi legitimamente conferido.

5.5.4 Se as normas em vigor (neste conjunto incluídas as regulamentares, produzidas e modificáveis unilateralmente pela Administração) determinarem a fórmula do aumento da tarifa como mecanismo de preservação do equilíbrio econômico-financeiro, caberá ao juiz determinar seu cumprimento imediato.

5.5.5 Para que decisões judiciais com este conteúdo não impliquem usurpação de competência própria da Administração, é necessário realizar uma ponderação quanto à sua extensão. Determinar a aplicação de um reajuste ou de revisão de tarifas, diante de um dado perfil regulatório, não pode ser compreendido como uma decisão que impeça a Administração (poder concedente) de vir a alterá-lo unilateralmente, em momento posterior.

5.6 As tarifas constituem importante instrumento de garantia para operações de crédito realizadas em favor do concessionário de serviço. Há autorização legislativa expressa para que esse direito do concessionário possa ser dado em garantia de empréstimos. Porém, este tipo de operação só pode ser realizado "até o limite que não comprometa a operacionalização e a continuidade da prestação do serviço" (art. 28 da Lei 8.987/1995).

SÍNTESE DAS CONCLUSÕES 233

5.6.1 Cabe ao concessionário avaliar previamente o montante do comprometimento da receita tarifária que pode ser vinculado à garantia de um financiamento.

5.6.2 Ao poder concedente cabe fiscalizar os impactos desta operação financeira no contrato. De um lado, certificando-se de que o produto do financiamento se destina efetivamente a investimentos na prestação do serviço concedido, uma vez que seria despropositado autorizar o emprego da tarifa para obtenção de recursos para atingir objetivos diversos. Por outro, nas hipóteses em que o concessionário não atenda ao dever legal, o concedente tem competência para atuar impedindo que, concretamente, a operação comprometa a prestação do serviço concedido. Nestes casos, caberá ao poder concedente autuar e sancionar o concessionário, uma vez que houve violação ao mandamento contido na parte final do art. 28 da Lei 8.987/1995.

5.6.3 A lei não impõe um limite de comprometimento da tarifa a ser prefixado pelo poder concedente. Esse tema é próprio da gestão financeira do empreendimento, que compete à esfera de atribuições empresariais do concessionário. Havendo justificativa econômico-financeira para embasar a decisão, é possível que, em determinadas situações, seja viável até mesmo a utilização da integralidade da receita tarifária para escorar financiamentos.

5.6.4 Esta interpretação em torno do emprego das receitas tarifárias como garantia do endividamento do concessionário também serve para balizar o enfoque a ser dado ao tema da penhorabilidade das receitas tarifárias. Neste caso também é necessário que concessionário (devedor cujo direito vem a ser penhorado) e poder concedente atentem para a impossibilidade de se comprometer a adequada prestação do serviço.

5.6.5 Não há impedimento juridicamente imponível à determinação judicial de penhora de receitas tarifárias. Para proteção do serviço público – isto é, como fórmula para assegurar sua continuidade –, a lei prevê mecanismos de fiscalização a serem adotados pelo poder concedente (a intervenção e até mesmo a caducidade). Não existe em leis de direito processual ou substantivo regra que impeça a penhora sobre tais direitos (receita tarifária).

5.6.6 Caso a penhora sobre as receitas tarifárias venha a prejudicar a prestação do serviço público, cabe ao poder concedente tomar as medidas de ingerência que a Lei Geral de Concessões prevê, assumindo provisoriamente o serviço ou determinando a extinção da outorga.

BIBLIOGRAFIA

AGÜERO, Antonia Agullo. "Principio de legalidad y establecimiento de precios públicos". *RDTributário* 56/39-49. São Paulo, Ed. RT, 1991.

ALFONSO, Luciano Parejo. *Administrar y Juzgar: Dos Funciones Constitucionales Distintas y Complementarias*. Madri, Tecnos, 1993.

AMARAL, Antônio Carlos Cintra do. "Distinção entre usuário de serviço público e consumidor". *Revista Diálogo Jurídico* 13. Salvador, CAJ/Centro de Atualização Jurídica, abril-maio/2002 (disponível na Internet: *http://www. direitopublico.com.br*, acesso em 29.8.2002).

ARIÑO ORTIZ, Gaspar. *Principios de Derecho Público Económico (Modelo de Estado, Gestión Pública, Regulación Económica)*. Granada, Comares, 1999.

_____. "Sobre la naturaleza de la tarifa y su posible revisión judicial". In: ARIÑO ORTIZ, Gaspar (org.). *Precios y Tarifas en Sectores Regulados*. Granada, Comares, 2001 (pp. IX-XIX).

_____ (org.). *Precios y Tarifas en Sectores Regulados*. Granada, Comares, 2001.

ARRUDA CÂMARA, Jacintho, e SUNDFELD, Carlos Ari. "Tarifas dos serviços de telecomunicações e direitos do consumidor". *Fórum Administrativo* 18/1.018-1.026. Belo Horizonte, Fórum, agosto/2002.

ATALIBA, Geraldo. *Hipótese de Incidência Tributária*. 6ª ed., 9ª tir. São Paulo, Malheiros Editores, 2008.

_____. "Parecer". *RDP* 92/70-95. São Paulo, Ed. RT, 1989.

BANDEIRA DE MELLO, Celso Antônio. *Curso de Direito Administrativo*. 25ª ed. São Paulo, Malheiros Editores, 2008.

_____. *Discricionariedade e Controle Jurisdicional*. 2ª ed., 9ª tir. São Paulo, Malheiros Editores, 2008.

_____. "Garantias ofertáveis por concessionário para obtenção de financiamento". *RTDP* 17/54-58. São Paulo, Malheiros Editores, 1997.

236 TARIFA NAS CONCESSÕES

_____. "Natureza jurídica do pedágio: Taxa? Preço?". *RTDP* 32/21-26. São Paulo, Malheiros Editores, 2000.

_____. *O Conteúdo Jurídico do Princípio da Igualdade.* 3ª ed., 16ª tir. São Paulo, Malheiros Editores, 2008.

_____. *Prestação de Serviços Públicos e Administração Indireta.* 2ª ed., 3ª tir. São Paulo, Ed. RT, 1987.

_____. "Serviço público e sua feição constitucional no Brasil". In: MO-DESTO, Paulo, e MENDONÇA, Oscar (coords.). *Direito do Estado (Novos Rumos) – Direito Administrativo.* t. 2. São Paulo, Max Limonad, 2001 (pp. 13-35).

BANDEIRA DE MELLO, Oswaldo Aranha. *Princípios Gerais de Direito Administrativo.* 3ª ed., vol. I. São Paulo, Malheiros Editores, 2007.

BATISTA, Joana Paula. *Remuneração dos Serviços Públicos.* São Paulo, Malheiros Editores, 2005.

BLANCHET, Luiz Alberto. *Concessão de Serviços Públicos: Comentários à Lei 8.987, de 13.2.1995, à Lei 9.074, de 7.7.1995, com as Inovações da Lei 9.427, de 27.12.1996, e da Lei 9.648, de 27.5.1998.* 2ª ed. Curitiba, Juruá, 2000.

CAMPOS, Francisco. "Fixação das tarifas dos serviços públicos concedidos". In: *Direito Administrativo.* vol. I. Rio de Janeiro, Imprensa Nacional, 1943.

CARRAZZA, Elizabeth Nazar (coord.). *Direito Tributário Constitucional.* São Paulo, Max Limonad, 1999.

CARRAZZA, Roque Antonio. *Curso de Direito Constitucional Tributário.* 24ª ed. São Paulo, Malheiros Editores, 2008.

COMPARATO, Fábio Konder. *Direito Público: Estudos e Pareceres.* São Paulo, Saraiva, 1996.

_____. "Regime constitucional do controle de preços no mercado". In: COMPARATO, Fábio Konder. *Direito Público: Estudos e Pareceres.* São Paulo, Saraiva, 1996 (pp. 99-115).

COUCEIRO, João Cláudio. "Taxa e preço público". *RDTributário* 42/199-209. São Paulo, Ed. RT.

COUTO E SILVA, Almiro do. "Privatização no Brasil e o novo exercício de funções públicas por particulares. Serviço público 'à brasileira'?". *RDA* 230/45-74. Rio de Janeiro, Renovar/FGV, outubro-dezembro/2002.

CUÉTARA MARTÍNEZ, Juan Miguel de la. "Los precios de las telecomunicaciones: teoría y práctica". In: ARIÑO ORTIZ, Gaspar (org.). *Precios y Tarifas en Sectores Regulados.* Granada, Comares, 2001 (pp. 87-119).

DELVOLVÉ, Pierre, e VEDEL, Georges. *Droit Administratif.* 12ª ed., vol. 2. Paris, Presses Universitaires de France, 1992.

DI PIETRO, Maria Sylvia Zanella. *Discricionariedade Administrativa na Constituição de 1988.* São Paulo, Atlas, 1991.

SÍNTESE DAS CONCLUSÕES 237

_____. *Parcerias na Administração Pública: Concessão, Permissão, Franquia, Terceirização e Outras Formas*. 4ª ed. São Paulo, Atlas, 2002.

DUGUIT, Leon. *Las Transformaciones del Derecho Público*. 2ª ed., tradução para o Espanhol e estudo preliminar de Adolfo Posada e Ramón Jaen. Madri, Francisco Beltrán, 1913.

ENTERRÍA, Eduardo García de, e FERNÁNDEZ, Tomás-Ramón. *Curso de Derecho Administrativo*, 8ª ed., vol. I. Madri, Civitas, 1997; 7ª ed., vol. I. Madri, Civitas, 1995.

FERNÁNDEZ, Javier Martín. "Los precios públicos y el principio de reserva de ley". *Revista de Derecho Financiero y Hacienda Pública* 244/365-398. Madri, Editorial de Derecho Reunidas-EDERSA, 1997.

FERNÁNDEZ, Tomás-Ramón. *De la Arbitrariedad de la Administración*. Madri, Civitas, 1994.

GALTÉS, Joan Pagès i. "Las tarifas de los servicios prestados en régimen de derecho privado: su consideración como tasas, precios públicos o precios privados". *Revista de Derecho Financiero y Hacienda Publica* 252/359-407. Madri, EDERSA, abril-junho/1999.

GOH, Jeffrey, MARCOU, Gérard, e OJEDA, Alberto Ruiz. *La Participación del Sector Privado en la Financiación de Infraestructuras y Equipamientos Públicos: Francia, Reino Unido y España (Elementos Comparativos para un Debate)*. Trad. Molina Saborido. Madri, Institutos de Estudios Económicos/Civitas Ediciones, 2000.

GOMES, Orlando. *Contratos*. 12ª ed., 3ª tir. Rio de Janeiro, Forense, 1990.

GRAU, Eros Roberto. *A Ordem Econômica na Constituição de 1988 (Interpretação e Crítica)*. 12ª ed. São Paulo, Malheiros Editores, 2007.

GROTTI, Dinorá Adelaide Musetti. *O Serviço Público e a Constituição Brasileira de 1988*. São Paulo, Malheiros Editores, 2003.

INSTITUTO BRASILEIRO DE DEFESA DO CONSUMIDOR/IDEC. *A Proteção ao Consumidor de Serviços Públicos*. São Paulo, Max Limonad, 2002.

JÈZE, Gaston. *Les Contrats Administratifs*. Paris, Marcel Giard, 1927.

JUSTEN FILHO, Marçal. *Teoria Geral das Concessões de Serviço Público*. São Paulo, Dialética, 2003.

LEITE, Fábio Barbalho. "O conceito de serviço público para o direito tributário". In: CARRAZZA, Elizabeth Nazar (coord.). *Direito Tributário Constitucional*. São Paulo, Max Limonad, 1999 (pp. 175-221).

LLEDÓ, Rosa Litago. "Doctrina constitucional sobre los precios públicos: aproximación a la categoría de las prestaciones patrimoniales de carácter público

238 TARIFA NAS CONCESSÕES

ex art. 31.1 CE". *Revista Española de Derecho Financiero* 102/261-290. Madri, Civitas, abril-junho/1999.

MARCOU, Gérard, GOH, Jeffrey, e OJEDA, Alberto Ruiz. "La experiencia francesa de financiación privada de infraestructuras e equipamientos". In: GOH, Jeffrey, MARCOU, Gérard, e OJEDA, Alberto Ruiz. *La Participación del Sector Privado en la Financiación de Infraestructuras y Equipamientos Públicos: Francia, Reino Unido y España (Elementos Comparativos para un Debate)*. Trad. Molina Saborido. Madri, Institutos de Estudios Económicos/Civitas Ediciones, 2000.

_____. *La Participación del Sector Privado en la Financiación de Infraestructuras y Equipamientos Públicos: Francia, Reino Unido y España (Elementos Comparativos para un Debate)*. Madri, Institutos de Estudios Económicos/Civitas Ediciones, 2000.

MASSANET, Juan Ramallo. "Tasas, precios públicos y precios privados (hacia un concepto constitucional de tributo)". *Revista Española de Derecho Financiero* 90/237-273. Madri, Civitas, abril-junho/1996.

MEIRELLES, Hely Lopes. *Direito Administrativo Brasileiro*. 34ª ed. São Paulo, Malheiros Editores, 2008.

MEIRELLES TEIXEIRA, J. H. *O Problema das Tarifas nos Serviços Públicos Concedidos (Ainda a Revisão das Tarifas Telefônicas e a Propósito de um Livro Recente)*. São Paulo, Departamento Jurídico da Prefeitura Municipal de São Paulo/Procuradoria Administrativa, 1941.

MENDONÇA, Oscar, e MODESTO, Paulo (coords.). *Direito do Estado (Novos Rumos) – Direito Administrativo*. t. 2. São Paulo, Max Limonad, 2001.

MODESTO, Paulo, e MENDONÇA, Oscar (coords.). *Direito do Estado (Novos Rumos) – Direito Administrativo*. t. 2. São Paulo, Max Limonad, 2001.

MORÓN, Miguel Sánchez. *Discrecionalidad Administrativa y Control Judicial*. Madri, Tecnos, 1995.

NOVELLI, Flávio Bauer. "Taxa – Apontamentos sobre seu conceito jurídico". *RDTributário* 59/95-123. São Paulo, Malheiros Editores.

OJEDA, Alberto Ruiz, GOH, Jeffrey, e MARCOU, Gérard. "La experiencia francesa de financiación privada de infraestructuras e equipamientos". In: MARCOU, Gérard, GOH, Jeffrey, e OJEDA, Alberto Ruiz. *La Participación del Sector Privado en la Financiación de Infraestructuras y Equipamientos Públicos: Francia, Reino Unido y España (Elementos Comparativos para un Debate)*. Trad. Molina Saborido. Madri, Institutos de Estudios Económicos/Civitas Ediciones, 2000.

OLIVEIRA, Régis Fernandes de. *Receitas Não-Tributárias (Taxas e Preços Públicos)*. 2ª ed. São Paulo, Malheiros Editores, 2003.

PORTO NETO, Benedicto. *Concessão de Serviço Público no Regime da Lei 8.987/1995 – Conceitos e Princípios*. São Paulo, Malheiros Editores, 1998.

SÍNTESE DAS CONCLUSÕES

RIVERO, Jean, e WALINE, Jean. *Droit Administratif.* 15ª ed. Paris, Dalloz, 1994.

ROJAS, Francisco José Villar. *Tarifas, Tasas, Peajes y Precios Administrativos – Estudio de su Naturaleza y Régimen Jurídico.* Granada, Comares Editorial, 2000.

SEABRA FAGUNDES, Miguel. *O Controle dos Atos Administrativos pelo Poder Judiciário.* 6ª ed. São Paulo, Saraiva, 1984.

SEIXAS FILHO, Aurélio Pitanga. "Caracteres distintivos da taxa e do preço público". *RF* 323/49-54. Rio de Janeiro, Forense, julho-setembro/1993.

SUNDFELD, Carlos Ari. *Licitação e Contrato Administrativo – De Acordo com as Leis 8.666/1993 e 8.883/1994.* 2ª ed. São Paulo, Malheiros Editores, 1995.

_____, e ARRUDA CÂMARA, Jacintho. "Tarifas dos serviços de telecomunicações e direitos do consumidor". *Fórum Administrativo* 18/1.018-1.026. Belo Horizonte, Fórum, agosto/2002.

TÁCITO, Caio. "Consumidor – Falta de pagamento – Corte de energia" (parecer). *RDA* 219/398-399. Rio de Janeiro, Renovar/FGV, janeiro-março/2000.

_____. "Taxa, impôsto e preço público" (parecer). *RDA* 44/518-532. Rio de Janeiro, FGV, 1956.

TESTAUT, Pedro Escribano. "Las tarifas en el transporte urbano y transporte por carretera". In: ARIÑO ORTIZ, Gaspar (org.). *Precios y Tarifas en Sectores Regulados.* Granada, Comares, 2001 (pp. 121-133).

VEDEL, Georges, e DELVOLVÉ, Pierre. *Droit Administratif.* 12ª ed., vol. 2. Paris, Presses Universitaires de France, 1992.

WALINE, Jean, e RIVERO, Jean. *Droit Administratif.* 15ª ed. Paris, Dalloz, 1994.